学术顾问：魏中林

应用型大学师资队伍建设研究

周二勇　邱林润　著

北京理工大学出版社
BEIJING INSTITUTE OF TECHNOLOGY PRESS

内容简介

本书围绕应用型大学师资队伍建设这一重点工作，深入探讨应用型大学师资队伍建设的应然和实然问题，论述相关的思路举措和典型案例。全书聚焦应用型大学师资队伍建设典型问题和现实需求，从背景分析、理论阐释、教师发展、师资评价、团队建设、案例研究等方面切入，结合应用型大学的特征内涵及应用型大学对师资队伍的核心要求，系统阐述了应用型大学师资队伍建设的关键问题、基本要素、重点任务、主要做法。全书框架完整，内容全面，结构清晰，是一部理论与实践相结合的研究成果，对于应用型大学师资队伍建设具有一定的助益。

版权专有　侵权必究

图书在版编目（CIP）数据

应用型大学师资队伍建设研究 / 周二勇，邱林润著.
北京：北京理工大学出版社，2025.2.
ISBN 978-7-5763-5026-5
Ⅰ . G645.12
中国国家版本馆 CIP 数据核字第 2025PE7624 号

责任编辑：徐艳君		**文案编辑**：徐艳君	
责任校对：刘亚男		**责任印制**：李志强	

出版发行 / 北京理工大学出版社有限责任公司
社　　址 / 北京市丰台区四合庄路 6 号
邮　　编 / 100070
电　　话 /（010）68914026（教材售后服务热线）
　　　　　（010）63726648（课件资源服务热线）
网　　址 / http://www.bitpress.com.cn

版 印 次 / 2025 年 2 月第 1 版第 1 次印刷
印　　刷 / 三河市华骏印务包装有限公司
开　　本 / 787 mm×1092 mm　1/16
印　　张 / 11.5
字　　数 / 266 千字
定　　价 / 105.00 元

图书出现印装质量问题，请拨打售后服务热线，负责调换

序

习近平总书记指出："要把加强教师队伍建设作为建设教育强国最重要的基础工作来抓，健全中国特色教师教育体系，大力培养造就一支师德高尚、业务精湛、结构合理、充满活力的高素质专业化教师队伍。"

党和国家十分重视教师队伍建设，近年来，颁布了一系列政策。2018年1月，中共中央、国务院颁布《关于全面深化新时代教师队伍建设改革的意见》，指出"到2035年，教师综合素质、专业化水平和创新能力大幅提升，培养造就数以百万计的骨干教师、数以十万计的卓越教师、数以万计的教育家型教师"。同年2月，教育部等五部门颁布《教师教育振兴行动计划（2018—2022年）》，强调要"采取切实措施建强做优教师教育，推动教师教育改革发展，全面提升教师素质能力，建设一支高素质专业化创新型教师队伍"。2022年4月，教育部、中央宣传部等八部门联合印发《新时代基础教育强师计划》，分两步提出了2025年和2035年目标任务，指出："到2035年，适应教育现代化和建成教育强国要求，构建开放、协同、联动的高水平教师教育体系，建立完善的教师专业发展机制"，"教师数量和质量基本满足基础教育发展需求"，"教师队伍整体素质和教育教学水平明显提升，尊师重教蔚然成风"。2024年8月，《中共中央、国务院关于弘扬教育家精神加强新时代高素质专业化教师队伍建设的意见》发布，强调要"打造一支师德高尚、业务精湛、结构合理、充满活力的高素质专业化教师队伍，为加快教育现代化、建设教育强国、办好人民满意的教育提供坚强支撑"。

强国必先强教，强教必先强师。师资队伍的建设，对于建设社会主义现代化强国具有举足轻重的作用。这正是开展应用型大学师资队伍建设研究的初衷。这项研究紧紧围绕应用型大学师资队伍建设与发展的理念和路径，进行实践探索与理论总结，使其能落地、好应用、便于推广，为应用型大学师资队伍建设提供有益的参考和借鉴。

本书分为十一章，包括应用型大学师资队伍建设研究概述、应用型大学师资队伍建设现状与发展思路、应用型大学教师的培养路径、应用型大学师资队伍建设理念与评价变革、应用型大学教师数字素养培育路径、应用型大学教师核心素养提升研究、"党建+专业"师资队伍建设路径、项目团队式师资队伍建设路径、校企深度融合"双师双能型"师资队伍建设路径、应用型大学交叉学科师资融合培养机制、专业师资队伍课程思政教学能力提升路径及成效研究。具体而言，成果聚焦应用型大学师资队伍建设的特征和要求，从应用型大学师资队伍建设的现状出发，厘清发展思路，指出应用型大学教师的培养路径及应用型大学师资队伍建设理念与评价变革，进一步探讨了应用型大学教师数字素养培育路径和核心素养提升路径，详细介绍了"党建+专业"师资队伍建设路径、项目团队式师资队伍建设路径、校企深度融合"双师双能型"师资队伍建设路径，阐明了应用型大学交叉学科师资融合培养机制，以及专业师资队伍课程思政教学能力提升路径及成效。可以说，本书较为全面、翔实并具有创新性地分析和总结了应用型大学师资队伍的建设的内涵与外延。

百年大计，教育为本；教育大计，教师为本。教师对于教育发展、强国建设和民族未来具有重要影响，加强教师队伍建设的意义即在于此。而对应用型大学师资队伍建设开展研究与实践，必将对应用型大学师资队伍建设的理论与实践都具有重要意义和价值，对应用型大学的高质量发展具有积极的推动作用。我认为本书的作用意义可以概括为"四个有利于"：一是有利于应用型大学教师素质的提升，师德高尚、业务精湛、结构合理、充满活力的高素质专业化教师队伍的逐渐形成；二是有利于应用型大学教师发展机制的建立，健全中国特色教师教育体系，推进党和人民可以信任和依靠的"大国良师"的涌现；三是有利于应用型大学育人能力和水平的提升，加快中国特色社会主义时代新人的成长与成才，更好地培养社会主义建设者和接班人；四是有利于应用型大学广大教师更好地投身于教育事业、努力办好人民满意的教育，为加快我国教育现代化、建设社会主义教育强国提供坚强支撑。

这一研究成果，是自2018年以来南博教育研究院与广东科技学院联合持续推进应用型大学系列研究成果之一。目前已经组织系列研究项目九项，已出版《高水平应用型本科专业建设：人才培养模式与评价体系研究》《高水平应用型大学要素研究》《高水平应用型大学课程建设研究》《高水平应用型大学产教融合研究》《应用型大学课程思政理论与实践研究》等专著。系列成果具有一定的学术价值和实践意义，一方面展示了广东科技学院建设应用型大学的思考、实践、做法、成效；另一方面探讨了应用型本科教育高质量发展的理论、思路、路径、举措。我在之前的系列著作的序中也说过，这些成果"是在南博集团刘东风董事长坚定持续的支持下，主持者周二勇宏观组织和统筹，由南博教育研究院的研究者与广东科技学院相关教师通力合作而成其功。从确定选题到分工，从形成提纲到初稿，其间一年多来笔耕不辍，每月一次的汇报、交流、讨论均留下深刻印象，并由此形成上下结合、左右协同、分工落实、互相支撑的良好工作机制"。在成书过程中，南博教育研究院执行院长邱林润卓有成效的组织落实，值得赞赏。南博教育研究院办公室主任刘佳敏认真细心的保障安排，给人留下了深刻印象。

应用型大学"广科模式"系列研究，获得教师广泛参与，目前已有二百多人次参与研究工作，营造了浓厚的应用型大学研究教育学术氛围，取得了可喜成绩。时至今日，应用型大学系列研究成果得到了上级部门的高度认可、兄弟院校的广泛好评、专家学者的极大关注。研究既有理论层面的论述，又有实践层面的探索，不仅极大地促进了广东科技学院高水平应用创新型大学的建设，同时也为应用型大学的高质量发展提供了宝贵经验和借鉴。

教师是人类灵魂的工程师，是人类文明的传承者，承载着传播知识、传播思想、传播真理、塑造灵魂、塑造新人的时代重任。教师对于学生成长、教育发展和民族未来具有重要影响。教师队伍建设是教育强国建设的重要工程，我们有理由相信这项应用型大学师资队伍建设研究成果，将会促进应用型大学广大教师的成长和发展，塑造出更多的"经师"与"人师"相统一的"大国良师"，为我国教育强国建设作出积极贡献。是为序。

魏中林

2024年10月30日

目 录

第一章 应用型大学师资队伍建设研究概述 ·· 1
　第一节 应用型大学师资队伍建设的研究背景 ··· 1
　　一、应用型大学的缘起与发展 ·· 1
　　二、大学教师的角色与特点 ··· 3
　　三、应用型大学教师的角色与特点 ·· 5
　　四、师资队伍建设相关研究的理论基础 ··· 8
　第二节 应用型大学师资队伍建设研究现状 ·· 11
　　一、国内外应用型大学师资队伍建设研究述评 ································ 11
　　二、国内外应用型大学师资队伍建设实践回顾 ································ 14
　　三、比较视野下应用型大学师资队伍建设研究路径 ························· 16

第二章 应用型大学师资队伍建设现状与发展思路 ······································ 19
　第一节 应用型大学师资队伍建设现状 ·· 19
　　一、应用型大学师资队伍建设的重要成就 ·· 19
　　二、应用型大学师资队伍建设的主要困境 ·· 20
　　三、应用型大学师资队伍建设的制约因素 ·· 23
　第二节 应用型大学师资队伍建设的发展思路 ····································· 25
　　一、强化教师应用能力建设，提升应用型师资整体素质 ·················· 25
　　二、明确应用型与学科型师资的区别，提高师资队伍整体素质 ······· 26
　　三、提升应用型师资引培质量，完善青年教师培养体系 ·················· 26
　　四、加强"双师"队伍建设，完善考核管理评价机制 ······················· 27

第三章 应用型大学教师的培养路径 ··· 29
　第一节 应用型大学教师的培育机制 ·· 29
　　一、培养机制 ··· 29
　　二、激励机制 ··· 31
　　三、选用和管理机制 ·· 33
　第二节 以产教融合为导向的培养方式 ·· 34
　　一、产教融合型师资培养的底层逻辑 ·· 34
　　二、产教融合型师资培养路径 ··· 37
　第三节 以校企合作为导向的共生平台 ·· 40
　　一、校企合作师资平台建设意义 ··· 40

二、校企合作师资平台建设困境 …………………………………… 41
　　三、校企合作师资平台建设路径 …………………………………… 42

第四章　应用型大学师资队伍建设理念与评价变革 ……………………… 45
　第一节　应用型大学师资建设的理念变革 …………………………… 45
　　一、应用型大学教师发展的理念内涵 ……………………………… 45
　　二、应用型大学师资队伍建设理念的沿革与发展 ………………… 46
　　三、应用型大学师资评价理念的转变 ……………………………… 50
　第二节　应用型大学师资队伍评价变革 ……………………………… 51
　　一、"双师型"教师评价标准的问题 ……………………………… 51
　　二、多元互补的教育评价体系 ……………………………………… 52
　　三、教师分类评价指标研究述评 …………………………………… 52
　　四、现行评价指标体系存在的问题 ………………………………… 54
　第三节　应用型大学师资队伍评价体系构建 ………………………… 55
　　一、应用型大学教师评价指标体系的设计原则 …………………… 55
　　二、应用型大学"教师队伍"建设指标解读 ……………………… 56
　　三、应用型大学教师评价体系构建 ………………………………… 61

第五章　应用型大学教师数字素养培育路径 ……………………………… 64
　第一节　教师数字素养的问题起源 …………………………………… 64
　　一、教育数字化发展的历史机遇 …………………………………… 64
　　二、教师数字化转型的必然要求 …………………………………… 69
　第二节　教师数字素养的内涵解析 …………………………………… 73
　　一、教师数字素养的内在要义 ……………………………………… 73
　　二、教师数字素养的标准要求 ……………………………………… 76
　第三节　教师数字素养的实践路径 …………………………………… 81
　　一、教师数字素养培育的基本框架 ………………………………… 82
　　二、教师数字素养提升的实施对策 ………………………………… 83

第六章　应用型大学教师核心素养提升研究 ……………………………… 87
　第一节　应用型大学核心素养的相关概念与理论 …………………… 87
　　一、相关概念 ………………………………………………………… 87
　　二、理论基础 ………………………………………………………… 88
　第二节　应用型大学教师核心素养的要素内涵 ……………………… 89
　　一、应用型大学教师核心素养的建构目的 ………………………… 89
　　二、应用型大学教师核心素养的建构原则 ………………………… 90
　　三、应用型大学教师核心素养的建构要素 ………………………… 90
　第三节　应用型大学教师核心素养的现状分析 ……………………… 92
　　一、应用型大学教师核心素养的现状调研 ………………………… 92
　　二、应用型大学教师核心素养的现存问题 ………………………… 98
　第四节　应用型大学教师核心素养的提升路径 ……………………… 101
　　一、加强内外联动，提升教师职业道德素养 ……………………… 101
　　二、突出人文教育理念，提升人文素养 …………………………… 101

三、加快教育数字化转型，提升数字素养 102
　　四、完善教师培养体系，提升教育研究素养 103
　　五、聚焦专业行业特征，提升社会服务素养 104

第七章　"党建+专业"师资队伍建设路径 106
第一节　"党建+专业"师资队伍建设的研究背景 106
　　一、"党建+专业"的缘起与发展 106
　　二、"党建+专业"教师职业的定位与作用 106
　　三、"党建+专业"教师的角色与特点 107
第二节　"党建+专业"师资队伍建设的理论基础 108
　　一、协同理论 108
　　二、三全育人 109
　　三、中国特色社会主义教师队伍建设观 110
第三节　"党建+专业"师资队伍建设研究现状 111
　　一、"党建+专业"师资队伍建设的构建逻辑 111
　　二、"党建+专业"师资队伍建设的发展机制 112
　　三、"党建+专业"师资队伍建设的现存问题 113
第四节　"党建+专业"师资队伍建设对策及措施 114
　　一、融合课程思政与专业教学 114
　　二、做好"双带头人"的储备工作 115
　　三、加强"双师双能型"师资素质 115
　　四、优化师资队伍结构比例 115
　　五、党支部设置应符合新时代需求 116

第八章　项目团队式师资队伍建设路径 117
第一节　背景、概念与意义 117
　　一、背景 117
　　二、相关概念 119
　　三、意义 120
第二节　要素与内涵 122
　　一、项目团队式师资队伍建设要素 122
　　二、项目团队式师资队伍建设内涵 123
第三节　思路、路径与案例分析 124
　　一、项目团队式师资队伍建设思路 124
　　二、项目团队式师资队伍建设路径 126
　　三、项目团队式师资队伍建设案例分析 127

第九章　校企深度融合"双师双能型"师资队伍建设路径 130
第一节　概述 130
第二节　相关概念、理论基础 131
　　一、相关概念 131
　　二、相关理论 133
第三节　"双师双能型"师资队伍建设现状及经验借鉴 135

一、"双师双能型"师资队伍建设现状……………………………………… 135
　　二、"双师双能型"师资队伍的经验借鉴……………………………………… 137
第四节　校企深度融合"双师双能型"师资队伍建设路径……………………… 139
　　一、建立健全教师资格准入制度……………………………………………… 139
　　二、健全教师培养培训体系…………………………………………………… 141
　　三、建立健全"双师双能型"教师激励制度…………………………………… 142
　　四、深化科研体制改革………………………………………………………… 143

第十章　应用型大学交叉学科师资融合培养机制……………………………… 146
第一节　概　述…………………………………………………………………… 146
第二节　相关概念、理论研究…………………………………………………… 147
　　一、应用型大学师资培养相关概念…………………………………………… 147
　　二、交叉学科的理论研究……………………………………………………… 148
第三节　应用型大学交叉学科建设及师资融合现状…………………………… 150
　　一、交叉学科建设的现状……………………………………………………… 150
　　二、交叉学科师资融合的现状………………………………………………… 152
第四节　应用型大学交叉学科师资融合案例研究……………………………… 153
　　一、广东省互联网金融交叉学科师资融合案例……………………………… 153
　　二、广东财经大学交叉学科师资培养案例…………………………………… 155
　　三、其他类型院校交叉学科培养案例………………………………………… 156
　　四、启　示……………………………………………………………………… 158
第五节　应用型大学交叉学科师资融合培养机制……………………………… 158
　　一、师资结构方面……………………………………………………………… 158
　　二、交叉学科能力方面………………………………………………………… 159
　　三、实践导向方面……………………………………………………………… 160
　　四、师资协同平台建设方面…………………………………………………… 160
　　五、师资评价方面……………………………………………………………… 161

第十一章　专业师资队伍课程思政教学能力提升路径及成效研究…………… 162
　　一、课程思政的概念、内涵及必要性………………………………………… 162
　　二、当前我国应用型专业师资队伍课程思政教学能力存在的问题………… 163
　　三、应用型本科专业师资队伍的课程思政教学能力培养…………………… 168
　　四、应用型本科专业师资队伍的思政教学能力评价标准…………………… 169

后　记…………………………………………………………………………… 174

第一章　应用型大学师资队伍建设研究概述

第一节　应用型大学师资队伍建设的研究背景

应用型大学是指注重实践教学和职业能力培养的高等教育机构。与传统的综合性大学相比，应用型大学更加注重培养学生的实际应用能力和职业技能，强调为社会培养具备实践能力和职业素养的高素质人才，以满足社会对应用型人才的需求。应用型大学注重通过实践教学、职业导向、应用型研究和社会服务等手段培养人才，其师资队伍建设是一个值得研究的问题。

一、应用型大学的缘起与发展

应用型本科是以培养应用型人才为主要目标的本科教育类别，是当代高等教育体系的一个重要组成部分，应用型大学的发展是随着社会生产实践需要应运而生的。

（一）国外应用型大学的缘起与发展

从世界范围来看，应用型大学的发展与产业革命前后相依。换言之，每次工业革命都伴随应用型大学发展的关键期。应用型大学发端于第一次工业革命之后。在19世纪中期，欧美国家经历了大半个世纪工业革命的洗礼，社会对高级专门技术人才、工业技术人才和专业管理经理人才的需求日益迫切，这一需求为应用型本科的诞生创造了条件。随后在19世纪后期，第二次工业革命的发展进一步扩大了技术技能型人才的需求。在这种背景下，为服务产业发展提供需要的人才，美国的赠地学院开创了应用型本科教育的体系，使其与学术型本科同步发展，为其他国家提供了借鉴，大学社会服务的职能也因此确立。20世纪前半期，先后两次世界大战加剧了社会变革，大规模战争首次与工业生产紧密相连，工程和技术学科有了用武之地，直接推动了应用性学科的快速发展，并得到了社会的广泛认可。20世纪中期，美欧国家的应用型本科发展进入了黄金时期，战争结束推动大量的军事工业技术流向民用工业，为社会生产出现代且实用的生产工具和生活用品，这一过程也为应用型本科的发展提供了更广阔的发展空间。因此，这一时期大量应用型大学得以建立，尤其是理工类、科技类和职业大学得到了快速发展，高等教育大众化和普及化发展的组织基础更加牢固。总的来说，应用型本科的发展经历了初期探索到逐步成熟的过程，工业革命的技术积累、两次世界大战的技术需求为其提供了广阔发展空间。在这个过程中，应用型本科不仅满足了社会对专业技术人才的需求，也为高等教育的多样化发展作出了重要贡献。

从以上历史脉络来看，应用型大学的发展主要基于两大因素。第一，科学技术的快速发展和进步是应用型本科发展的重要推动力。随着科技的不断革新和积累，工程技术学科日渐繁荣，在社会生产中的应用价值越来越大，现代工业的发展和社会现代化的突飞猛进则为应用型本科提供了广泛的应用领域和广阔的发展空间。第二，现代工业的开拓发展和社会现代化进程为应用型本科提供了无尽的空间。工业门类的不断增加和产业链以及规模的膨胀为应用型本科的发展提供了坚实的基础。同时，工程技术在社会生活中的应用越来越广泛，社会现代化发展水平不断提高，特别是社会治理与服务行业的深度发展，为应用本科拓展新的领域，扩大服务面向，为社会文明进步发挥更大作用提供了可能。在这种时代背景与社会需求下，人的应用型能力成为高等教育人才培养的重要内容。同时，无论从层次还是范围，应用型大学要比传统的学术精英型大学覆盖面更广，从而能够满足大部分社会人群的高等教育需求，使他们成为各行各业专业化的高级技术人才和经营管理人才。因此，当社会服务成为大学的第三大职能以后，应用型高校就自然而然成为人和产业发展之间的纽带，也成为现代高等教育体系中的重要组成部分。[①]

（二）我国应用型大学的缘起与发展

我国应用型本科发展起步较晚。鸦片战争使外国资本进入中国，经洋务运动以后，我国近代工商业开始发展。到20世纪初期，我国一些近代化工程类行业得到一定发展，推进了应用型行业学校的建立。但此时的学校还不能称为应用型大学，而是以实业教育为主的职业学校，但具有应用型的性质。中华人民共和国成立以后，国家各行业百废待兴，这些学校也得到发展。如1949年时全国仅有高校205所，而直接服务工业生产的工科院校有28所，占比13.7%。[②] 之后，随着"一五计划"的实施和"三大改造"的推进，社会对专门人才尤其是高端应用型人才的需求越来越大。在这种情况下，1950—1953年，我国大学开始了建国以来首次最大规模的学科专业调整。这次调整主要学习借鉴了苏联的高等教育模式，将大批原有综合型大学内的院系拆分，并重组成为新的专门学校，使全国高校由原来的211所减为182所，其中综合大学仅14所，其他皆为工科、师范、农林、医药等具有应用性质的高校。[③] 改革开放以后，由于"十年动乱"对高等教育事业造成严重破坏，"四化"建设又急需各类应用型人才，一批专门为地方培养应用型人才的新大学应运而生，如天津、北京、深圳、汕头等地纷纷以分校的形式创办地方型大学，这批大学被认为是我国应用型大学的开端[④]。随后，全国高校进行了持续不断的教育教学改革，大部分高校以建立综合型大学为目标，"农业""财经"等校名中具有应用型、行业化性质的名称被消除或替换，"升本""改大"成为部分专科院校和地方型高校发展的趋势，高校人才培养的应用性有所弱化。这一时期，应用型主要作为学校或人才培养的定位，直到2001

---

① 别敦荣. 学术本科、应用本科和职业本科概念释义、办学特点与教育要求 [J]. 中国高教研究，2022（8）：61-68.
② 陈聪诚. 新中国高等工程教育改革发展历程与未来展望 [J]. 中国高教研究，2019（12）：42-48.
③ 包丹丹. 1952年院系调整再解读 [J]. 教育学报，2013，9（2）：113-120.
④ 张楠，孙晓鲲. 地方应用型大学的形成逻辑与启示：以北京地区大学分校（1978—1985年）为例 [J]. 北京联合大学学报（人文社会科学版），2016，14（3）：106-111.

年，教育部在长春召开了"应用型本科人才培养模式研讨会"后，应用型本科才从学术术语转变为政策术语。2014年，国务院印发《关于加快发展现代职业教育的决定》，提出要"引导一批普通本科高等院校向应用型技术类型高等学校转型"，又从政策术语转向改革实践。自此，应用型大学成为我国高等教育体系中不可或缺的部分。

国内应用型大学的兴起，可以归结为高等教育多样化需求、体制改革以及政府支持三个因素。首先，中国高等教育面临着扩张和多样化的需求。随着中国经济的快速发展，高素质、实用型人才的需求也日益增加。传统的综合型大学主要注重学术科研和理论知识的传授，对实践技能和职业能力培养相对不足。因此，为了满足职业教育和实践型人才的需求，应用型大学应运而生。其次，中国高等教育体制的改革推动了应用型大学的发展。20世纪80年代以来，中国高等教育经历了一系列的改革，其中包括推行大学分类管理制度和普通高等教育扩招政策等。这些改革措施扩大了高等教育的规模和多样性，也为应用型大学的发展提供了机遇。此外，中国政府对应用型大学的发展给予了重视和支持，政府出台了一系列政策和措施，鼓励大学与企业合作、产学研结合，提升人才培养质量和就业能力。对于应用型大学来说，政府的支持不仅是政策上的倾斜，还包括对经费、设施和师资的支持。

二、大学教师的角色与特点

"大学是人类社会的动力站"[1]。从世界文明发展历程来看，大学的发展起到重要的作用。尤其是近代大学产生以来，它对文化传承与科技进步的推进，促使人类社会呈几何式的爆发式发展。正如美国著名教育家艾伦·布鲁姆教授所说："如果没有大学，所有理性生活的美好结果都会跌回到原始的泥泞中。"[2] 当前，社会正处于知识经济时代，大学的教学、科研和社会服务等三大职能更为明确，大学在社会发展和国家竞争中更承担着重要的使命。而在大学发展中，教师群体是其核心要素。大学的产生是以教师行业协会为基础的，没有教师也就没有大学，教师现在是、将来也是任何教育制度的基本因素。教师是大学教育教学实践的主体，是大学三大职能实现的主力军，因此大学教师的质量直接决定了大学办学的质量，正如原哈佛大学校长科南特所说："大学的荣誉不在它的校舍和人数，而在它一代代教师的质量。"[3] 与普通教育工作者相比，大学教师作为研究"高深学问"的学术职业，其工作具有鲜明的特殊性。

（一）培养高级专门人才是大学教师的职业目标

培养人才是教育的功能之一，而在教育体系中大学所培养的是高级专门人才。这一人才定位有两重含义。第一，专门人才体现了现代大学人才培养的类型。在高等教育发展历程中，人才培养的定位大体可以分为通才和专才。前者始于古希腊传统教育，亦被称为博雅教育，主张基础而广博的通才教育模式，其目的在于塑造受教育者的性格，陶冶受教育者的情操，以适应其所生活的上层社会的风俗行为；后者始见于中世纪以后的大学，尤其是自1862年美国颁布《莫雷尔法案》以后，为适应市场需求的变化，高等教育发展更加专业化、市场化和多样化。此后，大学培养的不只是知识广博有修养的人，还要培养面向

---

[1] 眭依凡．大学校长的治校理念与治校［M］．北京：人民教育出版社，2011：101．
[2] 布鲁姆．走向封闭的美国精神［M］．穆青，等译．北京：中国社会科学出版社，1994：265．
[3] 马陆亭．高等学校办学政策的思考［J］．中国高教研究，2004（5）：27-29．

社会、面向市场、面向行业企业发展的专业性人才。第二，高级专门人才体现了现代大学人才培养的层次。在现代教育结构中，高等教育处于教育体系的顶端，体现了其人才培养的高端性。这意味着大学教师培养的人才，不只是专门领域内的劳动技能人才，更是这一领域内具有高深知识、高深道德、高深使命的人才。

（二）层次性和多元性是大学教师人才培养的对象特征

大学教师的工作对象具有层次性。总体而言，大学教师的工作对象是大学生。但大学生是一个较为广泛的概念，从类别上有全日制和非全日制之分，从层次上又有专科生、本科生和研究生之分。不同类别、不同层次的学生，其心理发展阶段、学历知识基础、社会实践经历等各不相同。这意味着大学教师既要遵循高等教育教学的一般规范，又要根据不同类型不同层次的学生因材施教。因此，与中小学教师相比，大学教师会面临更为复杂的教育教学形态。

大学教师的工作对象还具有多元性。大学生是大学教师的主要工作对象，但不是唯一对象。科学研究和社会服务决定了前沿性的知识、社会组织也是大学教师的服务对象，大学教师要围绕人才培养的职能处理好服务对象的关系，这也是其与中小学教师不同之处。

（三）高深学问与言传身教是大学教师的工作底蕴与手段

尽管从总体上说教育工作是一种以个体劳动为基础的集体协作劳动，对学生产生影响的是整个教师集体。但在具体实践中，个别教师对学生的影响可能会更大，尤其是具有高深的学问和优良道德品质的教师，往往能以个人的魅力言传身教地成为学生学习的榜样。"学高为师，身正为范"正是这一情形的经典概括，这对大学教师的个人素质提出了很高的要求。原因是大学生独立性强，批判性思维倾向显著，具有很强的主动性和选择性，他们要用自己的眼光来观察教师，并决定接受什么、拒绝什么。因此，只有当教师的学识才能、举止德行引起大学生积极肯定的态度反应时，才能被大学生接受，教师的教育教学活动才能成为有效的手段，实现为党育人、为国育才的目标。

（四）文化的传承与创新是大学教师工作的使命

从大学的职能视角来看，文化传承与创新是大学教师工作的使命。人才培养是大学的根本职能，而培养高级的专门人才，一是要将人类几千年积累而来的科学文化知识和技能分门别类地传授给学生，使他们掌握各学科领域的技能；二是要在前人的基础上，不断推陈创新，并将这种创新思维和创新能力以言传身教的形式传递给学生。正因如此，2011年4月24日，胡锦涛总书记在清华大学建校100周年庆祝大会上发表重要讲话，将文化传承与创新作为高等教育的一个新职能提出来，与人才培养、科学研究、服务社会等三大职能并列。《教育部关于全面提高高等教育质量的若干意见》中，将"大力提升人才培养水平、增强科学研究能力、服务经济社会发展、推进文化传承创新"列为全面提高高等教育质量的目标。习近平总书记也非常重视推动中华优秀传统文化创造性转化创新性发展。尽管当前学术界对"文化传承与创新"成为大学第四大职能尚未达成共识，但不可否认的是，它已成为大学教师重要的工作内容，也是必须承担的责任和使命。

从大学教师工作特点可以看出，高等教育任务的完成和教育目的的实现、高等学校职能的发挥，都与大学教师的知识能力、创造能力、道德品质、心理品质等所构成的综合素质密切相关，都对大学教师的业务能力和道德素质提出了很高的要求。

三、应用型大学教师的角色与特点

应用型大学教师的角色相对特殊，这是由该类大学人才培养目标决定的。相较于研究型大学，应用型大学与市场的紧密关系，为教师提供了应用性教学、科研的场域，为他们贴近行业和市场，实现从专业化转向职业化提供了更多的机会。当然，在这一过程中，学校仅为教师提供了应用性的环境，而此时更需要他们投入较高的参与热情，尤其要注意放下知识分子"高高在上"的身份地位，主动走近行业发展一线以提高自身应用实践能力，从而更好地反哺人才培养。

由于我国当前还处于应用型大学转型的阶段，大部分应用型大学的教师在其职前教育阶段接受的是传统的学术型教育；因此大部分应用型大学教师的教学与实践能力还有待提高，前者是教师将应用性价值理念、应用性知识以应用性的方式传授给学生，后者则是解决社会生产实践问题的能力。当然作为学术职业，应用型大学教师也要具备研究能力，但这种能力应渗透到教学与实践之中，成为提高教学与实践的应用性科研能力。教学、实践与应用性科研的能力直接关涉到大学教师发展水平，也进一步影响了应用型大学的办学质量，是应用型大学能否办出特色、办出层次的关键所在。因此，提高教师的专业发展水平，使其符合并正确履行应用型大学的教师角色，对于应用型大学来说，具有至关重要的意义。

提高应用型大学教师专业发展水平，应充分考虑以下能力特征[1]：

（一）以应用为核心的知识素养

在应用型大学中，教师的职责远不止于传授专业知识，他们还需要将所教授的基础知识与行业经验性知识相结合。这样的教学方式要求教师不仅要具备扎实的学科专业理论知识，还要能够将这些理论知识应用于社会实践中。同时，教师还需要掌握职业、行业和地方性的相关知识，以便更好地理解和引导学生。这种以应用为核心的知识结构，具体包括三个方面：

第一，要有宽厚的专业基础知识。应用型大学的教师首先必须是一名大学教师，其次才体现其应用性。因此，他们都必须熟练地掌握本学科专业的基本知识和基本技能，对专业知识有足够深入的理解，并熟悉最新的研究成果和发展动态，才能在教学过程中，将最新的知识和信息传递给学生，使他们能够跟上时代的步伐。当然，与研究型大学教师相比，他们不必深耕高深尖端的理论知识并致力于理论创新，而应从培养应用型人才的目标出发，在宽厚、扎实的基础知识之上强调综合性和应用性。

第二，要有扎实的行业实践知识。将理论知识应用于具体的生产实践是应用型人才培养的基本方式，这要求应用型大学教师要熟悉行业发展状态，如：行业的发展趋势、市场需求、竞争态势，行业对人才的知识、能力和素质的要求，以及教师是否能够掌握行业的最新发展动态等。随着时代的发展，高等教育逐渐走向社会的中心，走出"象牙塔"成为大学履行社会服务职能的必然趋势。应用型大学教师更应走进行业发展前沿，将其与专业基础知识相结合并转化在教学实践之中，才能培养出符合区域经济发展所需的高级专门人才。

---

[1] 张天社. 应用型地方本科院校教师素质结构分析 [J]. 陕西教育（高教版），2011（Z2）：83-84.

第三，要具有丰富的地方性知识。从应用型大学发展历史来看，我国大部分应用型大学都是由地方型院校或民办高校转型发展而来，这意味着应用型大学从办学起就具有地方属性，其培养的人才也应以服务地方区域经济发展为目标。实际上，行业的发展具有多样性和复杂性，任何一所应用型大学都不可能培养出适合所有行业产业的应用型人才，而只能以所在区域的行业发展特征为导向培养人才。当然，不同区域的特征决定了应用型大学的辐射范围不同，如有些大学可能只能以一省甚至一市为服务区域，但有些大学可以辐射更大的区域经济发展，如京津冀、长三角、粤港澳大湾区等。而越是辐射范围大的大学，其教师越要了解当地的社会历史、文化风俗、地理地貌、资源优势，以及地方经济社会发展规划、政府工作重点、支柱特色产业等。

当前应用型大学教师的发展现状普遍呈现理论知识高于实践应用型知识的现象，而各校在教师发展培训上，也往往以理论知识为主，或即使培训的内容是应用性的知识，但受培训规模、经费等的限制也变成理论化的应用知识。这要求应用型大学在教师专业发展上转变培训理念，走进产业前沿，加强应用实践。

(二) 以"双能型"为规格的能力素养

教学、科研和社会服务是世界公认的大学三大职能，但不同类型大学其侧重点不同，因而有了以职能为标准的大学分类方式，如教学型、科研型、教学科研型等。应用型大学高度重视将知识应用于社会生产实践，它在教学和科研基础之上，更强调社会服务的职能。这意味着应用型大学的教师，既要从事理论知识的教学，又要开展服务地方的社会实践，是"教师+工程师"的"双师型"人才。因此，应用型大学的教师应具有以下能力：

第一，需具备强大的专业应用能力。在应用型大学中，教师不仅需要掌握演示、模拟、试验、实习等多种技术手段的应用，更要能够熟练地将这些专业知识运用到实际工作中，以此来培养学生的实践能力。他们需要善于接受新的信息和观念，理解企业行业的运行机制和管理方法，同时也需要了解用人单位对专业人才的具体要求。为了提高自身的专业应用能力，教师可以利用大学与企业行业之间的信息共享平台，深入到企业或行业的第一线进行兼职和锻炼。通过这种方式，他们可以接受实际的培训，了解现实状况，掌握实际需求，同时也能了解到专业知识在实际运用中可能产生的问题。在这个过程中，教师需要不断地探索解决这些问题的方案和方法。这不仅可以帮助他们提高专业应用能力，也可以为他们的教学提供更多的实践经验和案例，以此更好地将理论知识与实际操作相结合，从而提高教学的效果。总的来说，教师的专业应用能力是他们在教学中不可或缺的一部分，只有具备了强大的专业应用能力，教师才能有效地将专业知识传授给学生，帮助他们提高实践能力，从而更好地适应社会的需求。

第二，需具备熟练的实践教学能力。熟练的实践教学能力是应用型高等学校人才培养极其重要的环节，如果教师不具有熟练的实践教学能力，就不可能有效指导学生进行实践活动，也无法提高学生的动手操作能力和实际应用能力。应用型大学教师实践能力的提高可以使用实践教学的方式，如实验、实训、实习、社会实践、第二课堂活动等走进企业，走进实训基地，广泛参与行业产业生产活动，锻炼教师的专业素养和技能水平。在实践教学中，教师应该注重培养学生的动手操作能力和实际应用能力。通过实际操作和实践锻炼，学生可以将理论知识转化为实际操作能力，提高解决问题的能力和创新能力。同时，教师还应该注重培养学生的合作精神和团队意识，让他们在实践中学会与他人合作，共同完成任务，从而为他们提供更加有效的指导和帮助。

第三，需具备较强的应用研究能力和社会服务能力。如前文所述，大学教师不仅承担着文化传承的责任，更要有文化创新的使命。与一般普通大学相比，应用型大学教师的文化创新，更体现为应用创新。尤其是在第四次工业革命的背景下，面对日益激烈的国际竞争，为实现中华民族的伟大复兴，不仅需要基础学科领域的理论型人才，更需要能将基础理论转化为科技成果并应用于生产实践的人才。因此，党的二十大报告提出要努力培养造就"卓越工程师、大国工匠、高技能人才"。应用型大学教师的应用创新能力最终要落脚于应用创新实践，即服务于行业产业成果的创新，这需要他们时刻掌握最新的行业发展动态，开展有组织、有针对性的科研活动，在科学研究中提高其社会服务能力。当然，应用科研和社会服务并非割裂的。2016年《中华人民共和国高等教育法》明确规定了要以人才培养为中心开展科学研究和社会服务。因此，应用型大学教师的应用型科研和社会服务都是以人才培养为纽带进行的，如将教学融入产学研合作平台、实践教学基地中，让更多的学生参与应用研究的课题和产业行业的实践，并将课题研究成果与实践案例转化为教学内容，以此提高学生的专业应用能力。

另外，地方院校不仅直接为地方经济社会发展培养所需的应用型人才，而且具有直接为地方经济社会发展解决实际问题的责任，所以地方院校的教师还必须具有较强的社会服务能力。这就要求应用型大学教师不能仅埋头于书山学海，更要走出书斋，积极投身于当地社会生产实践领域之中传播知识、创新科技、播撒文明。

（三）以"爱生、创新、奉献"为特征的师德修养

师德是教师从事教育工作的必备品质，也是教师专业发展的动力，它体现着社会和人民对教师的希望和要求。应用型大学教师的职业道德素养，除了大学教师共同具有的思想品德和职业道德，应更加注重爱生、创新和奉献的精神。具体表现在以下三方面：

第一，关爱学生成长的情怀。爱生是教师职业道德的核心，也是教育教学工作的基础。只有真正关爱学生，才能激发学生的学习兴趣，调动学生的学习积极性，提高教学质量。从地域来看，应用型大学大多以地方大学为主；从层次来看，应用型大学以二、三本为多。这决定应用型大学的学生生源在家庭经济、文化基础等方面可能存在局限性。因此，应用型大学教师在教育教学过程中，应关注每一个学生的成长，关心学生的身心健康，关注学生的个性发展，努力做到因材施教，帮助学生自立自强，提高就业竞争力，使学生成为当地经济社会的建设者和文化传播者。

第二，勇于改革创新的品质。创新是教育教学工作的灵魂，也是教师专业发展的源泉。只有不断创新教育教学方法，才能适应社会发展的需要，提高教育教学质量。应用型人才培养具有多样性和个性化特点，应用型大学的教师应该主动转变观念，积极运用现代教育技术手段，勇于改革创新，探索教育教学规律，敢于突破传统教育教学模式，形成自己的教学风格，努力提高教育教学水平，从而有效贯彻学校应用型的办学定位和实现为地方发展培养高素质应用型人才的目标。

第三，为地方发展奉献的精神。奉献是教师职业道德的基本要求，也是教师职业价值的体现。教师只有全身心投入教育教学工作中，才能为学生的成长付出真心实意的努力，为社会发展贡献自己的力量。应用型大学教师的奉献，既包括在教育教学中对学生的奉献，即坚持以学生为本，全心全意为学生服务，为学生的成长付出辛勤的努力；也包括对

地方社会发展的奉献,即为地方经济社会发展贡献智慧和力量。后者对应用型大学教师而言尤为重要,因为大多应用型大学处于中小型城市,尤其是部分处于省会之外的城市,其经济发展水平相对落后,教师的生活环境、工资福利待遇相对偏低。因此应用型大学的教师既要坚守岗位,培养地方需要的人才,还要关注地方发展,贡献自己的力量。

综上所述,应用型大学教师的素质特征在知识、能力和道德上体现出应用性、地方性、创新性、奉献性等特点,它与研究型大学和职业类院校之间存在一定的差异性。应用型大学教师应在自己的专业领域内深入研究,不断提高自己的教学水平和学术应用水平,在不断深入研究的情况下为学生提供更加优质的教学资源。同时,还应该积极参与学科建设和专业发展,推动学校的综合实力不断提升。

四、师资队伍建设相关研究的理论基础

大学教师的多重身份决定了师资队伍建设有不同的理论依据与逻辑起点。从劳动者的身份而言,教师作为劳动资源使组织正常运行;从教育工作者的身份而言,教师需要了解和掌握教师专业知识和技能;从学术职业身份而言,教师需要不断更新和创新学科知识。这分别涉及人力资源理论、教师专业发展理论和终身教育理论。

(一)人力资源管理理论

20世纪50年代以前,人的劳动力并没有被视为一种资源,对于人的管理仍停留在人事管理阶段,其实施的对象是建立在"经济人"的基础上,以"劳动力"而非"人力资源"来定义员工。1954年"现代管理学之父"彼得·德鲁克出版了《管理的实践》一书,首次提出了"人力资源"的概念,认为"人力资源是所有资源中最有生产力,最多才多艺,也是最丰富的资源,但同时人力资源是所有经济资源中使用效率最低的资源"[①]。其后,社会学家怀特·巴克在1958年出版了《人力资源功能》,率先提出将人力资源管理作为企业管理中的专门职能。60年代以后,诺贝尔经济学获得者舒尔茨提出了人力资本论:人力资本作为促进经济增长的第一位因素,是国家、地区和企业的富裕之源;人的知识和技能的取得是有代价的,它是投资的结果,国家要想实现经济增长,需要以人为依托,这就要求国家提供大量的教育投资,使人力资源掌握现代知识、技能以适应生产力的要求。该理论肯定了人的重要作用,也提出国家要通过教育投资的方式提升人力资本。到70年代时,人力资源管理的基本流程和职能达成共识,人力资源管理在一个确定的企业中包含招聘、甄选、绩效评估、薪酬和员工开发以及劳资谈判等活动。同时,组织心理学、组织行为学的发展,重点关注员工的安全与健康,研究如何实施有效的人力资源管理活动以及研究员工的行为和心理,进一步发展了人力资源理论。80年代以后,战略人力资源管理逐渐兴起,学者们从新的视角理解了人力资源管理对于企业的战略意义,并将其扩展至更为宏观的政府层次。人力资源管理已然成为社会组织管理中不可或缺的重要一环。"人力资源管理就是指怎样将工作者的热情与才干淋漓尽致地发挥出来,进而最大限度地实现企业的社会效益与经济效益,增加企业的核心竞争力。"[②]

(二)教师专业发展理论

20世纪60年代,教师发展理论的研究开始在欧美盛行,其中以美国学者费朗斯·傅

---

① 德鲁克.管理的实践[M].齐巧兰,译.北京:机械工业出版社,2006:32.
② 陈维政,余凯成,程文文.人力资源管理[M].北京:高等教育出版社,2006:38.

勒（Fuller）最为典型。他以编制教师关注问卷（Teacher-Concerns Questionnaire）的方式，提出了教师关注阶段理论。该理论以教师的关注点为主线，认为教师不同阶段的关注点会不断更迭。20世纪70年开始，受傅勒的影响，欧美相关领域的学者越来越重视教师发展领域的研究，重点关注随着年龄的增长，教师的专业能力、情感态度和心理社会等发生的改变。根据变化的内容与发展逻辑，可以将这些理论归纳为三个类型：

第一类以教师的专业能力发展为主线，关注教师专业、教学能力的线性成长。比较典型的有职业生涯阶段论和教师专业发展阶段理论。职业生涯阶段论的代表人物是伯顿（P. Burde），他通过访谈的方式，整理归纳教师意见，提出了教师在职业生涯中都要经历求生存（survival）、调整（adjustment）和成熟（mature）三个阶段。[①] 教师专业发展阶段理论的代表人物是伯林纳（D. C. Berliner），他通过大量的定性和定量研究，将教师教学能力增长划分为新手（novice）、高级新手（advanced beginner）、胜任（competent）、业务精干（proficient）、专家（expert）五个阶段[②]。

第二类是以教师的情感态度为主线，关注职业态度与专业成长的交互关系。比较典型的有教师生命周期理论、教师生涯循环论、教师生涯发展模式理论。教师生命周期理论的代表人物是美国教育家休伯曼（Huberman），她认为教师在专业发展过程中，不同的发展阶段会有不同的发展主题，而对主题的不同理解和态度会形成不同的结果，根据这些主题，她将教师发展分为入职期（career entry）、稳定期（stabilization phase）、实验和歧变期（experimentation and reassessment）、平静和保守期（serenity and conservatism）、退出职教期五个阶段[③]。教师生涯循环论的代表人物是费斯勒（R. Fessler），她认为教师的生涯发展是动态循环的过程，她将教师职业发展划分为职前教育（pre-survive）、引导（induction）、能力建立（competency building）、热情高涨的专业成长（enthusiastic and growing）、生涯挫折（career frustration）、稳定和停滞（stable and stagnant）、生涯低落（career wind down）和生涯退出（career exit）八个阶段[④]。教师生涯发展模式理论的代表人物是美国学者司德菲（B. E. Steffy），他依据人文心理学派的自我实现理论，强调人文发展模式（human development model），将教师生涯发展分为预备生涯（anticipatory career）、专家生涯（expert career）、退缩生涯（withdrawal career）、更新生涯（renewal career）和退出生涯（exit career）五个阶段[⑤]。

第三类是以教师心理社会成长为主线，关注教师个体心理变化和社会化过程。该理论主要有心理发展阶段理论和教师社会化阶段理论。心理发展阶段理论的代表人物之一是利斯伍德（K. Leithwood），他将教师作为一个成年学习者看待，假设人的发展是心理结构改变的结果，人的内部心理过程随着年龄和发展阶段的不同而有所变化，这一变化过程有一

[①] BURDEN P R. Developmental supervision: reducing teacher stress at different career stages, Paper Presented at the Annual Meeting of the Association of Teacher Educators, Phoenix, AZ, 1982.

[②] BERLINER D C. The development of expertise in pedagogy [M]. AACTE Publications, One Dupont Circle, Suite 610, Washington, DC 20036-2412, 1988.

[③] HUBERMAN M, SCHAPIRA A. Cycle de vie et enseignement: Changements dans les relations enseignats [J]. Cymnasium helveticum, 1979 (1): 55-56.

[④] FESSLER R. A Model for teacher professional growth and development [M] //BURKE P J, HEIDEMAN R G. Career-long teacher education. Thomas: IL Charles C, 1985: 181-193.

[⑤] STETTY. Teacher career development pattern [J]. Teacher Development, 1990, 12 (3): 29.

定的顺序和层级。他将自我发展、道德发展和概念发展等相结合,综合描述教师的四个发展阶段[1]。教师社会化阶段理论的代表人物是莱西（Lacey）,他以实习教师为研究对象,关注教师需要与能力、意向和学校之间的关系,考察了一名专业教师的形成过程[2]。

以上教师发展理论在研究维度上,涵盖了教师的专业发展、教学发展、职业发展和心理社会发展；从研究视角上,既有重视教师工作内容变化的教师关注阶段理论,也有关注教师本身职业处境的生涯发展理论；从研究内容上,既有重视教师教学能力增长的线性发展理论,也有偏重教学情感态度与能力交互影响、曲折发展的循环发展理论。这些理论从实践层面上明确了教师在教学、专业、职业等发展的阶段性特征,有助于一般教师的自我反思；从理论层面上,也为大学教师发展理论提供了借鉴。

（三）终身教育理论

终身教育并非突然产生或者新近出现的理论,而是在人类社会发展的过程中逐渐形成并得到广泛接受的观念。它的发展脉络可以追溯到古代的教育实践,而其主要观点则是在现代社会背景下逐渐明确和完善的。在古代,教育被视为一种社会义务,人们一生都在学习和接受教育,无论是为了生存还是为了提升社会地位。这种观念在古希腊、古罗马等古代文明中得到了充分的体现。然而,这种教育观念并没有明确的理论基础,也没有形成系统化、科学化的教育体系。随着科学技术的发展和社会的进步,人们对教育的认识也在不断深化和发展。在18世纪的欧洲,随着工业革命的到来,社会对人才的需求发生了巨大的变化,教育的普及和提高成为社会发展的重要任务。这一时期的教育理论开始出现了一些新的观点和理念,如公共教育、平等教育等,这些都是终身教育的雏形。到了20世纪,随着科技的飞速发展和社会的日益复杂化,人们对教育的理解和要求也在不断提高。教育不再仅仅是为了满足人们的生存需求,而是成为提升个人素质、实现个人价值的重要手段。同时,教育的目标也从单一的知识传授转变为全面的人格培养。1929年,英国成人教育家耶克斯出版了《终身教育》,这是世界上第一本专门论述终身教育的专著,但其思想主要带有宗教色彩,领域较为局限。直到1965年,在第三届国际成人教育促进会议上,联合国教科文组织成人教育计划处处长保罗·朗格朗正式向大会提交了《论终身教育》的报告,论述了终身教育的概念,这是终身教育的概念化和体系化的标志。1972年,联合国教科文组织国际教育委员会委员埃德加·富尔在向联合国教科文组织总部提交的一份名为《学会生存——教育世界的今天和明天》的报告书中,再次把学习型社会作为未来社会形态的一种构想,并提出建设这一社会的明确建议。[3] 1996年,联合国教科文组织发表的报告《教育——财富蕴藏其中》成为终身教育理论体系最终形成的标志。这份报告提出终身教育建立在四个支柱上：学会生存,学会学习,学会认知,学会做人。

时至今日,"终身教育"已经成为教育理念。教育不仅仅是学校教育,还包括职业培训、社区教育、网络教育等多种形式,教育的对象也不再仅仅是青少年和学生,而是所有的社会公众。同时,教育的目标也从单一的知识传授和能力培养转变为全面的人格发展和

---

[1] LEITHWOOD, K. The principal's role in teacher development [M] //FULLAN M, Hargreaves A. Teacher development and educational change. London: Falmer, 1992.

[2] LACEY C. Professional socialization of teachers [M] //LORIN W A. International encylopedia of teaching and teach education. 2nd edition. Oxford: Elsevier Science Ltd., 616-620.

[3] 吴遵民. 终身学习概念产生的历史条件及其发展过程 [J]. 教育评论, 2004 (1): 48-52.

终身学习能力的培养。同普通教师一样，"双师双能型"教师也是教师资源的一种，在使用环节中必然会有折损。随着社会的进步和经济的进步，教师这种资源特性更加显著，其折旧速度不断加快。因此，"双师双能型"教师成长也具有终身性，要加强教师的职后培训，树立终身学习理念，提高职业技能与综合素质，进而为人才的培养工作打好坚实的基础。①

第二节　应用型大学师资队伍建设研究现状

一、国内外应用型大学师资队伍建设研究述评

当前国内外关于应用型大学师资队伍研究的文献较多，本书主要从以下几个方面进行介绍。

（一）应用型大学师资队伍建设的区域性研究

由于应用型大学具有区域性，因此对其相关的研究往往也是以区域师资队伍建设为案例，研究内容涉及应用型大学教师的年龄结构、学历结构、职称结构、学缘结构等。如安徽省"双能型"师资队伍建设存在明显的制度缺陷、教师参与"双能型"师资队伍建设积极性不高以及"双能型"师资队伍的职能未明确[②]；海南省应用型大学在政策激励下，师资队伍的"应用型"概念已深入人心、教师成长的"软硬件"环境在不断改善，师资结构中高学历比重逐渐增大，师德师风建设成效明显，但其在师资总量、激励政策、培训效果、职业满意度、管理制度、校企合作等方面还存在较多问题[③]；京津冀地区应用型大学教师师资队伍来源、专兼职结构不合理，学术、实践等综合素质还有待提高，教师在招聘、培训、考核、职称晋升以及福利待遇方面都存在一些问题[④]。

（二）关于应用型大学教师素质结构的研究

应用型大学教师的素质与一般普通大学之间既有共同性，也有差异性。学界对这一问题一方面关注教师的整体素质结构，另一方面比较聚焦某一具体能力的研究。对于前者，有学者基于应用型大学的特征，分析其教师应具有高尚的思想道德素质、先进的教育理念、渊博宽厚的综合知识素质、精湛的业务能力和业务素质[⑤]。也有学者将应用型大学教师的素质归纳为一般素质和特有素质。前者是指一般教师所具有的能力，后者则特指应用型大学教师所具有的知识应用能力、技术操作能力、实践组织能力、协调合作精神和应用创新能力[⑥]。在教师具体能力的研究上，教学能力是研究的重点。有学者偏向于研究应用

---

① 赵田英.民办应用型本科院校"双师双能型"师资队伍建设研究[D].南宁：广西大学，2016.
② 王佩，凌明亮，黄仁术.安徽省"双能型"师资队伍建设的现状、不足及对策研究[J].湖北经济学院学报（人文社会科学版），2014，11（4）：106-107.
③ 杨艳红.海南省本科院校应用型教师队伍建设现状调查与分析[J].人力资源管理，2016（7）：184-187.
④ 刘娟娟.应用型本科院校师资队伍建设研究[D].天津：天津职业技术师范大学，2018.
⑤ 陈琳，苏艳芳.应用型大学教师素质结构初探[J].教育与职业，2006（15）：120-122.
⑥ 金心，孙钦荣.关于应用型本科院校师资队伍建设若干问题的思考[J].常州工学院学报（社科版），2005（1）：117-120.

型教师教学能力的模型设计,如从初始级到可改善,再到可管理、可发展以及成熟的 TCMM 五等级模型[1],针对外语教师的互动教学能力模型[2]等。更多研究者关注应用型教师教学能力的提升策略,如从构建培养机制、完善激励机制、健全评价机制、建立沟通交流机制等四方面改进青年教师教学能力提升机制[3];或以"双师型"教师教学能力为标准,通过制度支撑、专业引导、平台打造、自我提升等举措提升应用型大学教师的教学能力。在此基础上,也有学者关注"双师型"教师的教学能力测评,并开发出了三个维度、七个指标的测评体系[4]。

(三) 关于应用型大学教师聘任与培训的研究

我国大学教师聘任制度始于改革开放以后。在"文化大革命"之前,我国采用的是高度集权的职务任命制。该制度主要受"单位制"的影响,在任用管理上具有"编制管理"特征。改革开放以后,我国开始了计划经济向市场经济转型,高等教育也开始了教师聘任制改革。1986 年颁布的《高等学校教师职务试行条例》第二条明确规定"高等学校教师职务是根据学校所承担的教学、科学研究等任务设置的工作岗位。教师职务设助教、讲师、副教授、教授。各级职务实行聘任制或任命制,并有明确的职责、任职条件和任期"[5],成为聘任制改革的开端;《中华人民共和国教育法》和《中华人民共和国高等教育法》也明确提出大学教师实行职务聘任制。由于我国应用型大学大多是由地方高校转型而来,既有地方公办高校,也有部分民办高校。因此,前者在聘任制度上仍沿用了公办高校的聘任制度,具有一定"编制管理"的特征;后者在聘任制度上反而更为彻底。但总体而言,都存在评聘不分、流于形式、考核评价机制不健全、配套政策不健全等问题[6];也有学者认为应用型高校在教师聘任上存在岗位设置缺乏标准、聘任条件不够明确、评多岗少等问题[7]。与国内相比,国外教师聘任制度由来已久,已形成了相对成熟的体系。比如,德国应用型高校的教师在聘任条件上既要有学术工作的资格,又要有 5 年以上的职业实践;在聘任程序上,首先是定义岗位,即在聘任教师之前就要开始思考岗位特征,其次是由聘任委员会组织遴选,最后会对排名第一的参选者发出聘任邀请[8]。例如,澳大利亚 TAFE 学院有着严格的聘任条件与聘任程序,他们不直接聘任应届生,而是要有 3~5 年的工作经验;教师聘任时,需要由聘任部门上交聘任报告,经所在分院院长审批后,成立人才选拔委员会,由系主任、人事处负责人以及一个"外行"人组成,聘任前后将历时 2 个月完成[9]。

---

[1] 张洪春,温中梅. 高职教师教学能力成熟度模型的研究及应用 [J]. 现代教育管理,2015 (9):115-119.
[2] 蒋银健. 外语教师互动教学能力发展模型应用研究 [J]. 中国电化教育,2016 (3):120-125.
[3] 范宏宇. 应用型本科院校青年教师教学能力提升机制探析 [J]. 教育与职业,2017 (19):62-65.
[4] 张永林,谢珺. "双师型"教师教学能力测评工具开发及应用研究 [J]. 黑龙江高教研究,2023,41 (8):134-140.
[5] 中华人民共和国教育部. 高等学校教师职务试行条例[EB/OL]. [1986-03-03]. http://www.moe.gov.cn/s78/A04/s7051/201001/t20100129_180698.html.
[6] 崔浩. 关于应用型大学教师职务聘任制的思考 [J]. 学理论,2010 (9):108-110.
[7] 王凌峰. 地方高校教师聘任问题与对策研究 [J]. 黑龙江教育,2013 (9):87-88.
[8] 陈颖. 德国应用科学大学教授聘任程序中的战略要素 [J]. 应用型高等教育研究,2017,2 (4):8-13.
[9] 尹一萍. 澳大利亚 TAFE 学院质量保障体系探究 [D]. 上海:上海师范大学,2013.

教师经聘任后，还需经历培训的过程。对此，有学者指出我国应用型大学师资培训存在高学历教师流失严重、培训效果不理想、现代教育理念淡薄、教育理论知识欠缺、教育质量偏低等问题[①]。对此，学界重点聚焦于应用型高校教师培训策略的研究。如在管理策略上，有学者提出了建立"三阶四径五原则"培训管理模式[②]；在流程策略上，有学者提出了基于胜任力的应用型院校新聘教师培训基本流程[③]；在项目策略上，以卓越教师流动站为基础，构建教学理论合作项目、教育技术合作项目和问题诊断合作项目等[④]。国外高校教师培训体系构建比较成熟，譬如英国构建了职前培养、入职辅导、职后培训的三阶段培训体系[⑤]。

（四）关于应用型大学教师评价与奖惩的研究

当前关于大学教师评价的研究往往还偏通识性，专门针对应用型大学教师评价的还较少。有学者重视评价体系的探索，认为已有的评价指标设计与学校定位不一致、与最终结果存在偏差、使用过程不科学等问题，应从教学评价、科技评价和社会服务评价三维角度入手，构建应用型高校教师的评价体系[⑥]；有学者专注于应用型高校教师的教学质量评价，提出利用层次分析法（AHP）构建教师教学全过程质量评价[⑦]，或以应用型人才的智能结构为准则，从师德、教学、科研、社会服务、专业发展五个方面构建评价体系[⑧]。应用型高校教师还需要创新能力评价，尤其要以青年教师应用研究和社会服务为目标，从知识存量、创新意识、创新思维、创新科技和创新成果等五个维度构建应用型本科高校青年教师创新能力发展评价体系[⑨]。英、美应用型大学教师评价体系可为我国提供借鉴。比如，英国博尔顿大学具有成熟的评价流程（如图1-1所示），是自上而下和自下而上的互动交流的结果，并制定了教学、学生体验、研究与学术活动、就业和企业工作、学院愿景和大学贡献等5个一级指标、22个二级指标的评价体系[⑩]。美国应用型大学教师的评价制度注重"以教学为中心""以应用型人才培养为总目标"，在评价内容和准则上注重达成教学、科研和社会服务的时效性、便捷性和可操作性，其中，威廉姆斯学院就从目标、内容、程序、方式及组织制度等方面构建了系统的评价体系[⑪]。

---

① 聂婷婷. 新建地方应用型本科高校教师进修培训问题及改革探讨 [J]. 福建教育学院学报，2017，18（4）：68-70.
② 雷海峰，孔建华，白林，等. 民办应用型本科高校教师培训管理模式的构建：以山东华宇工学院改革思路为例 [J]. 中国高校科技，2020（7）：81-84.
③ 韩旭东，王青. 基于胜任力的应用型院校新聘教师培训的设计与实施 [J]. 教育与职业，2019（18）：72-75.
④ 于佳莹，贾驰. 应用型院校卓越教师流动站培训体系的建设与运行 [J]. 教育与职业，2018（11）：84-87.
⑤ 白童童. 英国高等职业院校教师培养对我国高职"双师型"教师培养的启示 [D]. 长春：东北师范大学，2008（5）：1.
⑥ 王云儿，伍婵提. 新建应用型本科教师评价指标探索 [J]. 中国高等教育，2011（10）：37-38.
⑦ 肖昆，王丽敏. 应用型本科高校教师教学全过程质量评价研究 [J]. 山西财经大学学报，2014，36（S1）：131-132.
⑧ 王晓萍. 应用型人才智能结构与地方高校教师教学质量的评价 [J]. 求索，2015（7）：188-192.
⑨ 应卫平. 应用型本科高校青年教师创新能力评价研究 [J]. 职业技术教育，2018，39（15）：40-43.
⑩ 杨琼. 应用型本科高校教师绩效评价研究：以英国博尔顿大学为例 [J]. 教育发展研究，2017，37（7）：58-63.
⑪ 宫珂，程晋宽. 如何构建适合应用型大学的教师评价制度：以美国威廉姆斯学院教师评价制度为个案 [J]. 外国教育研究，2021，48（6）：3-20.

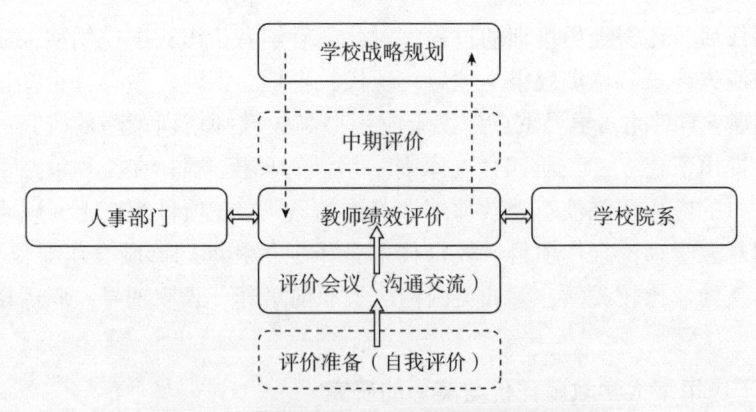

```
        ┌─────────────┐
        │  学校战略规划  │
        └──────▲──────┘
               ╎
        ┌──────▼──────┐
        │   中期评价    │
        └──────╎──────┘
               ╎
┌──────┐   ┌───▼────────┐   ┌──────┐
│人事部门│◄─►│ 教师绩效评价 │◄─►│学校院系│
└──────┘   └───▲────────┘   └──────┘
               │
        ┌──────┴──────────┐
        │评价会议（沟通交流）│
        └──────▲──────────┘
               │
        ┌──────┴──────────┐
        │评价准备（自我评价）│
        └─────────────────┘
```

图 1-1　英国博尔顿大学教师绩效评价流程

与教师评价制度相对应的是奖惩机制，其中关注应用型大学教师激励机制的较多。如有学者以委托代理理论，建构了地方高校教师科研的激励模型，发现教师从事科研的努力与成本系数存在负面影响，高校的最佳收益与教师初始工资水平存在负面影响[①]。有学者针对民办应用型本科高校提出了期权激励的框架，包括期权确立的原则、方式、条件、数量、对象等。[②] 与之相比，研究惩罚或退出机制的较少，有学者以学术职业资历惩罚（NRS）理论研究大学流动机制，发现中国学术职业存在资历惩罚现象，教师退出和流动与其资历收入有着明显的关系[③]；在大学聘任制取代任命制的同时，退出机制失灵仍是当前存在的主要问题[④]；其中退出的原因有违反国家法律法规、违反学校规章制度、合同到期、没有完成考核任务、个人原因调离等，个人原因和违反校规是退出的主要原因。[⑤]

二、国内外应用型大学师资队伍建设实践回顾

（一）国外应用型大学师资队伍建设实践

西方发达国家的应用技术大学建设起步较早，在"双师双能"师资队伍建设上有较为丰富的经验。德国作为工业大国和职业教育强国，在这方面有许多优秀的案例值得借鉴。

德国虽然一直都没有明确提出"双师"或"双师双能"的概念，但是在"双元制"的职业教育体系下，从事职业技术教育的教师都具有明显的"双师双能"特征。在德国的职业院校中有理论课教师、普通教育科教师和专业实践课教师三种类型，前两者均需在正规大学毕业后通过工程师资格考试或其他国家考试方可担任，而专业实践课教师更是需要2~3年的企业实习经验方可担任。在德国《高等教育总法》中对应用科技大学的教授所应具备的条件也有相应规定，如要有正规大学的学历证明、从事教学活动的资质证明、具有

---

① 刘新民，俞会新. 地方高校教师科研绩效激励机制优化设计研究[J]. 技术经济，2020, 39 (11): 175-182.
② 侯红梅，李晋，蔡华健. 我国民办高校教师期权激励机制设计：基于利益相关者视域[J]. 江苏高教，2020 (2): 85-90.
③ 刘进. 学术职业资历惩罚理论的中国解释：教师流动对于NRS模型的贡献分析[J]. 复旦教育论坛，2015, 13 (1): 63-68.
④ 晋兴雨，张英姿，于丽英. 高校教师聘用制：政策演进与退出机制构建：基于A大学改革实践的分析[J]. 教育发展研究，2020, 40 (3): 51-59.
⑤ "教育部直属高校教师退出机制研究"课题组，黄达人，黄冬娅，等. 教育部直属高校教师退出机制研究：基于87个案例的数据分析[J]. 中国高等教育，2016 (Z3): 27-33.

科学研究的能力证明、至少5年以上的实践经验等。

作为较早开始学习西方的亚洲国家，日本的工业技术和职业教育的发展也走在了前列。在日本的各级职业院校当中，从事专业技能人才培养工作的教师被称为"职业技能士"，一般要求具有教育专业和技术专业（如机械、电工、家电维修等方面）的双学士学位。为了专门培养这类专门的"双师型"师资，日本还开设专门的职业能力开发大学，开设四年制长期课程和半年制短期课程，此外还有两年制或一年制的研究生培训课程。其中四年制的培养与传统职业大学相类似，半年制课程主要面向已具有专业技能和实践经验者开设，报名参加者需通过国家技能考试且具有两年以上实践工作经验或同等技术水平；研究生课程与短期课程相似，主要面向对象也是已具备相应专业技能和实践经验者，但是在培养上会更加系统和全面。只有通过这类课程并取得证书的才能成为从事职业教育的教师。

美国作为教育大国和强国，对教师任职资格的标准认定都是很高的。美国对从事职业教育的教师有专门的职业技术教育教师证书制度，通过对教师的职前培养或职后教育来授予证书。从事职业教育的教师首要条件是硕士学位以上，需经过教育学院和实践环节的专业培训，每隔两年半时间还需参加一次资格考试以取得任教合格证书。对于聘请的兼职教师则有更高要求，不仅需要具有硕士以上学历，且应当是行业内的优秀工程师或技术专家。

英国对"双师型"教师也有严格的标准，要求职业院校的教师需要同时拥有教师资格证书和专业工程证书。英国还在2000年推出了《继续教育教师（含职教教师）素质和管理标准》，明确规定"双师型"教师除教学和学术水平以外，还要有一定的实践经验应用能力。

此外，丹麦对"双师型"教师主要的标准是需要完成第三级职业教育、具备专业技能且拥有5年以上的实际工作经历。为了培养"双师"，丹麦教育部门还要求教师开展全日制的脱产学习，只有通过考核取得职业教育教师资格后方可执业。澳大利亚的"双师型"师资则主要以兼职教师为主，主要是来源于行业、企业中的技术人员，专职教师则需具备大学本科学历，这两类教师都主要通过职业技术教育学院（即TAFE学院）来进行专门的职业教育素质培养，从而确保"双师型"队伍的高标准、高要求。

（二）国内应用型大学师资队伍建设实践

2019年教育部、发改委等四部门联合发布了《深化新时代职业教育"双师型"教师队伍建设改革实施方案》，提出要推进以"双师"素质为导向的新教师准入制度改革，构建以职业技术师范院校为主体、产教融合的多元培养培训格局，完善"固定岗+流动岗"的教师资源配置新机制，聚焦1+X证书制度开展教师全员培训，深化突出"双师型"导向的教师考核评价改革。这一方案虽是以职业院校为对象，但对应用型大学而言，"教师+工程师"中除"教师"的标准或有不同外，"工程师"的认定大同小异。

因此，国内各校所采用的"双师"认定标准，一定程度上参考了国外先行者的经验，主要强调"工程师"的专业实践能力和工作经验，注重职业资格证书的获取，但是同时也因办学定位的差异，对"双师"的具体要求也各有不同。如重庆房地产职业学院对"双师"的认定，除了需具备讲师及以上职务，还列举了七项条件，必须符合情况之一：（1）具有中级及以上专业技能水平；（2）通过行业准许的职业资格证书；（3）具有国家职业技能鉴定考评员资格证书；（4）具有技师或高级技师资格证书；（5）参加教育部"双师型"教师培训基地组织的专业技能培训，获得合格证书，能全面指导学生专业实践实训活动；（6）近五年中有两年以上实践（可累计计算）在企业一线从事本专业实际工作；（7）近五年主持（或主要参与）过两项应用技术研究等。

湖南艺术职业学院认定"双师"教师的基本条件是应当具有讲师或以上教师职称，有较强的教学和科研能力，同时符合以下条件之一：（1）具备国家承认的中级及以上专业技术职务任职资格；（2）具有与本专业实际工作相关的行业特许资格证书；（3）近五年中有两年以上（可累计计算）在剧团或企业一线本专业实际工作经历，或参加教育部组织的教师专业技能培训获得合格证书；（4）近五年主持（或主要参与）两项应用技术研究，成果已被企业使用，效益良好；（5）近五年主持（或主要参与）两项院内实践教学设施建设或提升技术水平的设计、安装工作，使用效果好。对比重庆房地产职业学院的认定条件，可谓大同小异，只不过在学科专业的特点上有所区别。

其他各类职业院校的"双师"认定差别也并不大，因其主要参考标准来自国家三个文件的规定，分别是《关于全面开展高职高专院校人才培养工作水平评估的通知》（2004年）、《全国高校教学基本状态数据库系统数据项内涵说明》（2011年）、《教育部关于开展普通高等学校本科教学工作合格评估的通知》（2011年）。尤其是2011年的本科教学合格评估指标中对"双师"的认定标准，明显是套用了高职高专的标准，乃至有些标准甚至出现了一定程度的降低，如对主持或参与专业实践教学建设的要求，高职高专要求是五年时间内，本科教学合格评估中却未作时间限定。这种标准的沿用和降低，显然是不利于促进应用型大学转型发展的。

值得一提的是，广东省教育研究院在2017年也针对应用型大学"双师双能"教师队伍的建设问题进行了一次调研，调研对当时省内各大学的"双师双能"问题进行了初步分析，并拟定了一个"双师双能型"教师评定指导标准，值得各应用型大学在拟定"双师双能"教师标准时作为一个重要的参考指标体系。

三、比较视野下应用型大学师资队伍建设研究路径

国外的应用型大学师资队伍建设举措自成体系，可以综合吸收它们的经验，从中挖掘出对于我国应用型大学师资队伍建设有益的启示。

（一）制定符合应用型大学的师资聘用制度

从德国和芬兰的经验来看，他们在应用型大学教师的聘用方面，既注重传统教师学术性方面的要求，更注重应用型教师实践方面的要求。与之相比，我国大学在教师聘用方面长期以来重视"高学历""高职称"的学术传统，即使经历了应用型大学的转型，也难以短期扭转这一习惯。对此，应用型大学需要重新审视学术性和实践性在教师聘用中的地位。坚持二者并用，甚至在某些情况下将实践性置于更高的位置。为实现这一观念转型，一方面我们应该对应聘者设置符合岗位要求的基础学历要求，如本科以上学历或硕士、博士等更高的学位，以确保招聘到具有一定学术背景的人才；另一方面，需要对师资的实践经验提出明确的时间或成就要求，如具备两年以上本专业相关的实际工作经验。当然，对

于具有特殊成就的人才，也可以适当放宽这一要求，以便吸引更多优秀人才加入我们的教师队伍。此外，还需要建立一个公开透明且详细具体的聘用程序，以确保招聘过程的公正性和有效性，这将有助于提高学校的声誉，吸引更多优秀人才加入我们的教师队伍。总之，为改变我国大学在教师聘用中过分重视学历的现象，需要从多方面入手，确保招聘到既具备学术背景又具备实践经验的优秀人才。

（二）建立丰富完善的应用型大学师资培训制度

德国的经验表明，政府在教师培训方面发挥着重要作用：通过制定法规并承担费用，政府为教师提供了参加培训的机会，并确保他们能够充分利用这些资源；专门的管理小组负责监督教师的继续教育参与度和学习效果，以确保培训的质量和效果。芬兰对教师参加实践培训进行了规定，组织了定期与不定期相结合的培训项目。这种灵活性使教师可以根据自己的需求和时间安排来选择合适的培训项目，有助于提高教师的实践能力和专业素养。美国对教师的挂职锻炼时间做了下限规定，并提供了丰富的培训方式，以此满足不同教师的需求，帮助他们在不同的领域和专业方向上进行提升。应用型大学可以借鉴以上经验建立师资培训制度。首先，充分利用政府资源，制定相关规章，搭建教师实践培训平台，以便为教师提供更多的培训机会，并确保他们能够充分利用这些资源。其次，大学自身要与企业、行业、其他大学建立合作关系，组合各方面的教学资源，共同开展培训活动，以便实现资源共享，提高培训的效果和质量。再次，依靠科技进步，善用互联网科技，创新培训方式，使培训不拘泥于时间和空间的限制，以便提高学习的灵活性和效率。最后，还需要建立完善的师资培训保障、激励和考核机制。提供必要的支持和激励措施，以便保证教师通过培训切实提升自己的水平和能力。同时，建立科学的考核机制，以便对教师的学习成果进行评估和反馈，促使他们乐于参加培训并善于在培训中提升自我。

（三）建立切实有效的应用型大学师资考核制度

从各国应用型大学教师考核情况来看，德国比较重视"质"的评价，评价结果与教师的退出机制紧密相关。相反，美国的考核方式更为灵活，其评价主要以物质奖励和精神激励相结合的方式。反观我国应用型大学教师的评价，虽也存在一定的退出机制，但大部分存在评价"漂移"现象，如重科研、轻教学或社会服务等；考核制度也缺乏灵活性，评价重视显性成果而忽视个人成长性；评价客观性与公平性也难以调和，以至于每到年终考核就遭遇"修罗场"。对此，应用型大学教师的考核需建立更为全面的评价体系。首先，要建立科学的考核指标体系。在制定考核指标时，应充分考虑应用型大学的特点，确保各项指标具有针对性和可操作性。同时，要注重多元化的评价方法，包括同行评议、学生评价、教学成果、社会评价等多种形式，以全面了解教师的教学、科研和社会服务能力。其次，强化绩效考核与激励机制。将绩效考核结果与教师的职称晋升、岗位调整、奖金发放等方面紧密结合，形成有效的激励和约束机制。对于表现优秀的教师，可以跨越职称壁垒，参考企业职级制度，加大奖励和表彰，适当增加教师之间的福利差距；对于合格边缘的教师，在及时提出整改意见的同时，更要加强精神激励与跟踪辅导。再次，加强师资培训与发展支持。提高教师的专业素养和教育教学能力是提升整体师资水平的关键，应用型大学应加大对教师培训的投入，定期组织教师学习教育教学技能、了解行业企业发展动态以及社会生产实践等。同时，要关注教师的职业发展需求，为他们提供良好的发展空间和条件。最后，建立健全教师队伍建设的长效机制。应用型大学要将师资队伍建设纳入长期发展规划，形成持续推进、不断完善的工作机制。要定期对师资队伍进行评估和分析，及时发现问题并采取措施加以解决。此外，要加强与其他应用型大学和应用研究前沿机构的交流与合作，借鉴国内外先进的管理经验和教育教学理念，不断提升我国应用型大学的师资水平。

第二章　应用型大学师资队伍建设现状与发展思路

第一节　应用型大学师资队伍建设现状

一、应用型大学师资队伍建设的重要成就

2018年，中共中央、国务院联合印发了《关于全面深化新时代教师队伍建设改革的意见》，全面部署新时代教师队伍建设改革相关工作，标志着新时代教师队伍建设改革踏上了新征程[1]。2020年年末，教育部、中组部等六部委出台了《关于加强新时代高校教师队伍建设改革的指导意见》，为加强新时代高校教师队伍建设提出了具体要求，为打造党和人民满意的高素质专业化教师队伍提供了重要的政策支持和制度保障，对加强高校教师队伍建设具有重要意义[2]。相关文件下发后，各应用型大学按照文件要求，积极部署、主动作为，在应用型大学师资队伍建设方面取得一系列进展和成就。

（一）应用型师资队伍建设工作稳步推进

自2015年起国家开始引导部分本科高校探索应用型转型发展道路，应用型师资队伍规模得到不断扩大、结构不断优化、管理不断加强[3]。在国家政策和指导意见下发后，全国各地和各应用型大学结合当地的政策和实际，纷纷出台了师资队伍建设的文件和办法，办法涵盖了"教师赴企业实践""'双师双能型'教师管理""校外兼职教师选聘""教师激励与考核"等多个方面，加大对本地区和学校专任教师评价中应用型成果指标的引导，不断健全"双师双能型"教师认定、选聘、考核等评价标准，在制度层面上为师资队伍建设提供保障。例如：山东省某高校出台《"双师型"教师队伍建设实施办法（试行）》《专业技术人员创新创业管理暂行办法》《专业技术人员校外兼职管理办法》等三项与应用型师资队伍建设有关的文件；山西省某高校出台《"双师双能型"教师资格认定与管理办法》，规范"双师双能型"教师认定与管理，不断优化师资队伍结构。高校依托制度文件优势，稳步推进应用型师资队伍建设工作，阶段性成果得以显现。

---

[1] 庞海燕. 加强新时代应用型本科高校师资队伍建设的路径探析[J]. 文教资料，2022（11）：192-195.
[2] 教育部等六部门关于加强新时代高校教师队伍建设改革的指导意见：教师〔2020〕10号[EB/OL].[2023-01-20].http://www.gov.cn/zhengce/zhengceku/2021-01/27/content_5583070.htm.
[3] 李欣. 应用型本科院校高质量师资队伍建设路径研究[J]. 平顶山学院学报，2022，37（6）：114-118.

（二）应用型大学"双师双能"建设持续开展

首先，师资队伍规模明显扩大。为满足本科高校合格评估和审核评估中的师生比指标要求以及"双师型"师资比例要求，各应用型大学在国家和地区人才引进的政策引导下不断提升人才引进力度，大幅扩充师资队伍。综合全国近20所应用型大学官网的数据显示，应用型大学的教师队伍规模显著增大。以广东省某应用型大学为例，近年来该校引进教师人数超300人，专任教师的规模达到1500余人。其次，师资队伍结构得到优化。随着各大学对于高学历、高职称人才的引进力度加大，以及应用型大学对在校青年人才队伍的培养工作持续推进，应用型大学师资队伍结构得以优化提升。同样以广东省某应用型大学为例，该校近年来引进的高学历、高职称人才占新进教师的比例高达40%。这一方面折射出了应用型大学合格评估和审核评估指标的客观及硬性要求，另一方面也体现出各应用型大学在推动教师队伍高质量发展中持续发力，在着力构建科学合理的应用型教师人才培养模式上狠下功夫。

（三）产教融合背景下应用型师资队伍建设取得基本成效

基于产教融合的背景，学校、政府、行业协会、企业多方共同探索新时期的合作方式，人才双向流动，共享人才资源的局面初步形成，应用型师资队伍共建的成效初显。各应用型大学积极推进校企合作办学，人才共享机制不断健全。基于产教融合的大环境背景下，应用型大学积极同各行业、企业签订校企合作战略框架协议，共同引进高学历和高层次人才。各应用型大学还主动探索与企业共建产业学院，学校聘任企业高级管理人员和行业的专业技术人员到校兼职，选派优秀的专任教师到企业生产一线开展挂职锻炼，积累实践技能。积极搭建"双师双能"培养平台，共同培养、认定了一批符合"双能"的教师，全面提升教师的理论水平和实践能力，构建校企教师双向流动机制，较好实现了学校与地方政府、行业、企业间的人才对接，产教融合、产学研协同的长效化机制成效初显。

二、应用型大学师资队伍建设的主要困境

"应用型本科高校"概念的提出是我国高等教育进入大众化，高等教育发达国家和地区教育发展的普遍趋势[1]。纵观全球，欧美等发达国家的应用型大学创办时间早，发展程度高，更重视师资队伍建设和人才机制建设，使其人才培养质量更高。然而我国的应用型大学建立时间短，且大多是地方性院校或独立院校转设而成，虽然在师资队伍建设方面作出了较大的努力，且取得了一定的成效，但由于教学、科研资源相对匮乏，资金支持与公办研究型大学差距较大，加之地方独特的地理位置和经济发达程度对学校的影响，使应用型大学在师资队伍建设方面存在一些较为突出的问题，成为制约其发展和可持续办学链条上的薄弱环节。主要表现在以下几个方面：

（一）"双师型"教师数量不足，结构失衡

首先，教师数量是应用型大学师资队伍建设中最直观的数据，目前的主要评价指标为生师比。根据《教育部本科教育教学审核评估指标体系》（2021—2025年）的要求，生师比=折合在校生数/专任教师总数（参照教育部教发〔2004〕2号文件），综合、师范、民

---

[1] 白文乐，赵慧. 北京高校电子信息类专业群全国院校教育教学研究成果论文集[M]. 北京：北京邮电大学出版社，2020：347.

族院校，工科、农、林院校和语文、财经、政法院校的生师比应当小于等于18∶1[①]。大多数应用型大学通常选择向社会公开招聘教师来扩充教学师资队伍，满足日常教学科研及管理的需要。最近几年，大部分应用型大学均有教师招聘信息发布，大规模招聘专任教师，但仍有部分大学教师缺口大，难以满足评估指标要求。

其次，应用型教师队伍结构失衡。师资队伍结构指的是师资队伍各部分的比例关系及结构方式，主要包括年龄结构、学缘结构、职称结构、学历结构、学术结构等[②]。就年龄结构来看，一般的应用型大学35岁及以下的青年教师比例最大，主要为应届的硕士毕业生或工作时间较短的青年教师，60岁以上的老教师也占据部分比例。然而35~55岁的中年骨干教师比例较低，以致中坚力量薄弱，整体比例呈现"哑铃状"。这种状态也具有明显的弊端，容易造成师资梯队断层，学科带头人或骨干教师队伍缺位。学缘结构指应用型大学中，从不同学校或科研院所取得相同（或相近）学历（或学位）的人的比例。从学缘结构来看，大多数应用型大学的教师来自本省、邻近省份或者某一特定省份；来自国内外重点大学的教师较少，一般大学的教师较多；从其他企事业单位或科研院所调入的教师占比低。此种欠缺合理的学缘结构不利于发掘教师的创新思维，易造成"近亲繁殖"现象，也不利于团结协作和学术水平提高。职称结构是指不同职称的教师在学校教师队伍中的构成比例。应用型大学中，副高级及以上的高职称教师占比少，中级及以下职称或无职称的教师占比高，高级职称教师中，以退休的大学教师、教学经验丰富的老教授为主。学历结构是一所学校整体水平和教学科研质量的重要体现。学历结构很大程度可以折射出教师队伍的研究水平和整体素质。目前，一般的应用型大学教师以硕士研究生为主，博士研究生比例非常欠缺，学术梯队欠缺合理，教师的学历结构有待优化。此外，"双师型"教师占比偏低。"双师型"教师的提法最初出现在职业教育中，但今年来依托国家对应用型人才培养和产教融合工作的重视，使应用型大学目前"双师型"人才的缺口十分严重。

（二）应用型大学师资队伍综合素质亟待提高

应用型大学成立时间短，大部分学校的成立、转设时间不足30年。一方面同传统的公办高校相比，对照新时代应用型大学高质量发展的新要求，在师资队伍建设方面和人才素质方面仍有很大的提升空间。教师队伍中缺乏高层次人才，在行业、企业中有一定影响和声望的"双师"也屈指可数，国家级、省部级的专家学者更是寥寥无几。学校内部的优秀学科带头人和骨干教师总量不足，人才梯队及体制机制建设不尽合理[③]。与此同时，高层次创新人才的缺乏，导致学校的专业力量薄弱，创新教育和创新研究能力较弱，培养高质量创新型人才难度增大，这些在一定程度上制约了高校教学、科研和学科建设的发展，制约了应用型高校办学水平和教学质量的提高[④]。

应用型大学师德师风建设薄弱，折射出师资队伍综合素质有待提高。师德师风是教师的职业道德和工作作风，是作为人民教师一定要具备的基本道德修养和职业操守[⑤]。学者

---

① 教育部关于印发《普通高等学校本科教育教学审核评估实施方案（2021—2025年）》的通知：教督〔2021〕1号［EB/OL］.［2022-01-29］.http://www.moe.gov.cn/srcsite/A11/s7057/202102/t20210205_512709.html.
② 安波，徐会吉.民办高校师资队伍建设现状与对策研究［M］.济南：山东人民出版社，2013：10.
③ 李海梅.新时代背景下应用型本科高校师资队伍建设路径［J］.人才资源开发，2022（8）：19-20.
④ 张虹.应用型本科高校师资队伍建设现状及对策［J］.中国科技信息，2010（23）：231-232.
⑤ 白晓玲，陈攀峰.应用型大学转型背景下师德师风建设［J］.教育观察，2019，8（4）：39-42.

袁进霞认为，当前高校师德师风出现了对教育事业缺乏神圣感、对学生缺少责任感、对自身缺少自律感、对学术缺少使命感等问题①。近年来，触及师德师风红线的现象时有发生，学术造假、个人生活作风不端、借机敛财等行为也频频被曝出。这体现出学校在营造良好师德师风的教育方面仍有缺漏，在师资引进时没有加强对个人品德风尚的审查，在日常的工作中对师德师风方面的制度规程执行力和渗透力不足。

高校师德师风建设不仅关系到教师的发展、学生的成长、学校人才培养质量，还影响着国家高等教育事业乃至整个社会的发展，其意义重大深远。加强师德师风建设是全面贯彻习近平总书记关于教育及师德师风重要论述的必然要求。应用型大学教师作为高素质应用型人才培养的重要力量，围绕国家"立德树人"的根本任务，仍需要在师德师风建设方面加大投入力度。

（三）学科型与应用型师资队伍界限混淆模糊

当前，学科型师资队伍与应用型师资队伍的培养常常被混淆。两者间的培养方式也常常被大家混为一谈，而且大多数师资皆为学科培养所出。此问题背后的原因何在？其实就在于目前应用型大学教师的来源大多数是直接从研究型大学引进，忽视了应用型大学师资应有的特质。这种简单的招聘方式和师资来源，使大多数应用型大学的新教师不具备企业实践经验，应用能力差。长此以往，学科型师资占据着应用型大学师资队伍的半壁江山，使应用型大学人才培养出现一定程度的"跛脚"。

此外，应用型大学的考核评价机制大多只对教师的教学质量和科研成果进行量化评估，且出现了重数量轻质量的现象，照搬上级文件和其他类型高校的标准，忽略了应用型大学科研基础薄弱的实际情况，没有对学科型和应用型教师进行分类考核。即使有部分应用型大学对科研型、教学型、实践型教师的考核刻意加以区别，但是取得的收效甚微，不能形成很好的反向合力，无法推动教师分类培养。

（四）应用型教师发展体系建设滞后，师资培训体制机制不完善

应用型大学在现阶段的高速转型发展过程中，常常采用"重视使用，轻视培养"的教师发展方式，经费投入较少，教师专业发展和个人发展被忽略，教师专业能力和教学水平不能得到有效提高。通过对一些应用型大学的调查研究，其教师发展体系普遍缺乏创新，且发展较为滞后。具体体现在以下几个方面：一是在教师培养培训方面没有进行系统分类、分层，常常是将不同专业背景、教学经验、科研水平的教师混为一谈，培训培养的针对性和有效性大打折扣。二是教师教学发展中心的作用没有得到充分发挥。目前，大部分应用型大学都意识到了教师发展工作的重要性，也都设置了教师教学发展中心等机构，但是该类机构存在被边缘化、形式化的情况。例如有些大学将教师教学发展中心挂靠在人事处或教务处等行政部门下，虽然配备了部分专职人员，但是由于其工作任务繁重、内容交叉，实际投入在教师发展工作上的时间少之又少；有些大学虽然单独设立了教师教学发展中心，且落实专人专责管理，但是由于大学对于教师发展的认识不足，仅将中心视为边缘的教辅机构，对教师专业能力提升和教学创新发展方面的功能未能有效发掘，致使教师教学发展中心"可有可无，名存实亡"。三是大多数大学采取单一、固定的教师培训方式，如采用"满堂灌"的专题报告讲座等形式，内容缺乏创新和针对性，使培训收效甚微，甚

---

① 袁进霞. 高校师德师风存在的问题及对策[J]. 学校党建与思想教育，2017（4）：81-82.

至饱受参训教师诟病。同时，应用型大学"双师双能"教师的培训效果不佳，教师参加企业实践流于形式，忽视了行业、企业的关键作用，常常只是"纸上谈兵"，没有形成规范化的培训培养机制，使"双师型"教师队伍建设没能取得实质性的进展。

三、应用型大学师资队伍建设的制约因素

应用型大学师资队伍取得了一系列成绩。当然，成绩的背后亦有当前所面临的诸多问题，主要可以从社会观念、政策环境、教师自身管理三个层面进行分析。通过研究，找出应用型大学师资队伍建设的制约因素，为下一步提出发展思路和改进对策奠定基础。

（一）社会观念因素

依托于时代发展背景，应用型大学作为新时代变革发展的产物，在大众的观念中还未能形成相对固化的印象。在人们观念中，优秀的大学都应当是以清华、北大为代表的研究型大学，社会大众也往往将应用型大学看作大专、职业院校的"迭代品"，就读应用型本科就会"低人一等"。再者，应用型大学和民办高校有着紧密的联系，人们传统观念会认为民办高校是以赚钱为目的的，因此产生了应用型大学也是为了赚钱的刻板印象。对于研究型大学，人们认为其吸收的政府资金支持和社会资金投入更大，政策措施更优越，师资力量也更雄厚，所以只有研究型大学才是正规、正统、高层次的，应用型大学就是非正规、低层次的。这些片面的观念和略带歧视的眼光，使应用型大学面临招生难、就业难、融资难的问题。并且，受制于人们长期对于应用型大学的片面认识，社会上的教师和应届毕业生也不太愿意到应用型大学就业，这给应用型大学师资队伍建设工作带来了很大困难。

（二）政策环境因素

政策环境对应用型大学师资队伍建设的影响主要分为政府管理政策和学校内部管理政策。从政府宏观管理层面来说，主要有以下几点：第一，为应用型大学提供的资金支持或政策扶持远不如研究型大学。作为应用型大学中的主要组成——民办高校和独立学院，每年得到的资金和政策支持远低于公办高校，就课题研究、科研项目、资金拨付、评优评先等方面，应用型大学所获得的资源相对较少。第二，政府部门对于民办高校的教师管理存在着一定程度的不公平现象。在人员编制上，公办高校的教师大多享受事业单位编制人员待遇，而应用型大学大多是采用合同聘用制，在工资待遇上两者有较大差距。各种社会保障制度，如养老保险、医疗保险、住房公积金等，也有不同。另外，对于应用型大学来说，教师的晋升、评级、职称、培养上或多或少存在着"厚此薄彼"现象，即"厚公办，薄民办"。由此可见，政府政策因素常常会影响到应用型大学的发展方向。

除了政府政策，学校内部管理政策是最直接影响应用型大学发展的因素：

1. 师资队伍结构不够合理，考核评价制度不健全

部分应用型大学缺乏对学校发展的长期规划，盲目照搬其他高校的发展方式，师资队伍建设目标和管理模式模糊不清。主要表现为：为了满足生师比和学校年检、评估要求，盲目招聘高学历、高职称人才，以期在短时间能达到相应指标要求。此举不仅忽视了学校的专业发展需求，还容易造成人才学历结构不合理。同时，由于应用型大学多由专科升格而来，本科层次办学时间较短，师资力量基础较为薄弱；缺乏重点实验室或重点实验平台，学校虽愿支付高额薪酬聘任，却无法为人才提供展现的平台，对人才的吸引力不强；应用型大学大部分新入职教师均为应届高校毕业生，从高校毕业又回到高校工作，缺乏企

业实践经验，导致"双师双能型"教师数量少。

部分应用型大学教师管理考核评价制度不健全，缺乏完善的教师薪资结构、教育教学质量、科研任务、职称评审等制度规定。例如，部分学校在制定激励标准时，缺乏对整体师资队伍和薪酬结构的考量，使激励标准不公平、不全面，大大挫伤了基层教师的工作积极性；甚至存在部分学校缺乏对教师职业的尊重，简单地把学校当成商业企业，视教师为企业员工，在管理方面过于形式化，也无法为教师提供应有的职业发展帮扶及有利的成长环境，以致人员流动频繁。

2. 经费投入制约应用型大学师资队伍发展

大部分应用型大学采取自筹经费或采用社会资本办学，这使经费来源单一，稳定性差，尤其是在该类大学转型、新设时期，经费不足的问题较为突出。应用型大学教师的薪酬待遇和各项社会福利均与公办研究型大学有较大差距，由此面临招聘困难、人才难留的困境。虽然国家有相应的政策规定，保障应用型大学教师的福利待遇，但办学者的主观原因和部分大学的客观原因，使政策在执行过程中会存在较大偏差。对于青年教师来说，薪酬福利与公办研究型大学相比不具有吸引力。

3. 师德师风问题缺乏重视，师德师风长效管理机制未建立

应用型大学师德师风存在的问题主要有以下两个：一是部分大学教师信念不坚定，爱岗敬业精神缺失，容易受到社会不良风气诱导，忘记教师的光荣使命和责任。二是部分大学没有形成对师德师风建设的长效机制，忽略了师德师风建设的关键地位，缺少量化评价机制，发现问题时草率应付，没有及时以案促改，未作严肃问责，未能形成典型和模范。

4. 师资培养模式滞后，教师发展体系不健全

与应用型大学高质量发展要求相匹配的师资队伍培养模式改革还需进一步深化，教师发展体系变革势在必行。部分应用型大学师资培养模式采取"放任自流"的方式，忽视师资队伍培养的全面性和系统性，如前文所提到的，教师的培养模式固化，单一采用"专题讲座"等模式对教师进行继续教育，没有针对性地对教师进行分类培养，使培养效果大打折扣。与此同时，"双师型"教师队伍建设模式不健全，出台的各项政策措施犹如"空中楼阁"，对于企业兼职导师和教师赴企业实践疏于管理，使部分应用型大学的"双师双能"建设工作进展缓慢，甚至出现停滞不前的现象。其背后折射出学校的师资培养模式滞后，教师发展工作的地位不突出，这制约了师资队伍的发展。

(三) 教师自身因素

由于教育体制、户籍和人事管理制度的发展和转型相对较为滞后，教师自身因素亦可影响整体的教师队伍发展。例如，部分教师从公办高校离开后，入职到民办应用型大学任教，但因生活设施、工作环境等不同因素，使他们对于应用型高校的工作和生活无所适从，虽走出了原单位，但在情感上与原来的公办研究型高校保持着千丝万缕的联系[①]。如果这部分教师长期处于此种"身在曹营心在汉"的思想中，很大程度会影响整体的师资队伍建设工作。

对于应用型大学的兼职教师来说，普遍也存在着敷衍了事的思想。由于这部分兼职教

---

① 安波，徐会吉. 民办高校师资队伍建设现状与对策研究 [M]. 济南：山东人民出版社，2013.10.

师来自企业，在他们的观念中，自己主要职业是企业管理人员，大学教师只是其"可有可无"的兼职身份，大学和学生发展并不能给自己带来"利益"，课程上完就可交差。同时，由于他们依托在企业中，对于教师的身份认同感可能较专任教师来说更弱，对于大学的教育教学质量和教学改革发展漠不关心。因此，这些原因也导致了应用型大学的"双师型"队伍不稳定，影响大学的办学水平和师资队伍建设发展，长此以往，将有可能严重制约大学发展。

第二节　应用型大学师资队伍建设的发展思路

应用型大学师资队伍建设应将习近平总书记对教师队伍建设作出的系列重要指示批示作为根本遵循，认真落实党中央、国务院决策部署和教育部党组工作安排，把握应用型大学师资队伍建设改革的时代要求，落实立德树人根本任务，科学谋划加强高质量教师队伍建设的思路举措。以强化师资队伍整体素质和师德师风建设为首要任务，以深化人事制度改革为落脚点，以加大人才引进和培养工作力度为重心，努力打造一支师德高尚、业务精湛、结构合理、充满活力的高素质教书育人师资队伍，不断增强其在高素质应用人才培养和服务地方经济、社会发展等方面的能力，加快推进优势突出、特色鲜明的一流高水平应用创新型本科高校建设，推动地方教育及经济高速发展。应用型大学办学的成功与否，与其能否建设一支懂应用、有实践经验的高水平师资队伍密切相关，他们与理论性师资一道，共同履行实用型办学功能[①]。应用型大学师资队伍建设的主要发展思路如下：

一、强化教师应用能力建设，提升应用型师资整体素质

应用型大学应鼓励教师有计划地赴与自身专业对口的行业企业跟岗实习、挂职锻炼，丰富自身实践经验，提高创新能力，增强"双师型"教师队伍的实践教学能力。建立完善教师企业实践制度，落实学校与行业企业协同发展的规划，定期选派一定数量的专任教师赴企事业单位挂职跟岗锻炼。积极创造条件鼓励和支持教师利用寒暑假和日常假期到企事业单位进行调查研究、实习或挂职实践。承担基础教育类课程的中青年教师在中小学、学前教育等单位从事教学工作（参与教学、科研及管理等工作）；专任教师要潜心研究学校教材、教法，熟悉教学、管理，熟悉新课程改革，促进理论与实践相结合；思想政治理论课教师可在学校辅导员岗位挂职锻炼，从事兼职辅导员工作；教育学研究生导师每年在相应学段的学校挂职锻炼。其他教师到对口企业或行业协会中挂职锻炼，采取跟岗或兼职方式，跟岗培训单位为该类教师提供相应岗位，独立工作或担任生产助理，教师带着研究课题到企业培训。兼职培训包括实践培训、带队指导学生实习等，其主要目的是了解企业发展趋势、相关岗位职责、技术规范、行业用人标准及企业管理制度，学习所从事专业在生产实践中应用的新知识、新技能、新工艺、新方法，旨在培养"双师型"教师[②]。

同时，应用型大学应提高站位，将教师思想政治素质提升和师德师风建设作为教师队伍建设的首要任务。扎实推进教师队伍道德风尚建设，切实构建师德师风制度体系，坚持

[①] 别敦荣. 应用型高校的办学理念与建设路径 [J]. 中国高教研究, 2022 (4): 1-8.
[②] 郝英杰. 关于加强应用型师资队伍建设的思考 [J]. 现代交际, 2016 (4): 146-147.

德才兼备、以德为先，大力加强师德师风建设[1]。筑牢师德师风工作底线，营造风清气正育人环境，切实构建应用型大学师德师风政策体系、考核体系、监督体系、培养体系，从教师的选拔、入职、任用、晋升、日常监督等全方位、各环节进行道德修养和政治素质的审核，将师德师风建设融入教师岗前培训、入职培训、日常培训和年度继续教育考核中，贯穿于师资队伍建设全过程。在日常教师培训中，要提升师德师风建设相关培训的场次和质量，构筑好思想防线。在建立健全师德师风考核评价机制，在教师岗位聘任、职称晋升等环节，应当将师德师风标准摆在首位。对于师德师风先进个人给予表彰奖励，树立正面典型，引导优秀德师风形成。对于师德师风违规问题"零容忍"，实施师德师风问题"一票否决"，严肃问责，发现一起，查处一起。另外，教师应当积极讲好中国故事，将课程思政元素融入教学实践中，主动把教书育人和个人职业道德修养相结合，真正做到严谨治学、德才兼备、以德为先，力争成为"四有"好老师，弘扬师德正能量。

二、明确应用型与学科型师资的区别，提高师资队伍整体素质

合理的师资队伍结构，能够为应用型大学教学科研提供充沛动力。要针对应用型大学的特质，明确其与学科型的区别，有的放矢地进行针对性培养，调整师资队伍结构。应用型大学应立足一流教师队伍建设，根据师资队伍能力水平要求，强化教师应用能力水平建设，提高师资人才队伍整体素质。应用型大学应当首先立足本校实际，对师资现状进行充分分析，结合学校的发展建设规划、办学目标、社会需求，制定相匹配的师资队伍建设规划。按需扩大教师队伍数量，建设一支专兼结合的高质量应用型师资队伍，从而降低生师比，促进内涵式发展，提升师资队伍整体素质。建立健全人才引进机制，组建年龄、职称、学历、背景等结构合理的教师团队，以满足应用型大学定位和人才培养目标的要求。同时，要提升高学历、高层次人才队伍质量，优化学历结构，以契合教学合格评估和审核评估的硬性指标要求。

师资队伍综合素质包括教学科研水平和教师道德水平。为提高教师的教学科研水平，应用型大学应当加强顶层设计，系统科学地推动教师队伍建设，鼓励和支持教师培训进修、赴外深造，形成具有应用型特色的教师培养体系，进而全面提升队伍的综合素质。为提升道德水平，应用型大学应当要求教师树立"立德树人、教书育人"的道德意识，遵守各项学术道德规范。同时，应当健全荣誉激励机制，提升教师对学校的归属感和集体荣誉感，通过待遇保障、奖励激励政策保障，吸引创新团队加入，推动应用型大学师资队伍高质量发展。另外，作为应用型大学师资队伍建设激励机制的重要组成部分，职称评审制度也应当进行改革，其目的在于激发教师的创造性和能动性，从改革入手破除"四唯"，综合考量教师的师德、教学、实践、科研能力，鼓励教师投身于教育建设事业，提升教师队伍整体素质。

三、提升应用型师资引培质量，完善青年教师培养体系

应用型大学教师人才引进和培养质量，决定着学校的发展水平和办学质量。应加强高职称、高学历人才队伍建设的顶层设计，提前做好人才中长期建设规划，落实高层次人才

---

[1] 葛灵丹，金萱. 金陵科技学院校长刘永彪：勤力创新，打造高水平应用型大学［N］. 新华日报，2021-12-19（002）.

队伍建设目标责任制；加强教学科研团队建设和专业带头人培养，通过以点带面，带动强化整体水平提升；创新理念，积极探索和改进柔性聘用、兼职聘用等用人机制，增强高层次人才和创新团队引进政策的机动性和灵活性。

对于应用型大学青年教师群体占比高的特点，要加强青年教师队伍的建设和发展。一是通过建立新教师岗前培训和入职培训体系，提升其教学质量和水平，帮助其"站稳讲台"，形成高校教师的身份认同感。二是依托各应用型大学的教师教学发展中心等教发机构，构建教师培训体系，开展分类分层培养。拓宽其培训渠道，创新培训形式，鼓励青年教师参加教研实习和继续教育。三是加大对青年教师的资金支持和投入，适当在科研经费和教研资源上倾斜，鼓励青年教师开展教学研究。同时，就青年教师工资待遇和福利津贴等方面作出探索和调整，既要保障合理的差距，也要适当减少青年教师和高职称、高学历资深教师的收入差距，保障其待遇，消除其后顾之忧，降低人才流失率，充分调动起青年教师群体参与教学改革和学校治理的积极性。

四、加强"双师"队伍建设，完善考核管理评价机制

加强应用型大学"双师"队伍建设，应当把握住三个重点：以评价体系作为激励引导方式，以人才引进作为重要补充途径，以青年教师培养作为中心工作[①]。

首先，应当破除传统单一的评价机制，推进多元化评价机制改革，摆脱"唯证书"的认定标准，将"双师"认定与其他考核机制结合起来。应当要求"双师型"教师在行业、企业中有所作为，这种作为可以是工作时间、具体成果或社会效应，并且应当对这些"作为"给予相应的奖励或待遇，从而形成动态的评价激励。在此基础上，建立多元化的考察指标体系，在提高评价指标中教学成绩占比的同时，针对不同层次、类型的教师，从科研、教学、创新创业等多个维度进行评价，建立不同类型成果的相互转化机制，避免出现过度依赖"头衔"的标签式评价。应用型大学要逐渐细化各部门的建设目标与任务，明确主体责任，将任务落实到位，把应用型师资队伍建设工作纳入学校的年度目标管理考核指标体系，主要考核应用型教师实践教学和操作能力以及在学科专业建设、学生发展、教学科研等方面的作用。要推动教师激励机制构建，例如：教师通过职业资格考试取证或专业培训达到"双师型"条件的，学校要按规定给予相应补助；参加学校组织的相关培训，由学校按相关规定报销学费；在职称评审、专业带头人和骨干教师评选等方面向"双师型"教师倾斜等。

其次，人才引进作为"双师双能型"师资队伍建设的重要内容，不可因循守旧，为了追求片面的效果、达到"双师"人数上的要求而大量引进企业人员，完全忽视其作为"教师"的基本能力。在人才引进时应当更加注重考察应聘人员的综合素质，也就是创新能力和实践能力。就一般而言，具有上述这两种能力的人才，大多更具宽广的适用性。与此同时，人才的选用在符合教师特质的基础上，也应当进行多元化考察，使之进入应用型大学后能有更多的发展空间和方向。这种多元性在未来可以更好地丰富学校文化。

最后，应用型大学应当将青年教师作为"双师双能型"师资队伍的重要主体。青年教师相较于其他年龄段的教师具有更强的可塑性，在培养方式上不宜采取"一刀切"的方式，使全体教师一拥而上成为"双师"，而是应当循序渐进，从青年教师开始进行培养，

---

① 周二勇. 高水平应用型大学要素研究[M]. 北京：北京理工大学出版社，2022.

进而带动整体的师资队伍建设。而其培养可从以下两点着手：分阶段培养和分类型培养。分阶段培养即遵循现代高校青年教师的成长规律，将培养路径按照从低到高的培养次序分为四个阶段——新任教师、合格教师、骨干教师、主导教师，依据青年教师的不同阶段，开展不同层次的培训；分类型培养则是将教师有机地分成教学型、科研型、实践性和复合型等几个类别进行专项培养。

师资队伍的建设对于应用型大学来说至关重要。"万丈高楼平地起"，师资队伍作为高校的地基，决定着一所高校的教学科研水平和人才培养质量。当前，应用型大学建设与发展有着良好政策机遇，但同时也伴随着诸多痛点和难点，师资队伍建设作为办学过程中极为重要的工程，还需要社会各界研究者和实践者进行积极探索。不论作为人才培养的主导力量、应用研究的主体力量，还是社会服务、文化传承创新的主要参与力量，应用型大学师资队伍建设任重道远[1]。努力培养造就一大批一流教师队伍，不断提高教师队伍整体素质，是当前和今后一段时间我国教育事业发展的紧迫任务[2]。

在产教融合、产学融合及高水平应用型人才培养的大背景之下，应用型大学想要抓住这一建设契机，就必须重视起师资队伍的建设工作。提高认识，加强政策引领，完善制度保障，学深悟透新时代教育改革发展的新方位、新征程、新使命。每一所应用型大学，都应当结合自身办学实际、学校的发展方向和办学目标，针对性地制定师资队伍培养规划和政策，突出自身品牌特色，避免千篇一律。推进深化改革，加快高质量应用型师资队伍建设步伐，落实国家立德树人根本任务，建设一支高水平、专业化的应用创新型教师队伍，为实现扎根中国大地办大学和推进教育高质量发展的目标提供坚实的人才支撑。

---

① 徐正兴，江作军. 应用型大学师资队伍建设的应然属性与实践理路 [J]. 高等工程教育研究，2022，193（2）：117-121.

② 任蓓蓓，李元栋. 基于价值链理论的高校师资队伍建设战略成本控制策略研究 [J]. 黑龙江高教研究，2021，39（12）：26-31.

第三章　应用型大学教师的培养路径

2018年，中共中央、国务院印发了《关于全面深化新时代教师队伍建设改革的意见》，对新时代教师队伍建设改革工作作出了全面部署，开启了新时代教师队伍建设改革新征程。随着我国高等教育事业的快速发展，应用型大学师资队伍培养也取得明显的成效。但是由于应用型大学之间的综合实力存在差距，在师资队伍培养的"质"与"量"很难达到同步提升，这对应用型大学教师的培养提出了新的挑战。如何根据学校的发展定位和人才培养目标定位，培养一支适应于应用型人才培养的高素质专业化教师队伍，也是当前面临的主要问题，因此对于应用型大学教师的培养路径进行研究具有十分重要的意义。

第一节　应用型大学教师的培育机制

一、培养机制

应用型大学教师不仅要具备与课程设置和学科特点相适应的学术水平、教育教学能力，还要有相应的实践经验、人际交往能力以及社会服务能力。同时，岗位聘用制度的改革、"双师型"教师的培养、青年教师职业发展规划的制定与推行等都是促进应用型大学教师培养的重要保障。

（一）加强师资队伍培养的顶层设计

应用型大学应围绕学校的人才培养方案和地方经济的发展需要，统筹规划教师队伍建设的指导思想、目标任务、责任路径等，形成一套完整的以培养服务于地区经济的人才为核心的应用型高校教师培养体系[①]。一是完善教师发展支持体系、高校教师管理制度，激励制度等，创造有利于教师和学生发展的良性环境，激发教师的创新创业能力。二是推进教师的国际化培养，鼓励教师学习借鉴国外先进的教育理念和教学方式，参加国际交流活动，争当国外优秀高校访问学者。三是加强应用型大学教师的信息化和数据化培训，依托优质的教育资源和教育平台组织线上线下相结合的数字化和信息化培训活动，利用国、省、市各级教师培训项目拓宽教师信息化和数字化培训的资源。

---

① 田一聚.应用型本科高校人事制度改革的特色化建构[J].教育与职业，2022（22）：54-59.

（二）拓宽"双师型"教师的培养渠道

应用型高等院校师资水平对"双师型"教师应有更全面的要求，不能简单的指"双证"或"双职称"[1]。首先，加强对"双师型"教师培养理念的重视，明确"双师型"教师的定义、标准和目标，将其作为学校转型发展的重要举措，落实到各项政策和制度中。其次，提高"双师型"教师应该具备的实践能力，为教师提供更多的实践机会和资源，鼓励教师参与产学研合作、企业实践、技能竞赛等活动，与企业合作开展科研项目，进行团队协作共同攻克技术难关，突出企业对教师实践能力培养的重要性，提高企业在"双师型"教师培养过程中的作用。再次，拓展"双师型"教师培养渠道，除了从具有企业工作经历和职业资格证书的人员中公开招聘，还要加强对在职教师的培训和考核，建立新教师的见习和实践制度，促进教师的专业发展和能力提升。最后，引导"双师型"教师在学生专业竞赛、大学生创新创业项目等方面充分发挥自身优势，创新主题，促进师生自身理论知识与业务技能的融合发展。"双师型"教师可带头开展学生创新创业沙龙、创新创业教育等活动的组织，帮助创业群体转化科研成果，不断提高创新创业教育质量和实践水平。

（三）组建多元化高水平的师资队伍

应用型大学是以培养适应社会经济发展需要的高素质应用型人才为主要目标，以服务地方和行业为主要特征，以产教融合为主要路径的高等教育机构[2]。应用型大学的建设和发展，离不开多元化的队伍建设，即要建立一支既有专业知识又有实践经验的教师队伍，一支具有创新精神和团队合作能力的师资队伍，以及一批与政府、企业、社会、国际等多方合作的伙伴。或许目前的队伍领头教师综合素质还未达到要求，但其擅长某一领域的发展。应用型大学可为这些教师提供施展才华的平台，激发教师的积极性，充分发挥他们的特长。创造机会推荐这些教师到企业参加培训和交流活动，在开阔视野的同时也能及时掌握市场的变化和对人才的需求。通过多元师资队伍建设，让有能力、有潜力、有兴趣的教师参与进来，不仅有利于教师队伍后备力量的培养，更有利于阶梯式教师队伍的建设。建立健全新进教师制度，发挥老教师"传帮带"作用，加快新教师成长。

（四）提升青年教师的职业素养

随着高校的快速发展，青年教师成为高校教育教学的主力军，据统计数据，很多地方青年教师已经占据师资的60%~70%。可见，从学校长远发展考虑，要提高学校的教学质量与效果，青年教师的教学水平与实践水平必须得到持续有效的提升。

应用型大学是培养高素质应用型人才的主要阵地，加强师资培训，提升青年教师职业素养，是提高人才培养质量的重要保障。一是加强教师思想政治引领，培育弘扬高尚师德，强化师德考评落实，引导教师坚持"四个相统一"，争做"四有"好老师。二是加强专业能力培训，提高青年教师的教学和科研水平。应用型大学要建立健全青年教师培训制度，制订科学合理的培训计划，采取多种形式和方法进行培训，如组织专题讲座、研讨会、案例分析、教学示范、课堂观摩、互动交流等，提升青年教师的专业知识、教学技

---

[1] 周强. 论教师能力培养与提高的途径 [J]. 江苏高教, 2008 (4): 152-153.
[2] 王洪才. 专业集群：应用型高校的前瞻与挑战 [J]. 江苏高教, 2022 (4): 75-81.

能、科研能力和创新思维[1]。三是加强实践能力培训，提高青年教师的产教融合水平。应用型大学要充分发挥产教融合的优势，为青年教师提供实践平台和资源。要鼓励青年教师参与产学研项目、工程技术创新、科技成果转化等活动，解决实际问题，服务产业发展。要支持青年教师与企业专家建立双导师制或导师团队，共同指导学生实践实习、毕业设计等环节，提升学生的应用能力和就业竞争力。

（五）提高专业教师的科研水平

应用型大学提升教师的科研能力应加强教师的专业知识和教学技能培训，提高教师的教学质量和效果，激发教师的科研兴趣和动力[2]。建立科教融合的实验教学模式，将教师的科研成果和项目反哺教学，培养学生的实践动手能力和创新思维，同时提升教师的科研水平和成果转化能力。加大对教师科研活动的支持和激励，提供充足的科研经费、设备、平台等资源，鼓励教师申报各级各类科研项目、专利、论文等，加强对教师科研成果的评价和奖励。拓展国内外科技合作交流渠道，鼓励教师参与国际大科学计划、国际合作联合实验室等，学习国外先进理念和技术，提升教师的国际视野和竞争力。畅通科技成果转移转化渠道，加强与企业、政府、社会等各方的对接和合作，推动科技成果转化为现实生产力，增强应用型大学的社会服务能力和影响力。

（六）注重教师的终身学习，提升教师专业水平

应用型高校应该树立教师终身学习的理念，让教师认识到学习是自我发展和适应社会变化的必要条件，是提高教育教学水平和影响力的关键因素，是实现个人价值和超越自我的途径[3]。应用型大学可针对不同层次、不同专业的教师提供多样化的培训和研修活动，鼓励教师参加教育领域的各类学术活动，提高教师的教育水平和实践能力。随着科技的发展、技术的更新和政策法规的改变，教师应保持"与时俱新"的习惯，不断学习学科新准则和获取科技最新资讯，丰富教学内容体系，提升自身专业水平，养成终身学习的习惯。

二、激励机制

师资力量在高校竞争力中是决定性的因素，因此建立健全教师激励机制，激发高校教师的积极性，对于学校教学、科研等各项工作的开展具有关键作用。

（一）建立层次化的薪资机制

提升教师的薪酬是激励教师好好工作最直接的措施[4]。应用型大学在构建教师的薪酬制度时应综合考虑专业教师的岗位职责、个人品德、专业水平、科研能力、工作成绩、社会评价、工作质量、学生教育等因素，确定不同岗位的薪酬水平及奖励标准和方式，避免传统的以资历和工龄确定薪酬水平的情况。其次，应用型大学在校园建设和学校发展的过程中，应设计出体系完整、职责明确、有挑战性的工作岗位，通过"工作说明"指出应用型大学教学岗位的任职要求、工作内容以及应承担的责任和义务。另外，根据设计好的具有创新性和较高挑战性的岗位，应用型大学应针对性选拔创新型和专业型的复合人才，并

---

[1] 李金成，陈梦迁．提高应用型本科高校人才培养能力［J］．人民论坛，2021（12）：79.
[2] 别敦荣．高等教育普及化背景下行业性高校发展定位［J］．中国高教研究，2020（10）：1-8.
[3] 何齐宗，熊思鹏．高校教师教学胜任力模型构建研究［J］．高等教育研究，2015（7）：60-67.
[4] 邱华祥．基于岗位设置的高校教师分类管理研究［J］．科技与创新，2016（16）：125.

对之建立相应的层次化薪酬制度。最后，应用型大学应根据教师的岗位特点、能力水平，建立差异化的福利发放机制，比如：能力较强、业绩突出的教师可享受基本课时量减免、业绩奖励等激励政策，而新教师或青年教师可在养老保险、医疗保险、子女就学等方面获得保障。

（二）构建合理的教师考评制度

应用型大学是以培养高素质应用型人才为主要目标的高等教育机构，其教师考评制度应该与办学特色和人才培养目标相适应。首先，明确考评目的和原则。应用型大学的教师考评制度应该以促进教师专业发展和提高教学质量为主要目的，以公平、公正、公开、有效为基本原则，以激励教师创新和服务社会为导向。其次，合理确定考评内容和指标。应用型大学的教师考评制度应该综合考核教师的教学、科研、社会服务、学术道德等方面的表现，其中教学工作应该占有较大的比重。考评指标应该具有可操作性、可量化性、可比较性和可反馈性，能够反映教师的真实水平和贡献。最后，建立多元化的考评主体和方式。应用型大学的教师考评制度应该充分发挥学校、学院、专业、同行、学生等多方面的作用，形成互相监督和互相促进的机制。考评方式应该采用多种手段，如自我评价、同行评审、学生评教、督导评课、成果展示等，以提高考评的客观性和有效性。应用型大学也要完善考评结果的运用和反馈，教师考评制度应该将考评结果与教师的职称晋升、岗位聘任、薪酬分配、奖惩措施等挂钩，以实现激励和约束的功能。同时，应该及时向教师反馈考评结果和意见，以促进教师的自我认知和自我提升。

另外，高校还可通过各种检查发现教师教学过程中存在的问题，帮助教师找出差距、明确努力方向，对业绩良好、评级优秀的教师及时给予物质奖励和荣誉证书，对教师取得的工作成就给予各种形式的认可和宣传，绩效靠后或存在教学事故的教师，要给予反馈，并通过积极的辅导达到共同提高的目的，发挥评价的诊断功能、导向功能、激励功能。

（三）建立科学的职称评审制度

职称评审对教师专业发展起着非常重要的激励作用。应用型大学优化教师职称评审制度应突出教学业绩和实践能力，不将论文、科研项目、经费、奖项等作为评审的限制性条件，建立"菜单式"评价指标体系，推广代表性成果制度，充分考察教师的教学质量、效果和影响[①]。高校还应建立专业性、自律性的职称评审委员会，开展公平公正、代表性强、权威性高的同行评价，发挥学术共同体在同行评价中的作用，鼓励对成果本身进行直接性同行评价。畅通职称评审绿色通道，对取得重大创新突破或在社会经济各项事业中作出重大贡献的专业技术人才，引进的海外高水平人才、专业紧缺人才，可采取"一事一议""一人一策"的方式直接申报高级职称。科研方面，破除"五唯"，提高教师科研成果的评价标准，鼓励创新和实用性研究，对应用性强的研究成果和技术产品给予重点关注和奖励。

（四）创新多元化的培训和晋升机制

目前应用型大学青年教师队伍中，青年教师占有很大一部分比例，应建立以教学为核心的青年教师培训和晋升机制，注重培养和考察教师的教学理念、方法、技能和创新能力

---

① 鲍威，戴长亮，金红昊，等. 我国高校教师人事制度改革：现状、问题与挑战[J]. 中国高教研究，2020（12）：21-27.

以及教学实绩、效果，提高教师的教学质量和水平以及职业发展动力和满意度。可以采取分类推进、分层评价、多元参与等多种方式，结合教学计划、教学评估、教学奖励等多种措施，实现晋升的科学化和公正化。

青年教师最大的愿望是实现自我价值，应用型大学应建立青年教师纵向发展的教育机制和鼓励机制。高校教师发展中心可以采用校内说课比赛、讲课比赛、微课比赛、课件比赛等活动来激励教师积极投身于教学，发挥教学示范作用，激发他们强烈的需求动机，营造浓厚的教学氛围，主动提高自身专业教学水平。在青年教师教学比赛中，鼓励二级学院40岁以下青年教师积极参加院部初赛，然后遴选学院初赛前几名的教师参加全校比赛。对于获奖者学校将给予一定的物质奖励，并在评优评奖、职称晋升中给予体现；同时，学校也会通过校园宣传向全校公布，以达到精神激励的效果。

三、选用和管理机制

应用型大学教师的选用和管理机制应有机结合，以保证教师能够迅速适应教学要求，提高教学质量和学生就业能力。教师选用使优秀的教师能够汇集学校，教师的管理使教师的教书育人、教学科研功能得到充分发挥，从而推进学校的健康发展。

（一）完善教师聘用制度，理论与经验并重

应用型大学应该对教师的综合素质、教学能力、实践经验、职业发展计划等方面进行考察，切实发挥市场和企业的主导作用，建立科学合理的岗位设置和聘用制度，采取多元化的实名招聘和选拔方式，通过公开招聘、公平竞争、任人唯贤、合同管理对聘用人员进行法治化管理，吸引和留住具有一定岗前工作经验和良好职业素养的教师[1]。同时，应根据应用型大学的实际情况打破传统学科的束缚，重视跨学科融合、创新创业和行业实践教学能力及工程师素质等方面的考察。比如，引进一些有丰富工作经验的中、高级专业人员，让他们担任专业实践课程或特色课程的教学工作，这些教师在行业中工作过，实践能力强，能为学校培养应用型人才作出很大贡献。另外，构建动态的岗位聘期制度管理，针对不同岗位教师的工作特点以及教学成果、科研成果等探索实行不同的聘用期限，对于综合能力比较强的教师，聘用考核周期可以延长到4年，对不作为的教师实行一年一考核。

（二）健全兼职教师外聘制度，教学能力与实践能力并重

兼职教师队伍既能弥补大学因发展所引发的师资紧缺问题，又可以给专业带来先进的企业前沿技术。兼职教师了解市场人才需求的趋势，对大学要培养什么样的人才能给出可行的建议。建立健全兼职教师管理制度，规范兼职教师的聘用标准、权利和义务，具体来讲：一是和重点大学之间建立"师资互聘模式"，弥补各自专业教师发展的不足，促进教育资源的合理分配和有效利用，聘用单位加强对兼职教师的管理和监督，定期开展听评课活动，及时了解和解决兼职教师在教学中遇到的问题和困难，确保外聘教师教学质量；二是和校企之间建立"校企互聘模式"，畅通学校和企业之间的交流渠道，使应用型大学准确把握市场对人才的需求情况，增强校企之间的信任与合作。

---

[1] 鲍威，姚锦祥，闵维方. 法人化改革后日本国立大学教师人事管理制度的变革：从稳定保障型向流动竞争型的过渡[J]. 清华大学教育研究，2020（2）：93-104.

（三）加强师德师风建设，专业能力与职业素养并重

制定明确的师德标准，建立严格的考核机制，树立良好的教学风气。具体来讲，首先，突出政治标准的首要地位，要求教师坚定理想信念，增强政治素质，自觉做到"两个维护"，坚持党的教育方针，培养社会主义建设者和接班人。其次，明确职业道德的高线要求，要求教师严以修身、严于律己、为人师表，提高道德品质，弘扬社会主义核心价值观，学习弘扬中华优秀传统文化。再次，丰富爱生情怀的深刻内涵，要求教师以仁爱之心投身于教育事业，关心关爱每一个学生，尊重和理解学生的个性和需求，以情动人、以情育人、以情化人。最后，拓展学习践行的实践路径，要求教师深入挖掘课程思政资源，寓价值观引导于知识传授和能力培养之中，形成高水平人才培养体系，推进全员全程全方位育人，让教师既要正确认识职业道德要求，也要增强社会实践能力，提升综合素质。

（四）建立学科梯队，市场导向与专业发展并重

为满足专业建设发展，学校要积极引进学科带头人、学术骨干教师，建立合理的学科梯队，提升学科水平，服务地方经济社会发展。以市场需求为导向，组建有行业专家参与的专业建设指导委员会，由学科带头人、骨干教师、讲师、青年教师组成结构合理的教师队伍，加强教师的实践能力，推动教师积极参加暑期企业实践，提升教师的实践能力，强调应用型大学持续的产业服务能力。

第二节　以产教融合为导向的培养方式

2017年12月19日，国务院办公厅颁布了《关于深化产教融合的若干意见》（国办发〔2017〕95号），明确指出"深化产教融合，促进教育链、人才链与产业链、创新链有机结合"，将产教融合上升为国家教育改革和人才开发的整体制度安排[①]。习近平总书记在党的二十大报告中指出，要"统筹职业教育、高等教育、继续教育协同创新，推进职普融通、产教融合、科教融汇，优化职业教育类型定位"。如何深化产教融合，培养创新型产业人才，为中国式现代化提供强有力的人才支撑，是时代赋予应用型大学管理者的新命题。为落实党的二十大精神，应用型大学和企业也应该不断加大融合力度，发挥校企双方的协同优势，有效促进应用型大学教师发展，实现教师的实践水平和教学水平的同步发展，形成一支集教学能力和实践能力于一身的产教融合型师资队伍，促进应用型大学教育体系的构建并深化产教融合[②]。

一、产教融合型师资培养的底层逻辑

（一）产教融合型师资的基本定位

产教融合的概念最早是在2013年由党的十八届三中全会审议通过的《中共中央关于全面深化改革若干重大问题的决定》中开始提出的[③]。从国家关于产教融合的相关政策文

[①] 深化产教融合的文件释放了什么信号[N]. 中国青年报, 2018-01-29 (10).
[②] 蔡敬民, 夏琍, 余国江. 应用型高校的产教融合内涵认知与机制创新[J]. 中国高校科技, 2019 (4)：4-7.
[③] 邱晖, 樊千. 推进产教深度融合的动力机制及策略[J]. 黑龙江高教研究, 2016 (12)：102-105.

件、应用型大学的办学定位以及人才培养目标来看，产教融合型师资主要是指能够主动融入地方及学校产教融合的发展战略，深度参与学校办学和应用型创新人才培养的教师，他们应当具备扎实的理论基础、开放的知识结构、丰富的实践经验、较强的解决问题和应用研究的能力，并且能够在产教融合育人中发挥其主导作用，从而形成良好的示范和带领作用[1]。应用型大学应该高度重视产教融合型师资的培养，这不仅能够有效解决目前应用型大学师资队伍建设存在的问题，又能赋予高校开展产教融合更多创新性内容，对于应用型人才的培养有着至关重要的作用。

（二）产教融合型师资培养的作用

1. 推动教师深入接触产业

产教融合是产业系统与教育系统双向整合的动态过程，高校和企业通过互动联通来共同推进产教融合的发展，形成满足双方需求的利益共同体。产教融合的发展可以让应用型大学教师与产业保持紧密的联系，始终保证教师的专业知识能力与产业的最新发展精准衔接，促进产教融合生态圈的良性发展，达成校企双方的发展愿景，形成命运共同体，缩短教师与行业之间的距离，加快教师的成长和发展，为教师"双能"素质的提升注入新动能[2]。

2. 促进教师提高教学和实践能力

应用型本科教育的特征主要体现为地方性、服务性和融合性[3]。应用型本科院校应该立足地方，面向区域，结合区域经济发展特点优化人才培养方案[4]。人才的培养应当以市场需求和企业需要为导向，人才的培养过程应以产学融合为主要途径，将应用型人才培养计划与企业的用人机制实现"无缝对接"。这就对应用型大学教师的能力提出了较高的要求，教师必须在教学能力与实践能力中实现知识的应用与创新并反哺教学，更新教学内容，转变教学方式，创新教学模式，突破教学中理论与实践脱钩的现状。

3. 加强产教双向互动

应用型大学推进产教融合离不开教师群体，产教融合背景下实现高校教师的发展有利于加强产教双向互动，主要体现为以下几个方面：

第一，发挥校企人才优势，实现校企教师的协同成长。应用型大学开展产教融合，可以让高校教师与行业资深专家进行深度交流，不仅可以提高高校教师的实践能力，也能助力企业解决发展技术难点，促进双方协同成长。

第二，为校内教师的企业实践提供了机遇。应用型大学教师大部分都是毕业后直接从事教学活动，缺少企业实践经验。通过产教融合，高校可以利用校企合作机会，输送教师进入企业挂职锻炼，提升教师的实践水平，加强与企业的联系。此外，高校也可以要求企业专家入校，一方面可以了解并参与高校育人的过程，也为高素质应用型人才的培养提供

---

[1] 金向红. 地方应用型高校产教融合型师资队伍培养机制研究 [J]. 江苏大学学报（社会科学版），2021，23（1）：118-124.

[2] 徐金益，许小军. 产教融合背景下应用型本科高校教师的转型路径探析 [J]. 江苏高教，2019（12）：94-97.

[3] 汤正华，谢金楼. 应用型本科院校产教融合的探索与实践 [J]. 高等工程教育研究，2020（5）：123-128.

[4] 柳友荣，项桂娥，王剑程. 应用型本科院校产教融合模式及其影响因素研究 [J]. 中国高教研究，2015（5）：64-68.

了有力保障；另一方面可以传授新技术、新工艺、新方法、新规范，在师资力量上做到"产""教"的深度结合。此外，产教融合也为应用型大学教师的发展提供了新的平台，通过双方互动，构建产教融合发展平台，使之成为企业建设发展的"智囊团"、科技创新的"助推器"、创新人才的"孵化器"，也能成为高校应用型教师实践能力的培养基地[①]。

（三）产教融合型师资培养的基本要求

1. 具备高尚的师德素养

习近平总书记在2014年考察北京师范大学时勉励广大师生要做"四有"好老师，明确了新时代高校教师追求高尚师德的标准。党的十九大报告提出"产教融合"，这是应用型大学人才培养的核心理念。产教融合型师资队伍应该充分认识到产教融合背景下人才培养的变革，把立德树人作为高校的初心[②]，致力于培养符合科技创新和产业转型升级的高素质应用型人才，在立德树人的时代背景下既要坚持"四有"好老师的标准，拥有高尚的师德，也要有责任担当和使命意识，建设一支政治素养过硬、业务能力精湛、育人水平高超的高素质产教融合型师资队伍。

2. 体现较高的专业素质

普通高校教师应该具备合理的知识结构、大量的实践经验、丰富的理论体系，并能够有效地通过课堂设计、灵活多样的教学方法和教学手段提升课堂教学效果。相比普通教师，产教融合型师资的专业素质更加注重实践能力的提升。因此产教融合型师资能力的标准应该包含普遍性和特殊性，除了最基本的职业道德、教学能力和科研能力，还要对指导学生的实践能力和企业实践能力进行评价。

产教融合型教师除具备上述专业知识外，还需要在适应时代发展的基础上，具备一定的跨学科、跨专业的多元化知识结构。在教学上，产教融合型教师应该以实践教学为主，满足社会需求目标，灵活运用行业企业案例以及现代教育技术手段，实现教育数字化；在科研上，产教融合型教师应该偏重于应用研究，注重产学研相结合，了解前沿科技动态，掌握最新技术，注重成果的应用价值，并将研究成果应用于生产、生活领域，为区域经济的发展服务；在实践上，产教融合型教师应该具备专业实践能力，因此应用型大学应该着重培养教师的企业工作经历，选派教师到企业进行挂职锻炼，以此了解企业需求、改进教学内容、丰富工作经历、培养实践技能，突出教师的应用能力和业务能力。

3. 展现较强的应用创新能力

应用型人才的培养以实用性和创新性为宗旨，这决定了应用型大学人才的培养需要具备创新意识和创业能力。应用型大学产教融合型师资的培养，在能力层面上除了具备理论创新能力，还需要具备应用创新能力；在素质层面上，需要具备开放意识、创新思维和国际化视野。

产教融合型师资作为协同校企双方的纽带，需要破除传统封闭式教学的壁垒，走出校门、深入一线，深入了解行业发展动态和专业人才培养需求，并运用先进的信息技术和行

---

① 官敏华. 产教融合视域下高校应用型教师能力培养路径探析 [J]. 吉林农业科技学院学报, 2022, 31 (4): 43-46.

② 阎卫东, 王素君, 吕文浩. 地方高校产教融合推进内涵式发展的逻辑分析和路径选择 [J]. 现代教育管理, 2021 (6): 44-50.

业发展前沿理论革新教学理念，提升教学效果，突出实践应用，强化创新能力提升。通过产教融合，与企业人员进行产学合作、成果创新、项目研究、专利开发，共同带领学生参加各类创新创业大赛等，进行研究成果转化，缩短教学与应用之间的差距，开阔自身的视野，缩短理论教学与行业实际应用间的差距，培养学生的创新思维和国际视野，以满足高校应用型人才培养的需求，进一步推动地方经济指引高校教育教学改革、高校人才培养支持地方经济发展的协同共进。

4. 发挥应用研究与服务企业的能力

产教融合型师资的培养还应具备应用研究和服务企业的能力，这是应用创新型人才培养的关键，也是企业持续发展的要求，教师通过参加科研和社会服务活动，实现教学能力与教育教学理论水平的"螺旋式"提升①。产教融合型师资不但能够承担传统教学，还能进行应用研究；不但能够教授理论，还能设计产品。产教融合要求高校教师应该以企业技术难关的解决为目标，充分了解企业的技术需求和生产的实际情况，结合区域经济发展和产业发展的实际情况，与企业人员共同设计、开发新产品，不断推进企业进一步发展和实现企业的转型升级。

应用型大学也应该注重教师服务企业能力的培养，大力支持教师以项目为依托，联合企业技术人员进行技术开发、技术转让、技术咨询、技术服务等活动，实现自身应用研究能力的提升和攻克企业技术难关的双向发展。

二、产教融合型师资培养路径

（一）构建多元融合的产教融合型师资结构

1. 校企双方人才互通

产教融合的不断深化可以给应用型大学提供充足的应用型人才资源，产教融合各主体汇聚了政府、行业、企业等领域的具有丰富实战经验的技术人才，为高校构建多元融合的师资结构提供了绝佳的平台。应用型大学在优化教师队伍的过程中，应该坚持"应用型"的定位，把人才的引进作为一项系统工程，并结合社会需求以及学校的长远发展目标，梳理专业的人才培养方案，厘清各个专业所需的教师，创新应用型教师引入方式，拓宽人才引进渠道。

产教融合为应用型大学引进企业精英提供了快捷通道。应用型大学应进一步落实校企人才双向互聘机制，实现校企人才的双向互动，促使校企导师的双向对接。高校在与企业进行合作之初，可以和企业签订协议，让企业专家以兼职、客座教师、企业导师等形式参与教学。同时高校也要充分考虑企业师资的自身需求，让其在与高校教师一同参与教学的过程中，也能利用高校的平台实现自身的发展。比如适当给予企业师资学历提升的名额，支持企业重大科研攻关项目的申报，激励企业专家发挥其技术优势服务高校的人才培养，促进产业与培养过程的深度融合。

2. 校企双方人才共聘共培

产教融合型师资的培养需要校企双方共同发力，校企双方可以以协议的形式约定共聘

---

① 于竞，鞠伟. 产教融合推进高水平应用型高校建设 [J]. 中国高校科技, 2018 (12): 48-50.

高端人才，共建师资培养基地，对教师的发展和培养共同承担责任。企业对高技术研发人员的渴求以及高校对高层次应用型人才的需求激发了校企双方共聘人才。在招聘高层次人才的过程中，校方可以邀请企业共同参与，将高校师资的要求与企业研发的需求结合起来，共同商定招聘条件，设立招聘环节，考察应聘者的教学和应用研究能力，实现产教融合型教师既能上课又能研发，既解决高校人才需求，又为企业引入研发人员，解决企业研发难题，同时为高校的科研项目助力，从而实现用人双赢、人才双赢的目标。此外，校企双方也可以实现教师的共培，对于产教融合型师资，可以一起选派教师参加培训，重点提升企业的实践能力和服务社会的能力，培训费用校企共同承担，从而为高校的师资和企业的研发骨干储备人才[1]。

3. 校企双方共助教师发展

应用型大学开展产教融合的主要目的是融合发展。通过整合校企双方的优势资源，联通"应用-研究"之间的桥梁，促进相关应用研究成果的落地实施，达到参与方的协同发展和互惠共赢。因此，应用型大学必须基于学校长远发展以及社会对应用型人才培养的需求，融合来自地方政府、行业、企业以及学校等多方优势资源，做好高校教师发展的总体设计，为各种不同类型教师的职业生涯制定不同的能力培养方案，使教师的个人发展与学校的发展、行业的进步以及政府的政策相融合，最终实现共赢。应用型大学可以采用"分类培养"的原则，按照教学技能、教研教改能力、实践技能、科研能力、技术服务与创新能力等设置不同的类别，引导教师结合自身特点在课程、科研、行业、企业、产教融合等类型中进行选择，择优发展，提升自身的优势技能。

(二) 培养实践导向的产教融合型师资团队

1. 创建项目研发团队，激发教师创新动力

应用型大学师资要想在实现多元化构建的基础上，与企业形成高效、可持续的共赢模式，就必须充分融合各方资源，对接产业需求，与校外行业企业专家共同创建科研和技术攻关创新团队，联合开展项目的申报，进行应用研究，实现人才互流、资源共用、成果共享的合作方式。在团队的组建上，可以以项目、产业发展技术难题为抓手，让企业技术专家和应用型大学教师组建创新团队共同承担项目、攻克技术难关，在实践中实现科技研究成果的转化和提升科研创新能力。在团队评价上，建立多维度、多元化的评价体系，并以考核结果来判定该创新团队的存续价值。在团队成果认定上，根据高校教师与企业技术专家在团队中的贡献度和分工进行判定，或者事先在合作协议中进行规定，避免成果纠纷。

2. 组织社会服务团队，提高教师社会服务水平

开展社会服务是产教融合型师资的基本要求，而企业也想尽可能地节约劳动力成本，因此教师参与社会服务是实现校企双赢途径之一。教师通过参与社会服务，以企业生产为实践项目，以产代练、以练促学、以学促教。此外，为了满足教学改革的实践性要求，教师需要熟悉企业生产加工的各个环节，以实际生产来指导教学演练，切实有效地开展教学，代替以往脱离实际的空泛的课堂教学，使教学水平得以提升。同时，为了提升教师社

---

[1] 张技术. 产教融合背景下应用型本科高校实践教学平台建设探索 [J]. 职教论坛, 2021, 37 (3): 57-61.

会服务水平，教师可以与企业组建团队共同开发与企业需求相关的课程，围绕典型产品、生产项目形成教学教材，进行全方位的产教融合。

（三）搭建多元化发展的产教融合型师资服务平台

为深化产教融合，建立多方利益共同体，加强共同体之间的深度合作[①]，着力搭建人才培养、科学研究、技术创新、成果转化和社会服务等多功能的产教融合服务平台，为教师应用型人才培养水平的提升提供训练场。

通过搭建产教融合服务平台，政府、企业和高校可以实现共赢，促进产学研互动机制的发展[②]。政府通过产教融合平台，帮助企业解决技术难题，为产业发展铺平道路的同时也能间接促进当地经济的发展，有助于形成完备的产业链。此外，政府也可以建立产教融合三方协同联动机制，形成政、校、企的统筹协同，共同开展产教融合政策规划、资源配置、经费保障、督促评估等，进一步促进校企合作深度融合发展。一方面，企业基于产教融合平台，并借助高校人才资源，与高校共建科研平台，联合开展技术攻关，促进教师科研成果的创新和转化；另一方面，校企双方通过深度融合，共同创立人才培养订单班，共建课程、共建教材，联合开展实践教学，将企业生产流程提前嫁接到专业课程，保障定向培养的精准度[③]。高校也可以通过产教融合了解地方经济需求，为地方经济与企业的发展提供精准的服务，发挥教师学科专业优势，与政府和企业联合组建服务于地方产业的智囊团和顾问团队，促进教师个人学术研究成果转化，让应用型大学教师综合能力的提升与地方产业协同发展紧密联系起来。

（四）健全应用导向的产教融合型师资评价机制

科学合理的教师评价机制，能够促进教师的发展，实现教师在职业素养、教学水平、科研水平、实践能力、社会服务、技术创新能力等多方面的改进与提升。应用型大学的教师评价体系应该以"应用"为导向进行设计，在评价维度上，应当重点突出教师的应用型研究能力、应用型人才培养效果、应用研究成果反哺教学及转化等多个方面，从多角度、多层次对应用型大学教师的能力进行评价，引导教师合理规划个人发展路径，发挥应用型专长。在评价主体上，借助产教融合的契机，引入产教融合主体对教师的发展和贡献进行评价，体现教师发展的价值诉求和应用型的发展方向。在评价标准上，可以将教师参与产教融合的成果纳入评价指标体系，提高应用型研究成果在评价体系中的占比[④]。产教融合主体根据自身目标的不同，各有侧重，共同商定评价标准；高校更侧重对教师的人才培养、教学教改、科研成果等方面的评价，行业企业则更偏向对教师的社会服务能力、实践能力、技术创新能力等方面进行考察，最终形成应用型大学的教师综合评价标准。

[①] 钱程，陈鹏，韩宝平. 应用型高校产教融合的思维转换与模式建构 [J]. 中国高校科技，2020 (7)：74-77.
[②] 邢赛鹏，陶梅生. 应用技术型本科高校师资队伍体系构建研究：基于"产教融合和校企合作"的视角 [J]. 职教论坛，2014 (29)：4-8.
[③] 徐家庆. 应用型本科院校深化产教融合的策略及实现途径 [J]. 中国大学教学，2018 (12)：79-81.
[④] 黄琳，隋国辉，王榕. 应用型转型背景下高校产教融合困境的破解机制研究 [J]. 黑龙江高教研究，2019，37 (2)：89-93.

第三节　以校企合作为导向的共生平台

应用型本科院校的师资队伍建设目前陷入困境，一方面受到教育部评估指标的限制，需要高学历的专职教师；另一方面应用型大学的人才培养又需要"双师型"教师。应用型大学需要与企业、行业等接轨，共同搭建校企合作平台，突破师资队伍建设瓶颈，才能解决师资实践水平不达标、师资结构不合理等问题。建立合理化的、有效的师资队伍，才能真正满足应用型本科教育对师资的需求。

一、校企合作师资平台建设意义

校企合作平台的建设为应用型大学的师资培养指明了方向，有利于各主体间建立良好的合作动力。协调好高校和企业主体之间的关系，构建校企合作平台，有利于应用型大学培养教师队伍。

（一）完善培养培训体系，提高师资队伍质量

高校教师需要注重能力培养，引导教师做担当有为的奋斗者[①]。校企合作平台借助学校和企业双方的资源，结合人才培养的需求，利用平台资源开展各种培训活动提升教师的能力。通过校内外名师的讲座提高教师的专业水平、教育能力、研究能力，实现知识面的拓展。及时更新教师的知识体系，丰富其教学方法，提高其教学水平，推动教师职业生涯的进一步发展。校企合作平台还可以开展学术研讨会，校企双方借助平台分享学术前沿资讯，使教师们甚至是学生接收最新的学术信息和资源。校内外教师可以借助平台联合申报教研科研项目，提升合作深度，培育共同成果。还可以将学生完成的优秀作品，如案例分析、演讲、项目分析等，采用文字或视频的方式在平台展示，积累平台的教学资料。应用型大学通过校企合作平台的建设开展教学、培训、项目等，提高教师的教学能力和指导学生的实践能力，提升教师自身素质，完善其专业能力，助力教师的职业生涯发展。这有利于高校培养出自己的"双师型"教师队伍，进而提升人才培养能力和毕业生的竞争力，达到校企双赢的局面。

（二）引进兼职教师，优化师资队伍结构

企业兼职教师实践能力强，可以传授专业技术和经验，他们对社会需求敏感，可以助力学生了解行业发展、确定自己的职业规划，他们的言传身教可以熏陶学生的职业素养。利用企业专业技术人员已有的实训经验和动手实践的优势，校企教师共同构建人才培养方案，确定适合学生发展的课程体系和实践体系，并建立协同发展的校企合作平台。通过校企双方深入合作，共同完成平台资源的建设。可在共同的育人理念指导下，多主体共同建设平台资源，为师资培养实践平台提供最新的学科发展动向和多元视角。企业兼职教师加入资源建设，一方面可以提供最新的发展动向、丰富学科知识视角；另一方面可以加深校企合作，实现共同育人。深入的校企合作更容易实现企业的配合，有利于高校建立兼职教师的管理和保证制度。通过长期稳定的合作，企业兼职教师充分发挥自己的优势，真正做

---

① 刘波.加强教师队伍建设是高校最重要的基础工作［J］.中国高等教育，2021（20）：1.

到"不求所有,但求所用"。通过引进兼职教师的加入,增加了"双师型"教师,优化了师资结构,有利于专职教师和兼职教师取长补短,发展自身优势培养人才,也有助于整个教师团队相互学习、实现教育水平的提高。

二、校企合作师资平台建设困境

(一)校企合作师资平台现状分析

1. 教师参与情况

教师参与校企合作的意愿很强。从调查结果看,专职教师和企业兼职教师参与校企合作平台建设的意愿非常强烈,80%的教师都有意愿参与,共同开发建设资源,但是应用型本科教师实际参与校企合作师资平台建设不到5%。主要有三种原因:第一,教师对校企合作完全不了解;第二,没找到合适的合作企业;第三,合作经费受限。总体来讲,教师未参与的原因是难以与企业建立联系或无法找到合作的方向。

2. 校企合作模式情况

目前校企合作师资平台建设有六类,分别是师资培训平台、提供定岗实习、教师实践、职工培训、技术服务、合作办学等合作项目。其中师资培训平台占比超50%,其次是合作办学中的共同开发课程建设。其他合作模式认同较弱,即使存在合作也以短期、临时的为主。其主要影响因素是缺乏校企合作运行机制,校企合作意愿不对等。企业对于合作的意愿不强,应用型大学有需求,但是找不到长期稳定的合作模式。

(二)校企合作师资平台存在的问题

1. 教师缺乏校企合作意识

传统教师注重的是常规的教学能力,偏向理论教学能力,忽略实践能力。在应用创新性的教学方式方法上,以应用辅助工具为主。其次,缺乏企业兼职教师的绩效考核标准,在参与校企合作中难以尽职尽责。根据调查,广东省的应用型大学校企合作模式以项目建设和实践基地为主,利用校企合作模式开展校内教学的不到5%,校企合作平台需要得到充分利用,深入应用到教学的各个环节。大部分教师并不了解校企合作平台,对校企合作模式缺乏充分的认知和了解,难以充分利用校企合作平台开展教学。大部分教师即使运用了校企合作开展教学工作,但关注点放在了评价学生的课程学习效果上,对于企业兼职教师和校内专职教师的合作缺乏关注度。总体上讲,校企合作平台的应用范围过窄、过浅,产生的效果甚微。

2. "双师型"教师教学能力的不足

在应用型人才培养的背景下,"双师型"师资队伍素质培养是关键,特别是围绕校企合作、产教融合等平台提高实践教学能力[①],应用型本科建设需要"双师型"教师。根据调查,广东省的应用型大学具有"双师型"资格的教师基本超过50%。但是"双师型"的鉴定一般以资格证书为准,导致"双师型"能力不足,无法针对学生的实际情况提供实

---

① 胡戬,金向红. 我国产教融合型师资队伍研究现状、热点及建议:基于CiteSpace的文献计量分析[J]. 教育理论与实践,2022,42(15):34-38.

践性强、个性化强的教育①，他们的教学能力还是集中体现在学生做题、熟记知识上，缺乏引导学生语言表达和实际应用的能力。另外，企业兼职教师的流动性强、教师团队不稳定，他们以偶尔性、短时间性教学为主，难以深入了解学生基本情况，难以保证教学时间的连续，更难做到因材施教。

从目前的实际情况看，学生在实践中遇到的问题难以及时匹配相应的理论知识、学生在实践教学中难以享受到个性化教育，这都让应用型人才的培养效果大大打折。同时很多企业对于合作的应用型大学教师的实践能力持有保留态度，这影响了校企之间的相互信任，最终影响了校企合作平台发挥的实践作用。总之，校内外教师的合作因各种因素导致教学能力无法达到应用型本科的教学要求，因此难以在校企合作平台实现有针对性的能力提升和培养。

3. 校企融合深度不够

应用型本科专业丰富，各专业人才培养目标有所区别，对教师的能力需求也存在差异化。据调查，广东省的应用型大学师资队伍几乎没有结合自己专业的人才培养目标和专业人才培养的授课目标积极开展全方位的校企合作。以经济类专业为例，经济类专业一般分为几个专业，合作企业与专业匹配在经济类专业中难以与具体专业相吻合。由于不同专业在校企合作过程中对人才培养存在侧重点的差异，校企合作的不完全匹配导致教师的校企合作实践能力也存在一定的实际困难。如企业教师无法结合不同岗位与在校教师建设教学和科研平台，也无法完全提升学生的学习能力。这不仅影响校企合作教师队伍建设，而且也给校企合作平台的建设带来困难，甚至会影响专业人才培养的宏观任务。

三、校企合作师资平台建设路径

构建"双师型"师资队伍体系，需要拓展合作平台，深入校企合作，建立稳定的合作关系②。校企双方建立利益共同体关系，需要加强合作层次，着力搭建校企合作教学研究平台、校企合作师资培训平台、校企合作科学研究平台、校企合作社会服务平台等四个平台。通过多平台巩固校企合作，构建具有应用型大学特色的师资队伍建设模式。

（一）建设校企合作教学研究平台，提升教学能力

校企合作教学研究建设主要包括基础的教学知识、素材资料，还包括教学活动和流程的设计方案、学生学习的记录、教学评价，也应该考虑到教学活动的开展与监督等。概括为两个方面：一是教学资源，二是教学实践。教学资源包括针对现有的资源实现数字化和网络化整理；还包括积累教学中的优秀案例和学生作品。教学实践主要是指校企合作共同建设教学环境，注重教学和质量的检测。

1. 理论课程教学资源平台

校内外领导通过校企合作和产教融合共同培养应用型人才，首先搭建服务校内学科建设的理论课程教学资源平台，整合教学资源和教学案例、设置在线课堂、增加题库、开设平台教学和平台考试等，形成"一站式"网络在线教学平台。理论教学资源建设以本校教

---

① 魏岩岩. 校企双元育人"三对接"模式下师资队伍建设研究［J］. 学术交流，2021（7）：79-80.
② 邢赛鹏，陶梅生. 应用技术型本科高校师资队伍体系构建研究：基于"产教融合和校企合作"的视角［J］. 职教论坛，2014（29）：4-8.

师为主力，校外兼职教师为助力，合理分配教学任务，实现教学资源共享，创新理论课程教学方法。建立教学激励机制，激发教师教学的自主性，引导教师不断提升对教学的专注度，鼓励教师队伍在理论课程的教学中融合实践案例，着重培养学生运用理论知识解决实际问题的能力，满足新时代大学生的就业需求。教师需要在实际授课中结合企业或者行业发展的实际情况，丰富教学的案例资料，推动理论知识授课的创新，进而推动校企合作理论资源平台的建设。

2. 实践课程教学资源平台

实践课程教学资源主要应用于课内实践和实训课堂，并且还成立专门的实践指导师团队。与以往单一的育人主体不同，实践指导师团队由应用型大学教师和企业导师共同组成。以校内资源为实践出发点，并且聘用校企合作的兼职教师作为校外指导教师指导学生。校内外教师组成的队伍需要在整体稳定的前提下，随实践平台的需求适量进行小幅度的调整，使校内外教师共同发力，共同承担资源整合、实践指导。

3. 教学质量监测平台

教学实践包括日常教学和教学质量监测。日常教学以教学资源为基础，开展混合式教学。教学质量监测是日常监测的延伸，主要考查学生对知识的掌握、技能的熟练，便于教师评价和学生的反思矫正。教学质量监测平台作为平台的出口，主要包含实践技能测评、线上测试等功能。实践技能测评利用实训平台、仿真实验室等相关技能测试平台让学生进行自测；线上测试包括最终测试和课堂小测，让教师能够多方面地了解学生的实践效果。教学质量监测平台方便校内外教师和专家了解学生的学习情况，有效保证校内外教师能够及时掌握学生的学习状态，推动学生朝着高效化学习的方向发展。

（二）搭建校企合作培训平台，提升数字化能力

信息技术、数字能力是现代教师必须掌握的教学工具。首先，所有学科、专业的教师应该具有信息技术的教学意识。信息技术是教学必不可少的工具之一，也是教师教学核心竞争力的体现。现代信息技术具有更新快、产品丰富的特点，教师及时更新自己的信息技术能力是必然趋势。作为信息时代的教师，应具备自觉主动学习信息技术的意识，但是传统的教学培训体系难以及时更新培训内容，而企业信息技术的培训体系完善、内容齐全，使校企合作可以通过企业的信息技术培训体系建立教学培训平台和整合教学资源。教师在不断更新自己的信息资源储存库时，也需要自觉将自身具备的数字知识技能与教学知识相结合，培养信息技术能力和数字能力。其次，应用型大学教师应具备发展数字能力的意识。校企合作平台应主动开展有关信息化、数字化的讲座，推荐相关书籍，将新技术的理论、新技术与实践结合等有关新技术的信息及时提供给教师。通过培训后的教师应勤于洞察新技术的出现，日常教学中积极运用技术教学，将数字技术与所教学科、专业相结合，将信息化手段与专业规律和本专业学生特点相结合，实现数字教学效果的最优化。此外，学校借助校企合作培训平台建立信息化教学团队，将信息化、数字化能力从校企合作的相关教师扩散到团队的普通教师队伍中，将信息化比赛常态回归到教学常态中[1]，使比赛中的教学设计、教学实施、数字技术等在日常教学中得到应用，营造群体信息化文化，促进

---

[1] 武加霞，薛栋. 教师数字能力：提出背景、变化沿革与培育路径：基于三版联合国教科文组织《教师信息与通信技术能力框架》的比较研究 [J]. 高等职业教育探索，2023，22 (1): 62-69.

学校所有教师信息能力、数字能力的提升和发展。

(三) 布局校企合作科学研究平台,提升科研能力

科研能力体现了教师队伍发展的综合水平。应用型大学承担培养应用型人才的任务,需要校企共同提升科研能力。校企合作模式更有利于学校和企业的结合,有利于教师了解进入具体的企业,接触企业实践,及时得到原始资料和一手数据。让企业教师学习到科学研究方法,实现校企联合申报科研项目的可能。学校提供经费和政策的条件支持,鼓励教师利用企业实践资源联合企业共同开展应用型科学研究,提升自身的学科研究能力,推动应用型科研工作的开展。这类应用型科研工作的合作是提升校内外教师研究能力的主要途径。学校以校企联合项目组为基础进行师资组合,打破传统教研室的归属,选取专任师资与企业师资共同构建项目组,进行项目研发。丰富校企合作的成果,加深高校与企业的合作深度,实现和企业的零距离无缝对接,提升师资队伍建设效果。

(四) 构筑校企合作社会服务平台,提升社会服务能力

教师以横向课题为媒介为企业提供与专业相关的项目服务,高校和企业根据课题情况给予配套政策支持。社会服务平台要向外拓展,匹配线上线下的专业服务,建立科技成果转化的收益分配机制,利用各主体强大的专业优势促成高质量资源成果的孵化,鼓励教师积极进行科研成果的转化。鼓励教师深入企业、社会开展调查研究,为政府决策提供咨询服务,使政府决策更具有科学性、前瞻性[1]。用建立的最新成果开展知识服务,达到培训师资、服务应用型大学人才培训要求,实现大学的高质量发展。深化"产教融合、校企合作"体现了应用型教育的本质,是应用型大学师资队伍发展的必然趋势,是建设现代化应用型师资队伍的重要途径。

---

[1] 丁么明. 新建地方本科院校在区域社会建设中的定位与作用 [J]. 高等教育研究, 2009, 30 (11): 19-22.

第四章 应用型大学师资队伍建设理念与评价变革

应用型大学教师发展是为了提升教师教学、实践质量而进行的一系列活动，是应用型大学人才培养的核心理念。它不仅反映了应用型高等教育的教育职能，也反映了当今大学教师发展的基本特点，还为应用型大学未来教师培养的方向提供了指导。[①]

本章拟对应用型大学教师队伍建设的理念内涵与演变逻辑做一梳理，并尝试对应用型大学教师发展理念的具体内容、教师发展方式之间的互动逻辑展开探讨。在此基础上，通过对应用型大学师资队伍评价变革的梳理，进一步厘清现行评价指标体系存在的问题，进而针对发现的问题，尝试构建应用型大学师资队伍评价变革及评价指标体系。

第一节 应用型大学师资建设的理念变革

一、应用型大学教师发展的理念内涵

（一）关于"理念"和"教师发展理念"

理念是一个复杂丰富的概念。首先，在普适层面的教师发展理念上，所有教育层次与学校组织的教师发展理念都存在着共通的部分。无论教师发展目的、路径选择与实践逻辑是怎样的，教师发展的最终目的都是提升教师素质，促进教学发展。其次，理念内部又有概念层次类别上的区分，教师发展理念也可以进一步区分为不同层次教师发展活动所秉持的发展理念。不同教育层次、不同教育类型的教师发展理念之间也存在着区别，教育层次越向下延伸，教育职能任务分工越细化，教师发展理念就越具体细致，理念的分化和针对性也就越明显。比如：中小学普通教育教师发展理念就明显区别于大学教师发展理念，相应地，应用型高等教育作为宏观教育体系里的一个类别与层次，也有自身特殊的教师发展理念。因此，我们有必要也有可能更进一步地建立起对应用型大学教师发展理念的认识与理解。

（二）关于"大学教师发展理念"和"应用型大学教师发展理念"

魏晓艳博士认为："大学教师发展"理念囊括了"应用型大学教师发展"理念。"大

---

① 魏晓艳.应用型大学教师发展：目标、困境与突破[J].大学教育科学，2015（4）：69-73.

学教师发展理念"是一个专有名词,它将哲学领域中的理念、概念迁移到教师发展领域并得到扩展。① 应用型大学教师发展理念则具有其自身所有边界和内涵,正确认识和理解应用型大学教师发展理念是解析大学教师发展理念的前提。② 而"大学教师发展"的概念,是指由社会在对大学教师教育发展实践活动的认知基础上而产生的,有关大学教师发展活动的特点、作用、任务、目的、特点和意义,大学教育发展活动同其他教师教学活动间的联系,以及人类有关大学教育发展活动的若干基础方面的理性认识。

那么,如何进一步理解认识"应用型大学教师队伍"这一概念呢?我们可以将其理解为:人们在对应用型大学教师活动过程的基本理解基础上发展而产生的,主要涵盖了对应用型大学教师教育实践活动中的基本特点、作用、任务、目的、特点和意义,及其与实践活动和其他教学行为之间的相互联系,以及有关应用型大学教师队伍活动中的若干基础性问题的理性认识。

可以说,应用型大学教师发展理念是基于教师发展实践和认知观念的理性构建,它引领着应用型大学教师发展改革和进步。这一理念涵盖了应用型大学教师发展实践的远景和愿景,代表了应用型大学对教师发展活动的理解。在应用型大学教师发展理念中,人们重点关注教师发展目标、任务和现状等方面的认知和理解。③ 另外,通过观察应用型大学教师发展活动的发生和发展场域,我们可以发现应用型大学教师发展理念中潜藏着应用型大学教师发展的实践逻辑。④ 可以说,教师发展理念是面向区域的应用型大学与自身教师发展实践之间的重要承介。

应用型大学的发展思想是应用型大学发展领域里的产物,既包含了对应用型大学的发展本身、行为目的及其行为模式的理解,也包括了对于应用型大学的发展目标是什么、为何以及应当如何发展的理解和思考。然而,应用型大学的教师发展理念及其形塑过程又有其内在逻辑和不同形态,作为理论探讨的应用型大学教师发展理念是一般的,而作为指导实践的应用型大学教师发展理念则是形态丰富的。

二、应用型大学师资队伍建设理念的沿革与发展

应用型大学师资队伍建设理念的演变源于上层理念:应用型大学不同发展阶段的历史演变。

《教育部2014年工作要点》中提出:"引导一批本科高等学校向'应用技术类高等学校'转型。"接着,2015年的政府工作报告中便明确了"引导部分地方本科高校向应用型转型"的工作要求。虽然以应用型人才培养为基础的教师转型发展已经成为地方本科院校的发展趋势,但怎样培育出适应新时期企业经营需求的应用型人才,如何发挥好作为传道、授业、解惑的高校教师道德素质的关键作用?从某种意义上说,教师的专业素质与技能决定了学生的未来成长方向。因此,教育的转型从根本上指的是"教师转型"。对应用型大学而言,转型发展的真正关键便落脚在了"教师队伍的建设"上。

---

① 戴晓菊,代建军. 论课程督导的基本理念 [J]. 徐州师范大学学报(教育科学版),2012,3(1):29-32.
② 魏晓艳. 应用型大学教师发展:目标、困境与突破 [J]. 大学教育科学,2015(4):69-73.
③ 魏晓艳. 应用型大学的教师发展理念及其蕴涵 [J]. 职教通讯,2017(25):60-65.
④ 许冰梅,隋幸华. 应用型大学教师发展研究:现状与对策:以湖南省L学院为例 [J]. 教育现代化,2016,3(40):95-97.

我国高等教育改革现实需要应用型大学教师发展，但传统教师培养体系已不适应高等教育的发展。应用型大学作为我国高等教育的重要组成部分，其教师队伍建设长期面临教师来源单一，教师教学观念难以转变，教师队伍学历层次有待提高等问题。传统高等教育教师培训领域通常把大学教师发展看作一个粗略的整体，缺少对不同类型大学教师发展理念与方式的关注。

另外，我国应用型大学教师发展体系尚未全面建立，已有的教师发展活动的专业化水平较低，大多数应用型大学仍沿用传统的教师发展理念和方式，难以满足应用型大学教师发展的实际需要。

我国应用型大学教师发展现状和需求具有其自身特殊性，教师发展现状与教师需求之间存在较大差距，教师发展在理念和方式上存在诸多困惑与问题，学校自身的教师发展力量没有得到充分开发和利用，教师发展水平难以满足其教师发展的实际需求和长远需要。因此，关注并探讨应用型大学教师发展的理念内涵、方式及其实践规律，对于改进我国应用型大学教师发展实践具有较强的指导意义。

通过梳理我们发现，近二十年间，应用型大学教师队伍构建理念基本经历了"结构型—双师型—创新型"的发展，并总体呈现了由强调个人的全面素养能力向总体力量架构逐渐完善的明显特点。下面，我们将通过几个具有标志性的时期，划分应用型大学师资建设理念的不同发展阶段，并就师资队伍建设理念的演变进行论述。

（一）本科教学评估背景下"结构型"教师队伍建设阶段

随着我国高等教育事业发展的不断增速，应用型大学也在不断扩招，学生数量不断增加，虽然教师数量也在不断增加，但只能勉强满足应用型本科教学。

2004年，教育部发布的《普通高等学校本科教学工作水平评估方案》中提出，生师比例要求为22∶1。但在全国本科生教育质量评估中，这个指标一直是中国各大应用型大学的短板，大多数高校教师队伍人才严重匮乏，高素质人员尤为短缺，并且不少高校产生了大批师资的缺编，特别是部分新增专科院校师资短缺问题尤为突出。2010年7月，国家正式颁布实施了《国家中长期教育改革和发展规划纲要》，意味着应用型大学迎来了新的发展机遇。2014年3月22日举行的全国教育高峰论坛上，时任教育部副部长鲁昕在讲话中指出，为解决当前教育结构型难题，并继续发展更符合社会主义市场经济新阶段的教育方式，在全国2500多所高等院校中，将有1600~1700所院校要以职业技术教育的建设为发展重点目标，尤其是优先发展在1999年全国高等技术教育职业院校大扩招后的600多所由专科逐渐上升的本科院校，升本后的学校也要逐渐转制。

但是，师资队伍数量不足、结构不合理仍然是应用型大学师资建设的最大短板。有些学校虽然总体师资数量已达到高等学校本科教学评估指标，但各个专业教师比例严重失调，专业教师数已不能满足基本的教学需要，教学质量和教学效率得不到有效保障。为了满足教育教学需求和本科教学合格评估的要求，高校大量引进新教师，这部分教师大多是刚毕业的硕士研究生，还有部分高校退休教师和企业退休的高级工程师。刚引进的外部师资由于缺乏工作实践经验，学术水平也不足，不利于应用型人才的培育。部分高校由于地域差异、区域经济、学校层次、实验实训设备、教科研政策以及工资待遇等多方面因素，缺乏人才引进的优势，在引进高层次人才和紧缺专业的人才方面难度较大。为达到教育部对师资队伍数量的要求和满足学校的教育教学需要，各应用型大学面临着集中解决师资队伍年龄结构、职称结构、学历结构、专业结构、"双师"比例不合理的问题。

上述原因在很大程度上影响了应用型大学教育科研工作水平的整体提升，限制了学校的办学水平和教育质量，也导致了学校在转"结构"的教师队伍建设阶段举步维艰。

（二）产教融合背景下"双师型"师资队伍建设阶段

"双师型"教师的概念最早是在 1988 年国家教委制定的《面向二十一世纪深化职业教育教学改革的意见》中提出的。1995 年，在职业教育发展过程中又出现了"双师"的提法。"双师型"包含两种情况：一种是"双职称型"，就是除了教师系列职称还有另一种系列的职称，即"教师加中级以上技术职务"（或职业资格），如"教师加技师"（会计师、律师、工程师等）。另一种是"双师素质型"，即高校教师既具备理论教学的素质，也具备实践教学的素质。

应用型大学的人才培养工作需要紧紧围绕专业建设而进行，特别强调对学科体系、专业课程、学科教师、学科实验室、专业实习实训和实践等教学环节的建设，特别强调要形成专业教育环境，形成专业的教育文化。不仅要注重对学生完成专业基础知识与技术教育能力的培养，还要让学生能沉浸在专业文化之中，养成专业伦理与职业道德，真正成为专业人才。因此，从师资队伍方面看，应用型大学中既要有基础理论课程教学的专业师资队伍，又要有实践经验丰富、专业水平卓越的工程师、科学家和企业经营管理专家等，方能组成"应用型教师"，也就是通常所说的"双师型"技术教师。技能实践课的教师不仅需要足够数量，同时还需要拥有出众的技术能力与知识水平。[①]由此可见"双师型"教师的要求与门槛被进一步拉高了。

2014 年后，随着《国务院关于加快发展现代职业教育的决定》《关于引导部分地方普通本科高校向应用型转变的指导意见》、"十三五"规划等一大批有关地方普通本科高等学校发展和应用技术型高等学校改革发展的重要文件陆续出台，全国有二十余个省份都陆续开展了部分地方本科类型高等学校的转制升级改造试点。

2015 年 11 月，教育部、国务院发展改革委和财政部发布了《关于引导部分地方普通本科高校向应用型转变的指导意见》，确定了部分应用型本科学校培养应用型技术技能型人才的工作重点，并确定了应用型本科学校的人才培养定位，对部分地方普通本科学校向应用型本科学校的转变作出了重要战略部署。学校转型，首先是师资队伍的转型，培养能适应社会经济发展需要，服务区域经济发展的应用型人才被定位为大多数应用型大学的办学宗旨和目标。

2018 年以来，中共中央、国务院发布了《关于全面深化新时代教师队伍建设改革的意见》。这是中华人民共和国成立以来中央出台的第一个专门针对教师队伍建设改革的里程碑式政策文件，该文件对高校教师的社会保障、工资福利、合法权益等相关问题作出了明确的规定。

"十三五"期间，是中国经济社会发展步入新常态时期，是全面推进教育制度整体变革、促进中国高等教育信息化发展的关键阶段，同时也是全面推动本科高等教育向应用技能型高校转变发展、建立现代职业教育体制的关键时期。在这样一个新的历史变革时期，

---

① 别敦荣. 学术本科、应用本科和职业本科概念释义、办学特点与教育要求 [J]. 中国高教研究，2022（8）：61-68.

应用型大学师资队伍建设迎来了机遇。应用型大学教师作为学校教学和科研的主体，是培养应用型人才的保证，精良的"双师型"师资队伍是确保应用型大学稳步发展的重要力量。对于人才的需求，不仅需要高等职业院校培养出来的专科层次技术人员，更需要应用型大学培养出来的本科层次的理论与应用结合型的人才。因此，不管是从质上还是量上，今后应用型大学必然要成为培养高质量应用型人才的主力军，这是高等教育事业发展的必然趋势。师资队伍中"双师型"教师的结构和水平决定着人才培养的水平，为了应用型高水平人才的培养，必须建立一支结构合理、素质过硬、业务精湛和实践能力强的应用型师资队伍。所以说，"双师型"教师应该是应用型本科高校教师的核心力量，应该占据较大的比例。但是从目前情况来看，应用型人才数量不能满足全国应用型本科高校的需求。

（三）"四新"教育背景下"创新型"教师团队建设阶段

2017年2月18日，教育部在复旦大学举办了我国高等教育新型工科人才培养政策战略讨论会，与会高校代表对新型工科人才培养战略问题进行了深入剖析，共同探讨了新型工科的核心特征、新型工科形成与发展的根本目标等问题，达成了一定共识；2018年10月，教育部发布《关于加快建设高水平本科教育全面提高人才培养能力的意见》等文件，明确了决定实施"六卓越一拔尖"计划2.0。该计划的总体部署便是全面推进"四新"建设，提高高校服务经济社会发展能力。从此，"四新"建设成为我国高教理论界广泛关注的话题。

国家一方面启动了全面推进高等教育发展计划，推进我国新工科高等教育的发展，另一方面，教育部依托天津大学成立的全球首个新工科教育教学研究、培训、交流基地"天津大学新工科教育中心"，于2019年4月成立全国新工科教育创新中心，统筹开展全国新工科建设，建立具有国际水平的新型工科人才培养体系，同时融入独特的中国元素，打造全国的科学研究平台和人才高地。至此，创新性人才的培养成为应用型大学的主要目标和使命，应用型大学成为培养创新型人才的主要基地。

但是，只有具备创新性意识的教师，才能教育出创新型的人才，可以说"创新型人才的培育本身就离不开创新型人才"。但目前，应用型大学的教师队伍中，创新型人才数量严重不足，特别是民办本科院校的创新型人才数量明显匮乏。

可见，创新型人才的培养是一个系统工程。因为大平台、人才培养者、培训内容、训练方式以及培养对象等方面的问题，当前高等教育在创新型人才培养领域仍面临若干亟待克服的困难。鉴于此，我们首先研究的就是创新型教师队伍的问题，只有在创新型师资齐全后，才能保障和提高创新型人才的素质。

基于"四新"学科建设背景和专业建设的新要求，应用型大学应组建以骨干教师群体为专业建设主体的、具有创新合作精神的创新型专业建设团队。通过加强专业建设团队成员间的跨学科交流合作，提升专业骨干教师队伍的凝聚力。可见，创新型教师的培养不是一朝一夕的事，也没有捷径可走，唯有靠高校教师的共同努力、互相合作、共同进步，才能完成这一目标。曾经，"师者，传道授业解惑也"；但现在，传道、授业、解惑已不再是教师的最基本职责，作为新时代的高校教师，仅仅做到传道授业解惑还远远不够，因为这已经不是一支粉笔一块黑板的时代。新时期应用型大学教师，只有合理利用现代信息化手段，创新思维和授课模式，才能培养适合时代需要的创新型高技能人才。可以说，加大应用型大学中教师创新型人才培养力度势在必行，创新型教师队伍的建设迫在眉睫。

三、应用型大学师资评价理念的转变

(一) 高校类型差异决定了教师评价考核理念转变

高校教师考核评价是建立具有中国特色现代大学制度的重要内容，也是我国高校人事制度改革的重难点问题。改革开放以后，我国高校教师的考核评价改革经历了教师工作量考核制度、职务评审考核制度、岗位聘任量化考核制度以及岗位聘任质性考核制度四个阶段。直到2020年10月，中共中央、国务院印发《深化新时代教育评价改革总体方案》，提出"改革教师评价，推进践行教书育人使命"，针对高校教师的科研评价应当"突出质量导向，重点评价学术贡献、社会贡献以及支撑人才培养情况"，"推进人才称号回归学术性、荣誉性"等指导方针，针对高校教师的考核评价的重点才开始由重视数量向重视质量转变。

虽然经过阶段性的实践探索，全国各地的高校积累了一些经验，取得了些许成效，但依然有一些问题无法得到根本性解决。全国高校具有不同层次不同种类，从办学定位上看，有研究型高校、应用技能型高校、应用型高校以及技能型高校；从办学机构上看，有公办和民办之分；人才培养方面，也存在本科和专科之分。由于类型的差异，导致高校在战略定位上也具有差异性，进而对高校教师考核评价的要求便相应存在区别。针对高校内部而言，教学型教师、教学科研型教师以及科研型教师的考核评价体系也应该存在一定的差异。但从现有情况看，我国一直沿用国家集中式教师发展范式。[①]

(二) 教师发展中心迅猛发展助推教师发展培养模式转变

高校教师发展中心承担着培训教师和提升教师教学科研能力的职能。相比美国，我国高校教师发展中心的建设起步较晚，从2010年开始，在教育部的推动下，我国教师发展中心建设逐步地发展成熟。

2010年，教育部发布的《国家中长期教育改革和发展规划纲要》中指出，教师发展是影响教育教学质量的关键因素；教育部、财政部2011年发布的《关于"十二五"期间实施"高等学校本科教学质量与教学改革工程"的意见》中建议，要引导高等学校建立适合本校特色的教师教学发展中心，并重点建设一批高等学校教师教学发展示范中心。2012年，教育部高教司《关于启动国家级教师教学发展示范中心建设工作的通知》中明确指出，教师教学发展中心的建设目标为"提升高等学校中青年教师和基础课教师业务水平和教学能力为重点，完善教师教学发展机制，推进教师培训、教学咨询、教学改革、质量评价等工作的常态化、制度化，切实提高教师教学能力和水平，建设高素质教师队伍"。2012年，国家大力推动30个"十二五"国家级教师教学发展示范中心建设。此后，各级各类高校都积极对标国家级教师教学发展师范中心，建设校级教师教学发展中心，助推教师发展与培养工作。

在教师发展培养上，传统的应用型大学和研究型大学较为趋同。而教师发展培养方式较为单一，政府的统一培训无法满足不同类型院校不同类型教师发展的需要，也无法针对不同教师的特点进行有针对性的全面培养。从人才组织模式看，我国高校一直以来采用的模式是"大师+队伍"，由于应用型大学是后期随着社会需要应运而生的办学类型，在发

---

① 魏晓艳. 应用型大学教师发展：目标、困境与突破 [J]. 大学教育科学，2015 (4)：69-73.

展初期其师资梯队建设主要沿用传统研究型高等院校的人才组织建设逻辑。随着高等教育的多元化发展，应用型大学与传统研究型大学的人才培养目标的差异化定位，使得不同类型的高校教师在发展价值观上也需要与时俱进，发生相应调整。[①]

培养高级应用型人才作为应用型大学的人才培养目标，则应该遵循"高工+大师+队伍"的原则来构建教师队伍。应用型大学需要根据人才培养目标要求和培养规律，贯彻"以教师为中心"的教育理念，搭建教育教学创新团队的建设模式，并以实践性教学、应用技术型社会服务以及应用型实践研究为主要职能。由于应用型大学转型较晚，在人才竞争较为激烈的时代处于劣势状态，师资弱、年龄结构不合理以及人才流失等诸多问题都使加强教师发展中心建设显得更加重要。教师发展中心能够为教师提供培训项目，促进教师教学科研水平提升；此外，教师发展中心还能够提供一定的发展机会，调动教师发挥主观能动性。在应用型大学的教师队伍建设方面，应遵循注重提高教学发展的逻辑，尤其要强调提高应用型大学教师的应用型实践教学水平，跳出传统研究型大学"教师+大师"的人才组织建设的桎梏，建立"教师+大师+高工"的人才组织建设逻辑，组织教师发展内容[②]。

另外，随着普通本科高校向应用型大学转型，应用型大学师资成长模式和评价理念也进一步变化，以青年教师成长为重要策略的师资素质提高是转型工程的重要内核。教师发展观念的转型、教师评价理念的转型、教师发展方式的转型、教师发展机构职能定位转型等，逐渐成为探讨转型发展的热门命题。

第二节　应用型大学师资队伍评价变革

《深化新时代教育评价改革总体方案》中明确，要以"立德树人"为主线，以"破五唯"为推动重点，以"五位主体"负责为关键，继续优化教育成果评价，强化教学效率评价，发展服务增值评价，继续优化教育成果评价。而应用型大学教师人才能力的培养则将通过新总体方案的出台，逐渐实现从因评价而育人向因育人而评价转换，从单一主体单维度向多元主体多维度转变，从结果评价、过程评价向立体评价提升，从应用评价、考核、提升、反馈向全面提升延伸，从考核框架向全面评价框架过渡。

一、"双师型"教师评价标准的问题

在本科教育质量评价指标中，明确规定了"双师双能型"教师的要求，然而目前应用型大学"双师型"和"双能型"导师数量短缺，具备双能力的人才资源也不足，对应用型大学的双技能型人才培养引进造成了障碍。不少应用型大学采取学校自我评定的方式，在评价和认定"双师型"教师的时候，标准不尽统一。有些应用型大学条件比较宽松，教师本身缺乏实践能力和实践经验，并不能真正起到"双师"的效果。有些刚刚转型的本科高校，对"双师型"教师重视不够，认识不到位，在招聘过程中，工作重心在高学历高职称的人才引进上，在人才培养方案制定方面也未能体现"双师型"教师的作用，甚至有些

---

① 魏晓艳. 应用型大学教师发展：目标、困境与突破［J］. 大学教育科学，2015（4）：69-73.
② 张帆. 高水平大学教师发展中心组织建设多案例比较研究［D］. 兰州：兰州大学，2017.

应用型大学对"双师型"教师的概念还没有清晰的认识。尽管近年来我国不断重视"双师型"教师的培养，重视对自有教师"双师"能力的培训；可是不少应用型大学还不能对此高度重视，虽然也会派部分教师去企业培训，但是普遍在企业年限较短，未能建立一套完善的制度。很多应用型大学没有建立"双师型"教师激励机制，长此以往，"双师型"教师得不到关注和重视，在教师中形成误区，认识不到"双师型"教师重要性，大大降低了教师往"双师型"教师发展的积极性，更带动不了其他教师向"双师型"方向努力。

二、多元互补的教育评价体系

现代的教育评价体系一般经历了四代，第一代评价以测量为特征，第二代评价以描述为特征，第三代评价以分类为特征，第四代评价以结构为特征。历史上，四代评价通常都把"双评价"的概念统一定义为"双价值评定"。但日益发达的第五代评价体系则改变了价值评定的范畴，把双价值评价概念，即价值促成和价值创新融合在一起。

《深化新时代教育评价改革总体方案》中也确定了构建由部门、高校、社会各单位多元参与的现代高等教育评价体系，形成以完善社会监督机制为综合管理的现代高等教育评价监督机构，并发挥专业部门和社会组织的功能。未来我国的高校教学评估体系，必须形成由政府督导评估、学校自我评估、社会组织评估等方法相结合的综合性、多样化方式的多元化教育互补评价体系，这就需要继续加快培育、健全、规范社会组织的综合教育评估体系建设。在完善教学结果评价、健全工作过程评价、创新业务增值评价、健全服务结果评价体系的进程中，还需要逐步发挥各种评价技术手段的综合优势，从而形成不同评价技术手段之间相互促进的综合性教学评价体系。

随着人工智能时代的到来，第五代高等教育评估准则，既要体现人类经济社会发展的现实要求、高等教育发展的根本特征，也要适应现代教育评估发展的底层逻辑，必须以教育数据工具为依据，以人工智能为目标，以服务社会发展为指向，同时也要注重发挥教师的主体作用、数据工具的辅助功能，从而实现人机协同的智能评价。对应用型大学教师团队构建能力的评价，目前也已逐步实现了从因评价而育人向因育人而评价的理念转换，从"单一主体单维度"向"多元主体多维度"的转变，从"结果评价""过程评价"向"立体评价"的综合提升转变，由应用评价、检验、促进、反馈向整合提升的延伸，由评估体系向评价制度的转变。

三、教师分类评价指标研究述评

教师分类评价包括教师分类评价的对象确定、重要性、内涵、基础、功能、方法、实现途径以及存在情况等内容。根据时间聚类，早期研究重点探讨教育评估制度变革由简单转向多样的问题，后转入对"五唯"现象的探讨与反思，目前主要聚焦于"教育分类研究"和"学校发展的协调关系"研究。总的来说，理论讨论型研究较多，应用实证型研究较少。

（一）教师分类评价研究价值

构建应用型大学教师分类评价指标体系，首先需厘清应用型本科的内涵与价值，在明确其发展定位和建设内容的基础上制定教师评价指标体系。与此同时，教师评价指标体系构建也是凝聚共识、指挥办学导向的有力途径。由此，对应用型本科教师分类评价指标体系构建的研究，具有应用和学术双重价值：一是该指标体系能够用于应用型本科高校，导向符合办学定位的教师评价体系乃至人事制度改革；二是该指标体系研究同时也是一个探讨如何破解应用型本科同质发展问题的理论构建过程。

（二）关于教师分类的研究

高校教师划分的视角包括院校类别、专业不同、岗位责任、教育环境等四类（赵岚、邱阳骄，2021）；另有人提出高校教师划分依据包括自身地位不同、职业区别和专业不同三种（赵金国、朱晓彤，2019）。关于办学定位分类，使用比较广泛的分类为研究型大学、应用型本科高校和职业型院校（潘懋元，2009），以及研究型大学、教学型大学和教学研究型大学（赵金国、朱晓彤，2019）。吴松元（1993）首次明确把高校教师分为三种类型，即以课堂工作为主的课堂型教师、以科研任务为主的科研型教师、教学和科研兼顾的教学科研型教师，得到何建坤（2005）、陈惠雄（2007）、刘广青（2010）等众多学者的普遍肯定。教师工作评价的实践成果也是对三种教师类型的继续完善，比如杨建辉（2021）将班主任分为教学、技术、教科并举之外，增加思政班主任、专职辅导员两种类型；张永、张淼（2018）则将导师分为教学科研型、教育类型、科研型和社会开发型；李兵帅（2019）也认为，一般将教师类型分为科技先导型、教学主导型、教学科研型、社会教育服务型、技术推广能力类型中的四至五种。高校教师类型其实都是根据上述三种类型的教师发展而划分的，比如：浙江大学就将教师发展分为以教学为主、以研发为主、教学与科研并重、团队研究和培养、社区服务与技术推广这五大类型；① 武汉大学则将教师发展分为研究主导型、基础教育型、教学科研并重型三个类别（李锋、尹洁，2016）；北京大学把教师分为教学科研型、教学型两类；清华大学将教师分为教学型、科研型、教学科研型三类。而按照研究学科不同分类，教师又通常被分为基础理论研究型、应用研究型以及哲学社科研究型。科学研究使用专业评估，且评估期限要够长；技术研发使用专业评估；哲学社科研究成果则使用社会评价。总的来说，基于教学和科研的职能分类是当前的主流思想。

（三）关于教师评价指标的研究

美国加州大学教师评价的指标涵盖教育、科学与创新型教育、职业技能与行为、学校和公共服务四个主要维度。日本茨城大学教师评价体系指标为教学、科研、社会合作和校务活动等四个主维度（苏君业，尹贞姬，2010）。德国高校教师评价指标主维度包括科研、教学、社会参与和国际化程序。其中，科研包括论著、奖项、课题项目、学术声誉等指标；教学包括教学质量、教学贡献等方面的指标；社会参与包括参与学校、学术界、政府或社会服务的指标；国际化程度则包括国际经历、国际声誉等方面的指标。目前，青岛农学院主要使用课程教学、学科建设和学生培养、科学技术成果、社会价值、师德师风建设等五方面的指标。其中，课程教学维度主要包括教学活动、培养学生工作和育人、科研教改、教学获奖等四个二级指标；学科建设和学生培养维度主要包括本科生课程教育、培养学生工作、本科生教研教改、专业课程培养、学术会议主持、科研报告主讲、学术兼职等

---

① 钟倩. 云南本科院校教师岗位分类管理现状及对策研究 [D]. 昆明：云南师范大学，2018.

指标；科学技术成果维度主要包括科研项目、科研报告、科学技术奖励、学术专著与译著、环境和科技研究成果等二级指标；社会价值维度主要包括横向合作项目、科研成果转移、教职工以科学技术研究成果就业、教职工参与由学院组织的社会科学实验、学生参与有组织的社会科学学习讲座、到学校电视台进行科学讲演与演示、参与有组织的科学技术成果下乡项目、根据科研现状被确定为主推产品或关键技术、受邀担任政府部门或公司科学家等顾问、因社会贡献而受到的政府奖励，以及媒体报道等二级指标；在师德师风建设方面则主要涉及学生爱国遵纪守法、教书育人、治学态度、公益奉献等二级指标（王仁高，张水玲，2019）。广西某高校将评价指标分为教学类和科研类；教学类指标包括教育工作量、课程建设、教材建设、教学成果、教学奖励、教改课题、教改论文等指标；科研类指标包括科研项目、横向项目、学术论文、科研成果、学术著作和知识产权授权等指标（杨建辉，2021）。南京某大学则将评价指标分为个人素质、教育成绩、科学研究成绩、社会业务成绩、社会服务成绩等五大层次。其中，个人素质包括职业道德、学科素养；教育成绩包括课程获奖、教学方法、课程工作量、教育成果、培养学生；科学研究成绩包括论文和作品、科研项目、科研获奖；社会业务成绩包括横向课题、成果转移、社会经济效益、发明专利；社会服务成绩包括学科建设、重点实验室建立、专业建设等（张泳，2008）。

总的来说，国内外现行教师评价指标都包含科研、教学、社会服务和公共事务等四个维度，师德师风、国际化程序等维度则是具有个性化的指标。指标体系普遍涵盖量化指标和定性指标，注重纳入隐性指标，如公共事务的参与、学术声誉等。

四、现行评价指标体系存在的问题

首先，应用型大学教师考评一直存在着办学定位模糊、指标重叠、重量化轻质量等问题，且评价指标不够具体。不少应用型大学对教师的总体考评指标未能突出其办学重点"应用型本科人才培养"，只是从教师的教学质量、师德师风和教科研实力等方面进行评判。在传统型教师评价体系中，教师通常以评定职称和晋升职务为目标，专注于获得丰富的科研成果，而忽视了应用型大学教师应该以教学实践为核心。因此，传统型教师评价体系无助于提升教师的教学实践水平，只会促使教师更加偏重科研，产生一定的误导作用。[1]

其次，多数应用型大学对教师的综合评价指标体系存在评价量纲不对等，教师发展定位不明确的问题。教师发展水平的提高，是促进其实践教学水平提升的关键因素。教师发展不仅应关注其过往成果，还应注重进行更广泛的外延，如注重展望教师未来的职业生涯发展等。而这一指导方针在现有的教师评价指标体系中并未被重视和体现，教师发展的具体评价指标未能反映教师的未来发展方向，甚至不能涵盖教师的工作表现和个人层面的发展，导致现存的评价既不能激发教师的内在动机，也无法使教师得到真正的成长和发展。[2] 因此，根据学校自身定位及办学特点、学科特点来制定一个基于发展性应用型大学的考核指标、教师发展指标就变得尤为重要。应用型大学的"教师发展"应更多地体现以人为本的准则，让教师取得实质性发展，才能推动学校取得显著进步。

---

[1] 马立红，林妍梅. 应用型大学教学改革研究项目管理创新与思考：以U大学为例 [J]. 北京联合大学学报，2021，35（4）：6-10.

[2] 郭桔光. 浅议高校体育教师的评价 [J]. 南京广播电视大学学报，2001（2）：34-36.

第三节　应用型大学师资队伍评价体系构建

评估指标是依据评估目标，由评估对象分解出来，能够反映评估对象在某方面本质特征的具体化、行为化的主要因素。评估指标体系是根据评估对象诸因素依据评估指标组成的具有逻辑结构的有机整体。[①] "师资队伍"作为影响教学质量的关键性因素，是本科高校教学水平评估体系中的重要考核指标。应用型大学必须通过不断提高师资队伍质量，建立与应用型本科特征相适应的师资队伍考核指标体系，充分发挥考核的引导与鼓励功能，才能真正促进应用型大学教师职业生涯的提升。

2020年10月，中共中央、国务院印发了《深化新时代教育评价改革总体方案》，第一次从国家层面对教育评价改革作出全局性战略部署，尤其在高等教育领域，明确提出"推进高校分类评价""改进本科教育教学评估"的目标要求。启动新一轮审核评估是进入"十四五"新发展阶段，深化评估分类改革，系统设计本科教育教学评估制度体系建设，推动高等教育高质量发展的重要策略、关键举措。[②] 新一轮审核评估采取柔性分类方法，按类型把尺子做细，提供两类四种"评估套餐"，由高校根据自身办学定位和发展需求自主选择，以评定向，为应用型大学的教学发展提供了更细致的评价标尺，促进一批高校聚焦应用型人才培养，促进高校科学定位、办出特色和水平。

应用型大学师资队伍评价体系应当参照教育部新一轮审核评估指标体系中"教师队伍"的评价指标及审核要点，结合应用型大学自身的特性，选取要素、寻找规律、建立结构、产生支撑数据，并以同类评价体系进行对比修正，逐步细化规则，从而构建出一套完善的、适用于应用型大学的师资队伍评价体系。本节将主要参照我国教育部新一轮教育教学审核评估指标体系中关于"教师队伍"的评价指标，对审核要点进行分析，结合评估体系设计的基本原则内容，对应用型大学师资队伍建设指标做进一步的思考与重构。

一、应用型大学教师评价指标体系的设计原则[③]

（一）以实践教学为本的原则

应用型大学师资队伍具有应用型、行业性、市场化的应然属性。[④] 应用型大学普遍以培养应用型人才为教学目标，同时也承担着服务区域经济社会建设的目标，肩负着大众教育的使命，培育综合性、应用型、高素质专业人才。实践层面，应用型大学师资队伍建设应聚焦多师同堂式课堂教学实践、同步实操式实验实训管理和适度耦合式师资激励机制，对教师实践教学水平进行考核。

（二）教学科研相辅相成原则

大学的职能不仅有教学，还有科研以及社会服务；在人才培养过程中，教育工作者既

---

① 凌云. 高等学校教育评估讲义 [Z]. 武汉：华中师范大学教育评估中心，2007：22-24.
② 教育部教育质量评估中心. 普通高校本科教育教学审核评估（2021—2025年）工作指南 [M]. 北京：高等教育出版社，2022.
③ 彭雨明，陈琼兴，胡婉谊. 应用型本科高校教师评价体系指标研究 [J]. 科教导刊，2017（26）：69-70.
④ 徐正兴，江作军. 应用型大学师资队伍建设的应然属性与实践理路 [J]. 高等工程教育研究，2022（2）：117-121.

要聚焦于教学实践，也不能忽视学生科研能力的培养。在人才培养过程中，教师不仅要敏锐地发现问题、缜密地分析问题、有效地解决问题，也要对这些问题及其解决方案进行深入的经验总结。只有在理论与实践的不断交互中，才能够实现能力提升。

与此同时，学校需要制定相应的政策和措施，以进一步激励和推动教师深入探索应用性技术研究。这不仅有助于提高教师的学术研究水平，同时也能相应地提升其教学水平。在确保教学质量的前提下，学校应大力鼓励教师开展科学研究，以促进教师个人成长，并推动学校的整体发展。[1]

（三）定性和定量评价相结合原则

针对评价问题，人们通常采取定性和定量相结合的评价手段，以期尽量科学与合理，因为更有利于促进评价主体的生物多样性，并体现评价的整体性和综合性。《普通高等学校本科教育教学审核评估实施方案（2021—2025）》（以下简称《评估方案》）中已明确提出：要强化学校内涵评价，定量评价与定性评价相结合，避免单纯根据显性指标判断学校教育教学水平；强化高水平教师投入评价，不是看"帽子"教师数量，而是注重其对本科人才培养的贡献；强化学生学习效果评价，重点关注学生"学会什么"；强化多元主体评价，建立行业、企业深度参与评估机制和境外专家、青年教师、学生参与评估机制，从不同角度了解学校人才培养情况。[2]

（四）坚持教师发展为本原则

将"学生为本"与"教师为要"并提，是现代大学办学的基本原则。虽然近几年不断提倡以学生为中心的课堂教学改革，但课堂与教学仍离不开"教师"这一主体的主动性推动。应用型大学致力于培养应用型人才，应用型大学师资队伍必然要达成应用型的目标。师资队伍建设在达成普通教育师资的基础上，首要目标是应用型[3]。教师既参与教学，又引导实践，应用型大学发展应将促进教师发展与学校发展的目标联系起来，以提升教师的专业技术应用能力为学校发展的必要前提，为教师专业发展提供指导和帮助。关注教师的职业发展和自身发展，提高教师的教学科研能力水平，能够推动学校的进步和发展。[4]

二、应用型大学"教师队伍"建设指标解读

高校教师队伍培训的成效直接决定着高等教育人才培养层次和质量。新一轮的教学绩效评估工作，在充分体现《深化新时代教育评价改革总体方案》的指导思想和目标取向的基础上，更加明确了评价工作的各项标准，对高校教师队伍建设也确定了总体目标，并进行了更加有针对性的具体规范。

在审核评估视域下，根据指标考核评估对"教师队伍"进行分析，应用型普通本科教师队伍建设有以下要求：坚持党管人才，加强师德师风建设；实行教师分级分类的管理制

---

[1] 靳云全，王攀．高校教师科研评价存在的问题及对策探析［J］．科技与管理，2007（4）：124-127．
[2] 教育部教育质量评估中心．普通高校本科教育教学审核评估（2021—2025年）工作指南［M］．北京：高等教育出版社，2022．
[3] 徐正兴，江作军．应用型大学师资队伍建设的应然属性与实践理路［J］．高等工程教育研究，2022（2）：117-121．
[4] 彭雨明，陈琼兴，胡婉谊．应用型本科高校教师评价体系指标研究［J］．科教导刊（中旬刊），2017（26）：69-70．

度，强化"双师双能型"教师的培养；开拓人才引进渠道，强化人才发展环境建设，提升学校人才吸引力。完善教师发展中心运行机制，充分调动部门间协调合作能力，提升教师发展保障水平；加强理论教学队伍的构建，促进教师多元能力的发展；推进教师评价中心改革，持续优化师资治理架构。①

在审核评估视域下，考核评价工作的主要指导原则之一就是坚持分类指导，按照全国各级各类院校的办学定位、业务面向和社会发展目标，将参评院校分成两类：第一类为注重教学质量保障能力评估，特别适合于以建成世界一流大学为办学定位，以培育技术拔尖和创新型人才培养为目标的院校。第二类使用了"三种套餐"作为考核：一是参加了多轮考核评估，以学术类人才培养为主要目标和发展重点的普通本科院校；二是已经参加了上轮考核评估，以应用型人才培养为主要办学定位的普通本科院校；三是已经通过资格评定五年以上，但本科阶段办学经历相对较短的应用型普通本科院校。各参评院校均可在充分考虑自身发展定位、人才标准以及教师队伍质量保障体系构建情况等基本状况的基础上，自主选取参加其中一个项目进行考核。

第二类审核评估指标体系既有定性指标，也有定量指标。定性指标主要对影响高校本科教育教学工作的非量化核心要素进行审核，包括7个一级指标、27个二级指标和78个审核重点。定量指标主要对影响高校本科教育教学质量的关键数据进行审核，共46个，其中必选指标30个，可选指标16个，学校可根据自身发展需要和实际情况自主选择至少8个可选指标。② 7个一级指标中，"教师队伍"建设既是高校内涵建设的主要工作，也是本次考核评价观测的中心指标。③ 要形成应用型的高校师资专业人才团队评估体系，必须贯彻师资分级分类评价的基础性原则，按照评估体系中关于师资发展的"师德师风""教学能力""教学投入""教师发展"四项核心指标；④ 全面推行师资分级分类制度，促进师资的个性化能力发展；健全教师发展中心与教师基层培训组织的建立，逐步提升教师素质发展保障和服务社会能力。

通过对教师指标设计和评价的研究，针对第一类教师而言，共设计了3个一级指标、12个二级指标，在教师队伍中构建"教育教学水平"的第二级评价指标，主要评价在师德师风、教学水平（教师为本科生讲课、生师比、具有博士学位教师占专任教师比例等），以及学校的教师培训、促进教师职业成长、教师培养机制建立和功能发挥等方面的教师教学能力构建情况。

根据《评估方案》要求，复合应用型普通本科学校适用于上述第二大类中的后两种分类。考核方案中共设立了7个一级项目、27个二级项目，而在每个三级项目中又包括必选项目和一个限选项目。这相对于第一类高校，最大的区别还在于将学校的一个目标中，设立了4个二级目标和若干个观测点。根据《评估方案》规定，目前"教师队伍"的二级指标及指标审核要点如表4-1所示。

---

① 邱国锋，杜德栎. 新时代应用型高校加强"双师双能型"教师队伍建设的探索［J］. 嘉应学院学报，2018，36（1）：79-82.
② 教育部教育质量评估中心. 普通高校本科教育教学审核评估（2021—2025年）工作指南［M］. 北京：高等教育出版社，2022.
③ 同②.
④ 周进军. 审核评估视域下应用型普通本科高校教师队伍建设路径研究［J］. 教育理论与实践，2022，42（27）：39-41.

表 4-1 目前使用的审核评估中"教师队伍"建设指标观测点

一级指标	二级指标	审核重点	
教师队伍	4.1 师德师风	4.1.1 保障把教师的思想政治教育工作放在首位、以师德师风作为评价教师的最主要尺度，认真做好教师道德培养、积极进行教师道德教育、严格考核教师管理、完善制度建设，把教师职业道德考核工作贯穿于学校教育教学全过程等方面的主要工作	
		4.1.2 教师在争做"四有"好老师、四个"引路人"，自觉遵守《新时代高校教师职业行为十项准则》等方面的情况	
	4.2 教学能力	B 4.2.1	B1 专任教师的专业水平、教学能力、科研水平和能力
			B2 专任教师的专业水平、教学能力、产学研用能力
		4.2.2 提升教师教书育人能力和水平的措施	
	4.3 教学投入	4.3.1 教师投入教学、教授全员为本科生授课的激励与约束机制建立情况及实施效果 【必选】主讲本科课程教授占教授总数的比例 【必选】教授主讲本科课程人均学时数	
		4.3.2 教师特别是教授和副教授开展教学研究、参与教学改革与建设情况及成效 【必选】教授、副教授担任专业负责人的专业占专业总数的比例	
	4.4 教师发展	4.4.1 重视教师培训与职业发展，把习近平总书记关于教育的重要论述作为核心培训课程，把《习近平总书记教育重要论述讲义》作为核心培训教材，加强思政与党务工作队伍建设的举措与成效	
		4.4.2 加强教师教学发展中心、基层教学组织和青年教师队伍建设举措与成效 【必选】设有基层教学组织的专业占专业总数的比例 【可选】教师发展中心培训本校教师的比例	
		B 4.4.3	B1 提升教师教学能力、实践能力、科研能力、信息技术应用能力的政策措施
			B2 提升教师教学能力、产学研用能力、信息技术应用能力，鼓励教师到业界实践、挂职和承担横向课题的政策措施
		B 4.4.4	B1 教师队伍分类管理与建设情况
			B2 双师双能型教师队伍和实践教学教师队伍管理与建设情况 【可选】专任教师中双师双能型教师的比例
		K 4.4.5 教师赴国（境）外交流、访学、参加国际会议、合作研究等情况	

师资队伍作为一级指标,设置了4个二级指标11个主要审核重点。[①]

1. 师德师风的观测点

(1) 保障把教师思想政治建设放在首位、把师德师风作为评价教师的第一标准,强化师德教育、加强师德宣传、严格考核管理、加强制度建设,落实师德考核贯穿于教育教学全过程等方面的情况。教书育人是教师的基本职责。学校要贯彻落实教育部等七部门《关于加强和改进新时代师德师风建设的意见》(教师〔2019〕10号)精神,把教师思想政治建设放在首位,把师德师风作为评价教师队伍素质的第一标准,健全师德考核制度,将师德师风建设要求贯穿教育教学全过程。建立完备的师德师风建设制度体系和有效的师德师风建设长效机制,注重高位引领与底线要求结合,不断激发教师内生动力。

(2) 教师在争做"四有"好老师、四个"引路人",自觉遵守《新时代高校教师职业行为十项准则》等方面的情况。广大教师应有理想信念、有道德情操、有扎实学识、有仁爱之心,自觉遵守《新时代高校教师职业行为十项标准》,以德立身、以德立学、以德施教,自觉做学生锤炼品格、学习知识、创新思维、奉献祖国的引路人。

2. 教学能力的观测点

(1) 4.2.1中,B1为专任教师的专业水平、教学能力、科研水平和能力;B2为专任教师的专业水平、教学能力、产学研用能力。

教师应具有较强的专业水平和教学能力,能够很好地胜任教育教学工作,做到政治素质过硬、业务能力精湛、育人水平高超、方法技术娴熟。对于学术型人才培养、教师要具有一定的科研能力和水平,将科研融入教学,指导学生参与科研项目,在科研中培养学生的创新能力;对于应用型人才培养,教师应具有产学研用能力,能够结合生产实际,培养学生实践动手能力。

(2) 提升教师教书育人能力和水平的措施。学校要因校制宜,采取切实有效措施,加强对教师教书育人能力的培训,建立健全多种形式的基层教学组织,广泛开展教育教学研究活动,全面提高教师现代信息技术与教育教学深度融合的能力。

3. 教学投入的观测点

(1) 教师投入教学、教授全员为本科生授课的激励与约束机制建立情况及实施效果。学校要把教学工作作为教师考核的重要内容,从制度上保证教师必须自觉履行教书育人的基本职责,正确处理教学与科研的关系,把主要精力投入本科教学工作。应建立教授必须为本科生上课制度,特别是引导教授为本科一年级学生上课,并认真落实指标体系设置2个必选定量指标,包括主讲本科课程教授占教授总数的比例、教授主讲本科课程人均学时数。

【必选】主讲本科课程教授占教授总数的比例。

【必选】教授主讲本科课程人均学时数。

(2) 教师特别是教授和副教授开展教学研究、参与教学改革与建设情况及成效学校应建立有效的激励和约束机制,建立教师教学奖励制度,在教师专业技术职务晋升中实行本

---

① 教育部教育质量评估中心. 普通高校本科教育教学审核评估(2021—2025年)工作指南[M]. 北京:高等教育出版社,2022.

科教学工作考评一票否决制，引导广大教师积极开展教学研究，参加教学改革、专业建设、课程建设和教材建设。指标体系设置1个必选定量指标，即：教授、副教授担任专业负责人的专业占比。

【必选】教授、副教授担任专业负责人的专业占专业总数的比例。

4. 教师发展的观测点

（1）重视教师培训与职业发展，把习近平总书记关于教育的重要论述作为核心培训课程，把《习近平总书记教育重要论述讲义》作为核心培训教材，加强思政与党务工作队伍建设的举措与成效。学校应重视教师培训和职业发展，健全教师培训制度，加强思政与党务工作队伍建设，且举措得力、成效显著。广大教师要参悟透、领会准、运用好习近平总书记关于教育的重要论述。

（2）加强教师教学发展中心、基层教学组织和青年教师队伍建设举措与成效。学校要通过设置教师教学发展中心、强化教研室等教学基层组织建设，健全教研室教学研究制度等，为提升教师教学水平提供培训、专业服务、技术支持保障，且举措得力、成效显著。学校要特别重视青年教师队伍建设，建立完善的培养培训制度，采取有效措施，建设一支师德高尚、业务精湛、结构合理、充满活力的高素质青年教师队伍。指标体系设置1个必选定量指标，即：设有基层教学组织的专业占比。同时，指标体系设置1个可选定量指标，即：教师发展中心培训本校教师的比例。

【必选】设有基层教学组织的专业占专业总数的比例。

【可选】教师发展中心培训本校教师的比例。

（3）B4.4.3中，B1为提升教师教学能力、实践能力、科研能力、信息技术应用能力的政策措施；B2为提升教师教学能力、产学研用能力、信息技术应用能力，鼓励教师到业界实践、挂职和承担横向课题的政策措施。

学校采取各种有效措施，充分发挥老教授"传帮带"作用，提升教师的教学能力、专业水平和信息技术应用能力。对于学术型人才培养，学校要通过鼓励教师承担国家项目及行业企业实际课题，培养教师的科研能力和实践能力；对于应用型人才培养，学校要通过完善校企、校社共建教师企业实践流动岗（工作站）机制，引导教师到业界实践、挂职和承担课题，培养教师的产学研用能力。

（4）B4.4.4中，B1为教师队伍分类管理与建设情况；B2为"双师双能型"教师队伍和实践教学教师队伍管理与建设情况。学校实行教师分类管理和分类评价办法，分类分层次分学科设置评价内容和评价方式。对于应用型人才培养，要特别重视"双师双能型"教师队伍和实践教学队伍建设与管理。指标体系设置1个可选定量指标，为专任教师中双师双能型教师比例，学校可根据自身发展需要和实际情况自主选择。

（5）教师赴国（境）外交流、访学、参加国际会议、合作研究等情况。学校要创造良好条件，鼓励教师赴国（境）外交流、访学、参加国际会议、开展合作研究等，提升教师的国际视野和国际影响力。[①]

[①] 教育部教育质量评估中心.普通高校本科教育教学审核评估（2021—2025年）工作指南［M］.北京：高等教育出版社，2022.

三、应用型大学教师评价体系构建

(一) 目前师资队伍指标存在的问题分析

通过对目前的师资队伍指标解读,我们发现主要有以下问题:一是针对各二级指标下的主要观测点没有具体的参考权重,评价的主客体受限,从评估者视角很难从指标体系本身进行定量分析评价,在学校层面较难实施自量自评;二是目前的师资队伍指标很难从教师的重要性方面进行定性分析,评估指标设计必须充分体现高校教师的教学主体地位,但目前的师资队伍指标很难体现这一点。

(二) 对师资队伍指标内涵的再思考

按照前文已提出的应用型大学教师评价体系的设计原则,并参考新一轮审核评估中"教师队伍"建设的4个核心二级指标11个主要审核重点。应用型大学在构建自身的教师评价指标时,可以不断通过与本地同类应用型大学教师、管理者、评估专家开展广泛征询,不断验证各项评估指标的科学性、实操性,在"构建—验证—调整"的过程中逐渐形成适用于本校的教师评价指标体系框架。此外,评价体系还可与应用型大学的教师工作水平考核相结合,从课程加工、课程设计、实施、评估、学习、研发技能等角度开展多元化考核,以等级制在实际教育工程中实施。学校在制定教师评价指标体系时,可注重以下几方面建议:

1. 指标体系突出应用型大学定位

基于"应用型大学"办学定位,突出"应用型"特征的相关指标要求,以实践教学为本,遵循市场导向的原则,重视考核教师实践教学水平,增强培养教师综合素质能力的考核导向。建议将教学实践、继续教育学习、自我发展的内容均纳入教师考核体系,全面评估教师的综合素养,更好地评估并促进教师提升实践教学能力,推动提高学校教学质量。

2. 结合考察教学质量与教师发展

应用型本科高校因历史遗留问题及办学定位的不同已经形成相应的指标体系。学校可以根据审核评估指导的体系框架合理增减指标。[1] 在教师队伍评价指标体系中结合考察与应用型大学相适应的教学质量、教科研、教师发展等关键发展要素。教学质量考核是应用型本科高校的发展核心,教科研与教学相辅相成,教师发展则是对教师的社会服务能力、师德师风的综合、专业能力等指标进行考核。[2]

3. "多师同堂"实现教学、教研、科研相互转化

构建适用于本校的指标体系,可充分借鉴教学与科研相辅相成原则,同时加强教师"教学学术"的发展,注重教学、教研、科研成果的相互转化。鼓励教师积极投入科研工作,并鼓励教师将其在科研领域获得的丰富成果应用于实践教学中。同时,可以加强"双

---

[1] 彭雨明,陈琼兴,胡婉谊. 应用型本科高校教师评价体系指标研究 [J]. 科教导刊(中旬刊),2017 (26):69-70.

[2] 张蕊. 基于教学为中心的财会类专业教师评价指标体系的构建 [J]. 会计师,2019 (12):71-72.

师双能型"教师的评价维度,鼓励开展多师同堂式课堂教学实践,例如开展校内专任教师、实验教师、优秀学生,以及校外行业企业高管、现场工程师等多重角色结合的"多师"课堂教学。在评价体系中强调"多师"建设,形成示范效应,在行业化进程中逐渐形成"双师双能型"师资队伍建设。

4. 教师教学评价主体多元化

教学是教师的核心职责,目前高校评估教师教学水平的重要依据是教师的教学投入水平与教学质量水平,但教师教学评价的主体较为单一,缺少多元化的评价主体参与。在评价"教学能力"指标时不光要重视学生评教,也可在评价指标中适度加强同行评教(师师互评)及督导评教、企业评价的比重,加强对教学质量的全方位多视角考核,从而较为真实地反映教师的教学水平是否符合专业行业的发展、学校人才培养目标、学生的就业需求等。①

5. "师资理念"注重突出教师主体地位

在提高师资队伍数量和质量的同时,还应继续加强师资理念与师资队伍管理机构的评价。无论是人力资源管理部门、学校管理者还是专任教师,树立科学的师资管理理念是强大师资队伍的核心要素,也是考察学校是否重视师资队伍建设的关键。在保证师资队伍建设制度建立健全的前提下,进一步突出教师的主体地位,充分发挥教师的主人翁精神和教师的民主职能,评估可以量化指标评价与质性评价相结合,通过"听、看、议"等多种方式验证教师主体地位的落实情况。②

6. 综合指标体现多维度"教师发展"

对教师发展评价的二级指标可以增设"教学综合"指标,通过教师参与教学相关的综合事务,对教师的教学方法、教学思维做更全面的考核。例如加强评价教师辅导竞赛的情况,指导学生开展课外活动的情况,以及参加教师社群活动的状况等。指导学生竞赛,是一个学生和教师沟通共同进步的过程,能体现一个教师的个体能力,更能反映出教师所教授的学生的能力水平。课外项目发展,要抓住应用型大学的核心本质,教师在课外项目与市场对接,更体现了以市场为导向、能力为本分的教学目的。

(三)不足与总结

建设与评价标准是相辅相成的,应用型大学仍在积极探索构建"双师双能型"师资的认定标准,评价标准应遵循认定标准,更应高于认定标准。我国应用型大学师资队伍建设已经经历了职业教育型、学术理论型向"双师双能型"的转变演进,"双师双能型"教师既要具备普通本科高校教师的高学历和学术创新力,也要具备职业教育教师的多技能和实践应用能力。这就要求评价指标需要吸纳认定标准,根据认定标准与发展实际,才能构建符合应用型大学发展目标的"双师双能型"师资评价标准。

应用型大学师资队伍评价体系可参照教育部新一轮审核评估指标体系中"教师队伍"

---

① 彭雨明,陈琼兴,胡婉谊. 应用型本科高校教师评价体系指标研究 [J]. 科教导刊(中旬刊), 2017 (26): 69-70.
② 张茂林: 本科教学评估中师资队伍指标分析与重构 [J]. 高教发展与评估, 2009 (4): 90-97.

的评价指标及审核要点，结合应用型大学自身特性，选取要素、寻找规律、建立结构。与此同时，向同类应用型大学教师、管理者、评估专家开展广泛征询，不断验证各项指标的科学性、实操性，并在"建构—验证—调整"的过程中，逐步形成适用于本校的教师评价指标体系框架。在此基础上，还应注重结合学校自身办学定位与特色优势，进一步对其一级指标、二级指标的权重分配征询专家意见，逐步细化规则，从而构建出一套完善的、适用于应用型大学的师资队伍评价体系。

第五章 应用型大学教师数字素养培育路径

数字技术的勃兴推动了人类社会步入数字时代。随着迭代更新的数字技术在教育领域的广泛应用，教育数字化已成为教育领域的新热点，势必也是教育改革实践的主要方向。应用型大学要求以体现时代精神和社会发展要求的人才观、质量观和教育观为先导，积极通过数字化转型赋能，以在新高等教育形势下构建满足和适应经济与社会发展需要的新的学科方向、专业结构、课程体系，全面提高教学水平，培养具备较强数字化适应能力和专业竞争能力的应用型人才。伴随数字产品成长起来的大学生，其生存环境与思维方式深受数字技术的影响和规制，在数字化生存成为常态的情况下，大学教师只有与大学生同向同行，才能在教学过程中产生同频共振的效果。随着数字技术在教育教学中的重要性日益凸显，教师应准确识变、科学应变、主动求变，提升数字化教学素养才能提高教学胜任力和时代感。

第一节 教师数字素养的问题起源

随着数字技术与社会多领域的高度融合，全球范围内教育领域的数字化转型步伐不断加快，数字技术的进步为高等教育的发展带来无限机遇，世界多国和国际组织陆续出台一系列教育数字化发展战略，将教育数字化作为各国教育创新的重要目标指向。教育数字化转型正在以更新、更强大的方式重塑育人、办学、管理的模式，而教师作为教育数字化转型以及高等教育机构革命的核心要素，关于教师在高等教育数字化转型中需具备的职业能力素养的探讨愈加热烈。

一、教育数字化发展的历史机遇

（一）数字时代教育高质量发展背景

1. 国际教育数字化转型的共识

新一轮科技革命和产业变革助推世界数字化转型，数字产业、数字教育等各领域数字化阔步向前。面对数字化的必然趋势，为助力世界各国加强数字素养教育、提升全民数字素养、弥合数字鸿沟，世界典型国家/组织紧跟技术进步，不断开展一系列教育数字化战略部署，将教育数字化作为国家数字化战略的关键转型举措。表5-1 收集了世界典型国家/组织出台的教育数字化政策文件，可以发现，已形成了国际教育数字化共识，教育数字化已成为教育领域备受关注的新热点，也是今后教育改革实践的主要方向。

表 5-1 世界典型国家/组织的教育数字化战略及文件①

国家/组织	教育数字化战略及文件
联合国教科文组织（UNESCO）	《一起重新构想我们的未来：为教育打造新的社会契约》（2021） 《超越极限：重塑高等教育的新路径》（2022）
经济合作与发展组织（OECD）	《回到教育的未来：经合组织关于学校教育的四种图景》（2020） 《2021 年数字教育展望》（2021）
国际大学协会（IAU）	《数字化世界中的高等教育转型：为全球公益服务》（2022）
欧盟	《数字教育行动计划 2021—2027》 《欧洲教育工作者数字能力框架》（2017） 《欧洲公民数字能力框架的自我反思工具》（2020） 《提升教师信息甄别能力与数字素养指南》（2022）
美国	《帮助美国学生为 21 世纪做好准备：迎接技术素养的挑战》（NETP 1996） 《数字化学习：为所有学生提供触手可及的世界课堂》（NETP 2000） 《迎来美国教育的黄金时代：因特网、法律和学生如何变革教育期望》（NETP 2004） 《面向教师的国家教育技术标准》（第二版）（2008） 《ISTE 教师标准》（2008） 《变革美国教育：技术推动学习》（NETP 2010） 《迎接未来学习——重思教育技术》（NETP 2016） 《重塑技术在教育中的角色》（NETP 2017） 《ISTE 教育工作者标准》（2021）
韩国	教育信息化发展规划 Master Plan 1（1996—2000） 教育信息化发展规划 Master Plan 2（2001—2005） 教育信息化发展规划 Master Plan 3（2006—2010） 教育信息化发展规划 Master Plan 4（2010—2014） 教育信息化发展规划 Master Plan 5（2014—2018） 教育信息化发展规划 Master Plan 6（2019—2023）
新加坡	教育信息化发展规划 Master Plan 1（1997—2002） 教育信息化发展规划 Master Plan 2（2003—2008） 教育信息化发展规划 Master Plan 3（2009—2014） 教育信息化发展规划 Master Plan 4（2015—2019） 教育技术十年规划（2020—2030）

2. 中国特色教育数字化的创新

中国特色高等教育一直与时代同行、创新发展。党的二十大报告明确强调"推进教育数字化"，将教育信息化和教育数字化转型作为我国教育事业发展的核心战略，一系列政策文件和战略规划相继出台。如表 5-2 所示，这一系列政策文件和战略规划均指向数字时

---

① 吴砥，李环，尉小荣. 教育数字化转型：国际背景、发展需求与推进路径 [J]. 中国远程教育，2022（7）：21-27.

代的关键素养和技能——教育数字化，通过数字化赋能各阶段教育高质量发展、数字化转型发展、数字创新变革、智慧教育发展评价、数字学习资源开发与应用、师生数字素养提升、教育数字治理等目标。落实党的二十大关于推进教育数字化的重要举措，是落实习近平总书记提出的全球发展倡议的重要行动，也是实现联合国教育变革峰会承诺的重要途径。

表 5-2 中国教育数字化战略及文件

年份	教育数字化战略及文件	主要内容
2012	教育部出台《教育信息化十年发展规划（2011—2020年）》	旨在通过建设信息化支撑环境、增强队伍能力、创新体制机制，解决教育信息化发展重点问题，实现教育信息化可持续发展
2015	教育部出台《关于"十三五"期间全面深入推进教育信息化工作的指导意见（征求意见稿）》	制定数字教育资源相关标准规范及知识产权保护政策。在教学中融入信息化元素，通过信息技术促进各学科教学内容和模式的变革
2017	国务院办公厅印发《国家教育事业发展"十三五"规划》	提出到2020年教育现代化战略规划和人力资源强国、人才强国目标，为实现中国教育现代化2030远景目标奠定坚实基础
2018	教育部出台《教育信息化2.0行动指南》	明确了教育信息化2.0的具体实施方案，包括数字资源服务普及行动、网络学习空间覆盖行动、网络扶智工程攻坚行动、教育治理能力优化行动、数字校园规范建设行动、智慧教育创新发展行动、信息素养全面提升行动
2021	教育部出台《关于开展虚拟教研室试点建设工作的通知》	指出要充分利用信息技术，探索突破时空限制、高效便捷、形式多样和"线上+线下"结合的教师教研模式，发挥国家级教学团队、教学名师的示范引领作用
2022	国家高等教育智慧教育平台正式上线	国家高等教育智慧教育平台在优质资源共享、教师虚拟教研室、慕课领跑等方面都做出了非常好的探索
2023	2023年全国教育工作会议	强调统筹推进教育数字化和学习型社会、学习型大国建设
2023	教育部发布《教师数字素养》行业标准	明确了教师数字素养的核心内涵和指标框架，为教师数字素养培训与评价提供了指导和参考依据

3. 教育领域面临的冲击与挑战

全球肆虐的新冠疫情打破了高校教学秩序，全球教育系统均遭受了空前未有的冲击与挑战；为全球各国教育决策者全面地审视线上教育提供策略与道路，倒逼高校重塑教育生态系统。线上教育的发展为教育教学变革提供了具象化的方向指引，愈加推进了高等教育数字化转型。为了支持各国在疫情期间进行合理的教育决策，实施有效的教育应对措施，2020年4月1日，经济合作与发展组织联合哈佛大学研究生院发布了《2020应对COVID-

19教育指南》①。《2020应对COVID-19教育指南》从学校、教师和学生三个层面，剖析了全球教育系统在"关闭学校、居家学习"的防控措施下所面临的共同挑战：学校难以保证学生的学习质量，缺乏数字化基础设施和有深度的多方合作；教师缺乏数字化技术和教师群体间的共享合作，需探索新型师生关系和创新数字化教学设计；学生要从学习模式和心理健康状态层面调整自我，条件落后地区的学生群体的基本学习条件保障缺失。人类正在见证以人工智能为代表的数字技术的快速崛起，包括高校教育在内的各行各业都迫切需要实现数字化转型。

ChatGPT是由美国公司OpenAI推出的人工智能撰稿和聊天工具，于2022年11月30日首次发布，2023年2月迅速在全球激起千层浪。ChatGPT的名字是由两部分组成的：Chat即"聊天"；GPT全称为"Generative Pre-trained Transformer"，意为"生成式预训练转换器"。ChatGPT最大特点在于建立内容生成式规则，通过大量文本数据的预训练后，具备强大的语言处理和生成能力，用户可以输入各种复杂的问题，以产生与人类相似的答案和反应。这种超强的信息检索能力、文本生成能力和自然语言能力使人机关系性质发生了迭代升级②。ChatGPT良好的交互性和智能的学习能力，在多个行业、领域产生的巨大冲击，也深刻地影响了教育领域的课程设置和教育理念，削弱了传统教师的角色作用，同时ChatGPT亦可成为助推学校教育数字化转型的巨大潜能，通过智能技术赋能教、学、研，让人工智能技术成为促进教育数字化转型和实现教育信息化的新动力。

（二）数字时代高校教师职业发展概况

在数字化时代，数字信息素养是一种动态的、发展型素养，关乎个人的生活、学习、职业的发展。20世纪70年代，信息素养从图书馆学及信息学两个领域兴起。美国一篇关于图书馆职业发展的文章提出，利用信息资源的知识能解决多数问题。信息学领域专家将数字信息定义为通过提供信息的系统，实现对信息的鉴别、获取和存储等操作，并将数据文本进行电子化转换后所形成的内容。进入20世纪90年代，数字信息被各国在多领域更为广泛地讨论。在计算机信息技术蓬勃发展的时代背景下，计算机信息检索功能和评价检索信息的技能被运用得越来越广泛，信息素养被定义为计算机素养。21世纪之后，信息素养中人的社会属性逐渐被重视，主张信息素养为个体终身学习的现实要求。数字信息素养的范畴愈加广泛和深入，信息社会中产业和职业发生了结构性转变，各职业所需的岗位技能延展到利用数字技术高效开展工作的知识和能力。新型教育模式对高校教师更新教育观念、提升职业发展提出了新的要求③。

1. 数字时代信息素养教育的发展历程

（1）文献检索教育阶段（1981—1992年）。我国高等教育的信息素养意识可以追溯到20世纪80年代初。1981年7月和8月，《人民日报》陆续刊登教育部高教司文献检索课教学指导组成员关于"建议在高校开设文献检索课"的文章；1983年，全国开展了关于在高校开设文献检索与利用课的主题讨论会；1984年，教育部发布了《关于在高等学校

---

① 田蕊，熊梓吟，Normand Romuald. 疫情之下全球教与学面临的挑战与应对之策：OECD《2020应对COVID-19教育指南》解析与思考 [J]. 远程教育杂志，2020，38（4）：3-14.

② 冯雨央. ChatGPT在教育领域的应用价值、潜在伦理风险与治理路径 [J]. 思想理论教育，2023（4）：26-32.

③ 李铭，韩锡斌，李梦，等. 高等教育教学数字化转型的愿景、挑战与对策 [J]. 中国电化教育，2022（7）：23-30.

开设〈文献检索与利用〉课的意见》，强调高等院校均应当开设该课程，明确图书馆在教学中的关键作用，高校开设文献检索课步入新的发展时期；1985年，教育部下达《关于改进和发展文献课教学的几点意见》，提出"要逐步实现分层次连续教育"的教学指导思想；1992年5月，国家再次发布《文献检索课教学基本要求》，促使文献检索课从形式到内容不断规范化、系统化，为课程的蓬勃发展奠定了基础。

（2）计算机检索教育阶段（1992—2002年）。1993年，张崇祜在《大学图书馆学报》上发表了《建立文献检索课程新体系适应现代化要求》一文，指出文献检索课的教学改革方向要随着检索技术的高度计算机化因势而动，逐步创建以数据库为核心的新课程体系[①]。2000年，邹忠民的《实用计算机信息检索》阐明各类数据库和最新电子信息资源的利用方法，并强调"信息检索"是"文献检索"的拓展，而不是取消[②]。各地高校在不断更新文献检索课的基础上，通过拓展计算机信息检索的内容增强课程的现代感和生命力。

（3）信息素质教育阶段（2002年至今）。2002年，由教育部高教司和高校图工委主办的首届"全国高校信息素质教育学术研讨会"的举办，标志着"计算机检索教育"向"信息素质教育"的转型。在信息技术蓬勃发展的网络环境下，需要以改革的精神去探索制定新的信息素质教育方案。2002年2月，教育部印发了《普通高等学校图书馆规程（修订）》，明确指出高校图书馆应积极推广电子资源上网服务，通过开设文献信息检索与利用课程以及其他多种手段，进行信息素质教育[③]。在后期的图书馆界学术会议上，主要议题围绕信息素质教育展开研讨，高校信息素质日益成为研究热点，信息素养教育逐渐被高校重视。

2. 数字时代高校教师职业发展新特点

数字时代背景下的高校教育生态有别于工业时代的传统教育教学环境，教学模式和教学时空均发生了质的转变。数字信息技术促进了高校教学的展现模式的多样化和可视化，极大地赋能高校教育信息化的发展与革新，成为推动实现教育现代化进程的内生变量，教育信息化进入了以教育数字化为显著特征的发展新阶段。对接时代数字化，高校教学在学生层面可以满足学生个性化的学习需求，于教师层面能够不断拓展教师主体更新教育理念、知识面和技能，确保高校教师职业的长效化发展。高校教师是实现教育现代化的核心，数字时代高校教师职业发展具有以下新特点：

（1）网络化教育观念更新。教室和校园是传统工业时代的教育物理空间，属于标准化教育，这种教育模式符合工业时代的大规模生产的标准化要求，标准化教育中教师主体是权威的、保守的教导主义和控制主义，与新技术更新不同步。数字时代的教学空间是物理与网络融合的教学空间，在数字化信息技术的赋能下，网络化教育的本质在于突出学习者的多样性和差异性，推进个性化、多元化的教育方案的制定，培养学习者的学习内驱力和创新力。数字时代，劳动力市场对人才的阅读能力、数学素养和人文积淀的要求日新月

[①] 张崇祜. 建立文献检索课程新体系适应现代化要求 [J]. 大学图书馆学报, 1993 (6): 45-47.

[②] 潘树广. 文献检索教材建设的新进展：兼评《实用计算机信息检索》[J]. 江苏图书馆学报, 2001 (3): 59-61.

[③] 教育部. 教育部关于印发《普通高等学校图书馆规程（修订）》的通知[EB/OL]. [2023-05-28]. http://www.moe.gov.cn/jyb_xxgk/gk_gbgg/moe_0/moe_8/moe_23/tnull_221.html.

异,学习内驱力和创新力被视为教育数字化变革的引擎。网络化教育作为一种新型教育生态,从形式与内容上颠覆了传统教育,进而对教师主体提出了教育观念动态更新的要求,数字时代教师要有意识地将数字技术融入教学,教师要能运用信息化教学的相关知识和方法,教师要具备创新变革数字化教育模式的思路和方法。

(2)培养创新与共享的职业能力。在传统教学模式下,高校教师只是顺从规则、严守纪律的知识分子;而在数字时代,高校教师则需成为创新型人才,通过创新赋能,以适应数字时代的教育革新以及对教师观念和能力提出的新要求。当下的教育方向是专业性和大众化,同质性人才培养模式忽视了个体之间的多元化与差异化,而正是这些多元化与差异化决定了人才的综合实力各有千秋,所以高等教育数字化转型战略方向应具备开放性、共享性、可持续性。为推进知识资源的创新和打破时空限制实现共享,结合数字时代的教育特点、人才要求,教师职业能力培养应在原有专业能力基础上提升教师主体的创新与共享能力的培养力度。高校教师应该促成数字知识资源的聚集,助力实现数字知识资源的共建共享,推动从教育专用资源向教育大资源转变。

(3)数字化教育信息技术能力。高等教育教学的数字化转型归根结底要落实到教师的思想和行动上,因此,教师数字化教育信息技术能力是高等教育教学数字化转型战略的核心内容和前提条件[①]。教育信息化发展相对滞后于社会信息化的重要原因在于:高校教师多属于"数字时代的移民",而学生则是"数字时代的土著"。因此,想要让高校教师在思想和行动上与时俱进,应用型大学就要围绕教育数字化的时代需求,对教师开展有针对性的数字化信息技术专项培训,推动其从思想认知革新到实践行动落地的全面转变。网络化教育的本质是数字化教育,即利用数字化信息技术来开展教育教学这项系统工程。高校教师应当顺应网络信息化,善于利用数字技术设备的优势,通过深化学习,熟悉并精通本专业理论知识,敢于革新教学模式,善于运用计算机及网络,全方位提升专业素质和教学技能,不断提高工作实效和质量。

二、教师数字化转型的必然要求

面对数字化转型大势,以"云计算、大数据、物联网、人工智能"等为代表的数字技术对高校教师形成了不小的替代效应,拥有传统教育教学知识和技能的高校教师必须通过提升数字素养来降低取代风险。全球范围内不乏尝试提升教师数字素养、将教师职业同数字化转型趋势联系在一起的本地化实践与探索[②]。顺应数字化时代发展与需求,抓住时代机遇,也给高等教育的发展带来无限可能。高校教师具备数字技术与教育教学深度融合能力,是推进中国教育变革和创新发展的关键导向,亦是高校教师职业发展的重要路径。因此,高校教师的数字化转型,是我国高等教育发展的必然要求。

(一)数字时代教师数字素养的现状

数字技术与教育教学的深度融合使数字胜任力培养成为新的教育共识。联合国教科文组织在《北京共识》和《教育中的人工智能:可持续发展的挑战和机遇》等文件中指出,

---

[①] 韩锡斌,陈香好,刁均峰,等.高等教育教学数字化转型核心要素分析:基于学生和教师的视角[J].中国电化教育,2022(7):37-42.

[②] 冯思圆,黄辰.高等教育数字化转型与教师数字素养提升:2022世界慕课与在线教育大会分论坛四综述[J].中国教育信息化,2023,29(1):118-128.

人工智能赋能教育成为未来教育变革的重要趋势，也是未来教育高地的重要竞争点和推动力[①]。在我国推进教育数字化的历程中，从1999年国务院批转教育部实施"现代远程教育工程"，到党的二十大报告中进一步明确要"实施科教兴国战略"和"推进教育数字化"，纵深推进教育数字化战略行动。总体来看，诸多高校教师具有紧跟时代步伐意识，重视自我数字素养提升和应用，但由于数字素养培养提升过程是渐进的、动态的、长期的，高校教师在数字化专业成长能力方面仍存在较多瓶颈，进而限制其推进数字化教学的主观能动性。

1. 教师自身角色定位有待重塑

在工业时代背景下高校教师被定位为传道授业解惑者的核心角色，教师是课程教学的主体对学生单向输出知识，学生作为知识需求者则是课程的被动接受者，致使教师难以依据学生对知识独特的见解而开展个体性化教学。但是，数字时代背景下，学生可以在互联网中，结合自身需求及兴趣爱好，猎取海量优质的学习资源，学生获取知识变得愈加便利，手段和方法也不拘一格。在日常课程教学中，学生学习知识更具思辨思维，会主动对教师讲解的知识提出疑问或进行补充，课堂更加自由、开放，师生共同讨论学习内容。所以，数字时代高校教师的角色定位不再是权威者。高校教师被赋予全新的角色和定位，从传统教学背景下知识的传授者转变为学生成长成才的引导者和促进者，从课程教学的主体转变为"以学为中心、以教为主导"的课程建设者和开发者。

2. 教师技能培养体系有待健全

传统的高校教师培养体系主要是学校组织的师资培训和专家讲座。师资培训倾向于关注教师的教学理论基础知识，缺乏针对性和实效性，不能很好地契合数字教师的专业知识结构，获取新兴知识机会不足，该类培训不能促进教师的专业化发展。专家讲座通常是专业知识的碎片化传授，仍旧不能拓展教师的知识结构，也无法满足教师多元化、个性化发展的需要。因此，传统的高校教师培养体系，在培养目标、培训内容以及资源支持上均难以达到教师数字素养培养的实际需要。作为教育数字化转型核心推动者的高校教师，其技能培养需要相应的教学理论知识作为基础支撑，更需要数字技术环境和数字化理念领航的新型教学模式、策略与方法的创新应用。同时，数字智能技术发展与高校教师个体智能发展的融合应用不断处于动态变化过程中，培训体系还应注重前沿数字化教与学知识的更新与补充。

3. 教师数字创建能力有待加强

数字创建能力是通过数字资源创建数字化教学内容的能力，是高校教师数字素养的重要衡量标准。数字创建能力主要体现在教学内容数字化转化和教学资源数字化开发等方面。前者将对相应学科专业课程相关知识理论进行数字化整合处理，并利用恰当的数字技术载体在教学课堂呈现出来；后者是利用数字媒介和技术工具对教学内容、教学手段进行数字化转换和立体化表达的探索研究，开发更有针对性、更具个性化的数字教学资源。教育数字化转型的深度推进离不开数字创建能力的有效支撑，而这正是部分高校教师尤其是文科类教师教学数字化的软肋。如有的高校教师不会图像处理、视频剪辑、文字转化，有

---

① 郭炯，郝建江. 智能时代的教师角色定位及素养框架[J]. 中国电化教育，2021 (6)：121-127.

的高校教师不能使用便捷软件来分析文献资料、把握学科前沿，还有的高校教师不善于借助社交媒体进行互动交流、答疑解惑。数字创建能力的不足，势必弱化高校教师数字化教育教学的质量和效率，这是当下高校教师数字素养提升必须着力加强的地方[①]。

4. 教师数字技术应用有待深入

数字化教学是数字时代教育教学革新的主攻方向，丰富的数字技术知识和熟练的数字技术应用对实施数字化教学起到重要支撑作用，高校教师要将数字技术及设备融入课堂教学也是契合人才培养数字化就业的应然之举。但高校教师在实际数字技术应用方面表现为"不用""难用""怕用"，大部分高校教师数字化教学仍处于浅层化、碎片化的状态。具体表现为高校教师数字化教学手段应用不够熟练，未掌握正确的数字化教学工具的使用方法，利用数字技术工具开展差异化教学等方面创新性不足，对使用数字化教学工具易产生退避情绪等。高校教师必须以积极的心态深入推进数字技术应用，主动拥抱数字技术，积极研习技术基理，熟练应用数字工具，不断探寻自身数字素养提升的契机。

5. 教师数字社会责任有待提升

在数字时代，随着数据信息的爆发式涌现与数字技术的迭代更新，网络媒介成为高校教师数字化教育教学不可缺少的载体工具，网络媒介的广泛使用可能会制约数字化教学的有效推进，又会产生潜在的数据安全问题。在教学效果层面，数字技术的运用致使学生产生对数字技术工具的依赖，吞噬学生学习探索的自主性。同时学生的知识建构可能会缺乏创造性和批判性思维，学习过程被技术长期支配，抽离了社会场景，认知和实践面临断裂风险[②]。在数据安全层面，高校教师数字安全意识相对缺乏，数字安全防范能力薄弱，因大数据环境诱发的数据安全、社会伦理等问题层出不穷，更加弱化了高校师生开展数字化、网络化教与学的积极性和主动性。这就要求高校教师在数字化教学设计中合理引导学生自主地探索、思考、求证、总结，锻炼学生的批判性思维，推动数字化教学有序有效的开展。高校教师还应具备数字安全意识，做好教学数据和用户信息的加密和保护，自觉筑牢安全防线。

（二）应用型大学教师数字素养培育的意义

培育具备工程实践技术和创新思维的卓越工程人才是应用型大学办学的重中之重。伴随数字科技与实体经济进一步融合，新就业模式在涌现出形态多样的新就业岗位的同时，还对就业者的数字素养提出新的要求。国家网信办发布的《提升全民数字素养与技能行动纲要》提出，提升全民的数字素养，不仅是顺应数字时代的发展趋势，也是就业者适应新就业环境的关键因素。作为教学活动的组织者，应用型大学教师要以培养学生适应数字经济社会需要为导向，充分利用数字技术和教育信息化手段构建数字化教学体系，优化教学策略。应用型大学要建设一支具备应用型大学创新教育理念的"双师双能型"师资队伍，培养学生的创新思维和实践能力，这对提升应用型大学工程实践育人实效具有重大意义。

1. 国家政策文件助推时代变革

数字化转型时代的教学是数字技术与教育教学的叠加交互，党和国家出台系列政策，

[①] 周良发. 数字时代高校教师数字素养的内涵、现状与培育路径[J]. 甘肃开放大学学报, 2022, 32 (4): 1-6.

[②] 冯雨奂. ChatGPT在教育领域的应用价值、潜在伦理风险与治理路径[J]. 思想理论教育, 2023 (4): 26-32.

提出要持续推动现代新兴技术与教育的深度融合，为教育改革创新提供新方式。2018年，教育部办公厅发布《关于开展人工智能助推教师队伍建设行动试点工作的通知》，推动教师主动适应信息化、人工智能等新技术变革，不断提升教师的智能教育素养[1]。2019年，教育部发布《关于实施全国中小学教师信息技术应用能力提升工程2.0的意见》，指出信息技术应用能力是新时代高素质教师的核心素养，教师需要主动适应人工智能等新技术变革，大数据、人工智能等新技术变革对教师信息素养提出了新要求[2]。2021年，《教育部办公厅关于开展第二批人工智能助推教师队伍建设试点推荐遴选工作的通知》再次聚焦提升教师数字素养问题，为教育新生态培育一支服务高质量教育体系建设的教师队伍[3]。应用型大学教师数字素养培育，是顺应国家教育数字化转型战略的核心要素，也是新时代变革的应用型大学实践育人的丰沃土壤。

2. 高校教师特点顺应发展要求

数字时代的高校教师的特点决定其需要具备数字素养，以应对数字技术整合教学和学习的挑战，帮助学生在数字信息社会和工作中储备知识与技能，提升高校教师教学、科研、学习等各方面的效率。应用型大学教师数字素养培育的重要性可以从高校教师的特点中体现出来：

（1）教学与科研并重。教学是大学之根本，以科研促教学是多方位提升高校教师教学能力的必经之路。这就要求高校教师不仅要掌握一定的利用信息技术来优化教学的理念、方法、工具等，还需要应用数字技术工具和方法来支持科研，如学术期刊文献的检索、实证分析的软件、项目管理工具等。

（2）学科知识更新快。学科知识体系更新速度快，高校教师时刻都处于学习新知识的状态，进一步体现了高校教师熟知一定的数字信息获取、收集、加工、输出的必要性。应用型大学教师素质培育，更突出高校教师利用新兴工具提升学习的能力。

3. 提升"双师双能型"师资队伍专业素养

大数据时代推动产业转型升级、地区经济结构调整、创新人才培养理念，对应用型教育的革新提出了更高的标准。应用型大学实践转型发展，必然需要通过产教融合、校企合作的纵深推进，优化人才培养模式。教师是人才培养的主体，应用型人才培养对教师的教学能力、实践能力、科研能力和创新能力同时提出了更高更新的要求，"双师双能型"教师团队是保障应用型人才培养目标有效实现的驱动力。建设"双师双能型"师资队伍，教师需要不断学习提升专业素养，观念上必须积极主动突破自我，在具备扎实的理论知识的基础上，补齐实践创新经验短板，提升教师信息技术与学科教学整合的数字素养培养；实践上要同企业开展深度合作，将教育优秀成果转化为优质实践成果。为此，数字信息技术与教育教学的深度融合使数字素养培养成为"双师双能型"教师教育的新共识。

总之，新兴数字技术的崛起与发展，萌发出新的教与学形态，也为教学体系重塑与教

---

[1] 教育部. 教育部发布《关于开展人工智能助推教师队伍建设行动试点工作的通知》[EB/OL]. [2023-06-01]. http://www.moe.gov.cn/srcsite/A10/s7034/201808/t20180815_345323.html.

[2] 教育部. 教育部发布《关于实施全国中小学教师信息技术应用能力提升工程2.0的意见》[EB/OL]. [2023-06-01]. http://www.moe.gov.cn/srcsite/A10/s7034/201904/t20190402_376493.html.

[3] 教育部. 教育部发布《关于开展第二批人工智能助推教师队伍建设试点推荐遴选工作的通知》[EB/OL]. [2023-06-01]. http://www.moe.gov.cn/srcsite/A10/s7034/202104/t20210423_527853.html.

学模式创新带来了多维度的变革。高校教师作为高校教育教学改革发展战略的第一资源，为推进高校教育教学高质量发展，需要优先实现教师体系再建构，形成与教育教学高质量发展相匹配的教师队伍治理体系、运行制度、学术基调①，推动高校教育教学改革与教师数字素养培养相结合，反馈总结实践与教学模式创新相辅相成，全面提升教师的数字素养，提升教师的精准化教学与数字化教研能力。未来必须把握数字化时代脉搏，依托各式新型智能技术要素和数字化教学理念，进一步开展智慧教育创新研究和实践示范，推动技术革新支持下的教育模式变革和生态重构，以数字化、专业化、社会化、精英化路径建设高质量教师体系。

第二节 教师数字素养的内涵解析

数字素养是主体在数字时代应具备所属领域内的学习、工作和生存技能。数字时代教育生态不断革新变旧，教师必须适应数字技术在教育领域的快速渗透，自身的教师胜任力和时代感要与时俱进。数字信息技术的兴起转变了教师工作内容的重心，教师工作任务与考核也在数字信息技术的赋能下重新划分与设定。为此，需要以数字时代的教师角色定位为切入点，探讨数字时代下教师素养的内在含义，研析教师角色转变的标准要求，继而构建教师数字素养框架，以期为应用型大学教师数字素养培育等提供参考。

一、教师数字素养的内在要义

各领域学者、不同国家和国际组织，就数字素养的内在要义展开了热烈的讨论。最早探讨"数字素养"概念及框架的是以色列学者阿尔卡莱，他对数字素养的理解是熟知并利用电脑工具查阅数字资源及信息的技能（1994年）。自此，学者、国家和国际组织对数字素养内在要义的探讨蓬勃涌现。美国新媒体联盟在《新媒体联盟地平线报告（2015基础教育版）》提出，数字素养是一种聚焦未来数字环境，在实践中能够运用复杂数字技能、多重分析意识和创新性思维解决问题的必备技能②。英国联合信息系统委员会（JISC）在其高等教育信息化领域的战略性文件中，将主体在数字社会中生存、学习及工作不可或缺的能力定义为数字素养。

国内权威官方首次界定"数字素养"的政策文件，是2021年中央网络安全和信息化委员会印发的《提升全民数字素养与技能行动纲要》，文件启用"数字素养与技能"的词项，并将其解释为"数字社会公民学习工作生活应具备的数字获取、制作、使用、评价、交互、分享、创新、安全保障、伦理道德等一系列素质与能力的集合③"。对教师数字素养的最新定义是2023年教育部研究制定的《教师数字素养》，该标准将其解释为"教师适当利用数字技术获取、加工、使用、管理和评价数字信息和资源，发现、分析和解决教育

---

① 鲁巧巧. 高校数字化教育教学高质量发展的逻辑、内涵与实践路径 [J]. 高教探索, 2022 (4)：61-66.
② 约翰逊，亚当斯贝克尔，埃斯特拉达，等. 新媒体联盟地平线报告（2015基础教育版）[J]. 北京广播电视大学学报, 2015, 93 (S1)：54-98.
③ 中共中央网络安全和信息化委员会办公室. 网信办发布《提升全民数字素养与技能行动纲要》[EB/OL]. [2023-06-05]. http://www.cac.gov.cn/2021-11/05/c_1637708867754305.htm.

教学问题，优化、创新和变革教育教学活动而具有的意识、能力和责任"。高校教师的数字素养提升在教育数字化战略中具有基础性和先导性作用，体现在高校教师不但要能进行数字信息认知和获取，还要能应用数字工具互动共享，诊断评估数据，存储和保障数字安全，创新数字化资源，从而树立正确的数字价值观。这决定了高校教师的数字素养主要体现在对数字技术及其产品的理论认知、技术应用、数据整合、创新教学、伦理安全等方面。择其要者概述如下，以窥探数字时代高校数字教师的核心义理[①]。

（一）理论认知素养

高校教师数字素养的培育少不了基础理论知识作为首要支撑，这是主体认知和掌握客观事物的基本规律。当前数字技术还是一个相对陌生的认知领域，对于非专业领域的教师群体来说，较难全面熟知数字技术原理及逻辑层次，在数字技术融合教学背景下，教师又不可或缺地需要掌握数字技术知识，包括本体性知识、方法性知识、学科知识、学生培养知识。同时，面对数字时代技术不断发展的多变性、迭代性，高校教师需要从基础认知和技术本质方面理解技术的迭代逻辑，理解数字技术赋能教育教学的深度和广度。具备数字技术理论知识的高校教师，更具有效运用数字技术及其产品从事教学活动的主观能动性。具体来说，理论认知素养要求高校教师掌握数字技术的概念、技术机理、运行逻辑、迭代历程、实践应用及社会影响等诸多方面。这些理论认知为高校教师拓展了数字技术在教学活动中的运用空间，保障高校教师在数字教学设备的协同下高效高质地开展教学工作。高等教育的各个主体需要具备展望数字未来的能力与视野，才能够为数字化教育转型战略提供动力源泉。

（二）技术应用素养

在数字化蔚然成风的时代，数字技术在教育教学环节的纵深应用将赋能教师的教学活动，促使技术的"代具"功能进一步体现。因此，技术应用素养是培育高校教师数字素养的关键环节，技术本身具备的智能且高效的天然优势可以弥补高校教师教学的先天不足。数字技术融入教育教学过程中，要求高校教师能做到人机协同，充分发挥技术智能和教师智慧各自的优势。一方面，高校教师需具备数字设备的选用能力。数字技术渗入数字化教学的每一个环节，学科和学生群体的差异性要求高校教师能够选择最契合的数字教学设备和工具，才能使利用数字化教学工具与提高教学实效性正比例融合。另一方面，高校教师需具备人机协同的适应能力。数字技术、信息技术推动高校教师知识构架的提升，助力"双师双能型"教师队伍的创建。引而申之，高校教师与数字技术及设备形成协同育人的教学特色，共同开展教学活动，完成教学任务。具体而言，高校教师要具备协同育人的意识和能动性，充分发挥数字技术设备的优势，形成教学管理方式，精准把握学生发展培养。

（三）数据整合素养

数字化建设驱动教育资源迈向大资源，教材资源、课程资源、信息资源的融合共享与数字赋能，不仅推动了教材数字化，如微课视频资源嵌入教材，还实现了课程资源的虚实

---

① 周良发，张梦雪. 数字时代高校教师数字素养的内涵、现状与培育路径［J］. 甘肃开放大学学报, 2022, 32 (4): 1-6.

融合及知识的延伸和拓展。为此，高校教师既要关注社会发展动态，挖掘数字资源，又要依据学生差异性筛选整合数字资源，提高资源的适配性。首先，高校教师将数字资源融入教学活动过程中，精准挖掘学科专业的教学资源的同时，要做好数据信息舆情真实有效性的甄别和筛选，排除失实、片面、错误等不良信息，能否挖掘有效的数字教学资源是能否高质量开展数字化教学活动的关键。其次，高校教师要积极融合数字资源，形成以"学"促"教"的教学胜任力。要立足于青年大学生的需求期待和兴趣特点，聚焦学科专业知识，在挖掘有效数字资源的基础上能够科学分析数据信息的规律和特征，为青年大学生创建完整的网络教学资源，让他们在学习理论知识的同时还能够个性化自主探求前沿的专业知识，为优化他们的综合知识结构提供无限可能，实现数字化教育教学效能最大化。最后，高校教师需要在整合数字资源以实现效能增值的同时，明确数字资源利用的效度与限度，从而掌握数字化教育教学的主导权。总之，整合数字资源赋能数字化教育教学，要求高校教师务必凭借数字技术实现数据信息的有效整合和精准适配，以迎接数字化背景下教学模式革新的挑战。

（四）创新教学素养

数字文明推动生产要素不断迈向数字化、智能化，数字技术将生产力从重复性、机械性的工作中解脱出来，生产力的解放使传统社会分工已经无法满足当下高阶思维能力介入的生产关系，社会分工正向新型分工转变。对于教育者而言，数字化背景下人才培养的宗旨日新月异，高校教师的教学思维与教学内容不得不因时制宜，更注重创新和能力的高阶思维培养，更强调"以学为中心"的新型教学理念，更突出探索、共享、引导、经历的教学模式，培养青年大学生的个性化认知和数字创新知识建构。同时，数字技术在教育场域的应用促使将来学习环境愈加智能化，智能教学设备和人工智能工具等将组成学习环境的新要素，学习环境的时间和空间在互联网的赋能下能够实现灵活拓展。教育目标的升级与转型、学习环境的拓展与转变，驱动未来智能时代教育教学走向基于智能学习环境的以发展学生素养为目标的创新教学，教学形态走向虚实融合教学、远程协同教学、多元交互教学、感知适应教学、数据驱动教学、智能管控教学等，需要教师具备设计与开展各类创新教学的能力与素养，以胜任未来教育教学活动的开展[1]。

（五）伦理安全素养

大量新技术、新应用涌入人们的学习、工作和生活，对于任何新事物都需要理性地运用辩证思维去看待和接受。数字技术本身的不完备性必然产生诸多社会问题，最突出的便是网络安全问题、隐私保障问题、网络谣言问题、知识产权问题、学术道德问题等，这就要求高校教师必须具备数字社会责任和数字伦理安全意识。首先，应具备维护数字安全的素养。高校教师要用数据安全的相关知识和法律规范武装自己，熟知数字化、网络化教学潜伏的危害和安全问题，形成自身在数字化教育教学过程中的保护盾，保护数字化教学设备的同时，在数字化教学受到恶意侵扰时能够有效保障数据安全。其次，重视正确的数字技术观和价值观的树立。高校教师要重视引导学生利用数字化资源时要有批判性和创造性思维，同时负责任地使用数字技术，避免过度依赖技术而助长思维惰性。高校教师在应用

---

[1] 郭炯，郝建江. 智能时代的教师角色定位及素养框架[J]. 中国电化教育，2021（6）：121-127.

数字技术过程中,要保障数字化教学生态环境的绿色发展,保持优良的数字品德,拥护国家机密、商业秘密和个人隐私的数据安全。最后,保护学生的数字化受教权利。随着新形势下数字化教育教学的改革推进,当代大学生在这场教学变革中能否平等享有数字化教育教学带来的便捷,要求教师要防止数字技术嵌入教学中产生算法差异,导致作为受众对象的大学生无法公平享受数字化学习权利。

二、教师数字素养的标准要求

教师数字素养是教师应用数字技术开展教育教学的综合能力,高校教师在当下的教育形态发展下不仅要提升学生的数字素养,还要在数字技术资源赋能下不断充实自我,为胜任未来教育教学夯实基础。高校教师与青年大学生是数字化教学资源最主要的供应者和受众者,高校师生的数字素养水平决定着将来高等教育信息化的变革方向。需要建立配套的评价指标体系,将教师的数字素养通过统一标准进行准确评定,便于为高校提升教师数字素养发展明确培养方向。2022 年,教育部研究制定了《教师数字素养》标准[①]。如图 5-1 所示,教师数字素养框架包括 5 个一级维度、13 个二级维度和 33 个三级维度,通过教育行业标准的梳理,旨在扎实推进国家教育数字化战略行动,完善教育信息化标准体系,提升教师利用数字技术优化、创新和变革教育教学活动的意识、能力和责任,为稳步推进教师数字素养研究筑起坚实的根基。

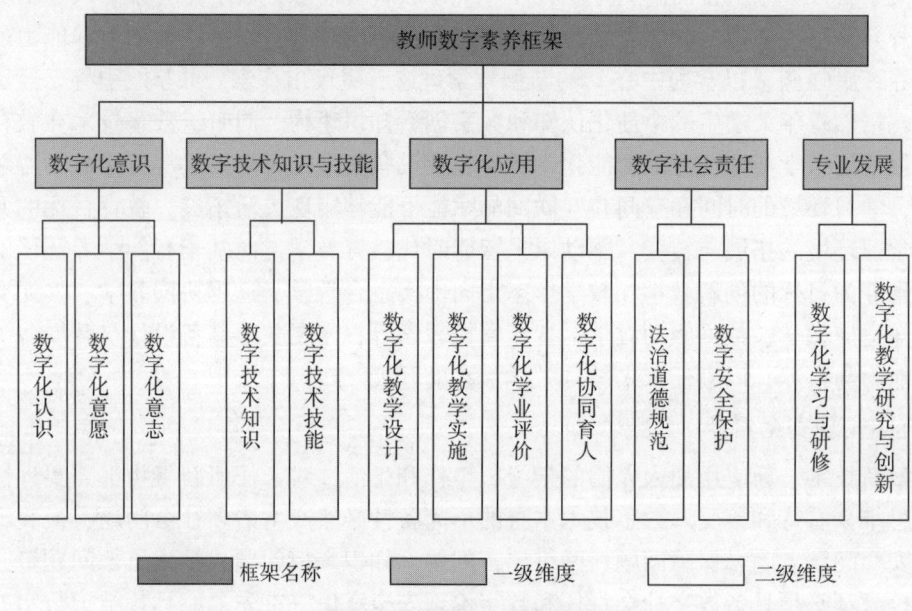

图 5-1 教师数字素养框架

(一) 数字化意识

数字化意识是所有数字化教育教学活动开展的前提条件,对促进教师数字化教学创新、自我能力提升具有重要意义(如表 5-3 所示)。数字化意识方面主要包括对数字化的

---

① 教育部. 教育部关于发布《教师数字素养》教育行业标准的通知[EB/OL]. [2023-03-14]. http://www.moe.gov.cn/srcsite/A16/s3342/202302/t20230214_1044634.html.

认识、数字化的价值认同；并具备主动学习和应用技术的意志，能够积极应对开展数字化实践所带来的机遇和挑战；意识到数字技术资源在实际教育教学应用中会产生教学理论、教学模式、教学方法方面的创新要求，以及可能存在的诸多数字化问题，具备突破传统的教学边界，推动教育创新发展的意愿和意志。数字化时代的教师要充分利用数字资源，不断开展数字化教育的实践、探索和创新，具有实施数字技术与教育教学融合以及开展教育教学创新实践的主动性，已成为教师队伍建设发展的新要求。

表5-3 数字化意识[1]

一级维度	二级维度	三级维度	描述
数字化意识	数字化认识	理解数字技术在经济社会及教育发展中的价值	了解数字技术引发国际数字经济竞争发展，理解数字技术推动教育数字化转型的重要意义
		认识数字技术发展给教育教学带来的机遇与挑战	认识到数字技术正在推动教育创新发展；意识到数字技术资源应用于教育教学过程会产生教学理论、教学模式、教学方法方面的创新要求，以及可能出现伦理道德方面的问题
	数字化意愿	主动学习和使用数字技术资源的意愿	主动了解数字技术资源的功能作用，有在教育教学中使用的愿望；理解合理使用数字技术资源能够推动教育高质量发展
		开展教育数字化实践、探索、创新的能动性	具有实施数字技术与教育教学融合的主动性，愿意开展教育教学创新实践
	数字化意志	战胜教育数字化实践中遇到的困难和挑战的信心与决心	能够战胜教育数字化实践中面临的数字技术资源使用、教学方法创新等方面的困难与挑战，坚信并持续开展数字化教育教学实践探索

（二）数字技术知识与技能

数字技术知识与技能是推进数字技术与教育相互融合的理论桥梁，完备的技术知识和得心应手的技术运作技能对实施数字化教学起到重要支撑作用（如表5-4所示）。数字技术知识与技能维度主要分为数字技术知识和数字技术技能。其中数字技术知识是指教师应该熟知关于数字技术的内涵特征、基本原理及其运行的程序和方法。具体而言，教师需要熟知数字技术的理论知识，这些基本知识是认识技术实现逻辑、理解技术解决逻辑的基础。数字技术技能是指教师的数据整合技能，依据受众对象以及学科专业进行个性化选择和能够选用适当的技术解决问题，数字时代下的教师应该具备的借助技术思考、解决问题的高阶思维能力和决策能力。

---

[1] 教育部. 教育部关于发布《教师数字素养》教育行业标准的通知[EB/OL]. [2023-03-14]. http://www.moe.gov.cn/srcsite/A16/s3342/202302/t20230214_1044634.html.

表 5-4 数字技术知识与技能①

一级维度	二级维度	三级维度	描述
数字技术知识与技能	数字技术知识	常见数字技术的概念、基本原理	了解常见数字技术的内涵特征，及其解决问题的程序和方法。例如：了解多媒体、互联网、大数据、虚拟现实、人工智能的内涵特征，及其解决问题的程序和方法
	数字技术技能	数字技术资源的选择策略	掌握在教育教学中选择数字化设备、软件、平台的原则与方法
		数字技术资源的使用方法	熟练操作使用数字化设备、软件、平台，解决常见问题

（三）数字化应用

在数字化教学设计方面，教师能依托数字技术开展学情分析，并通过汇集数字教学资源设计立体化、混合化的数字化教学活动，突破以往的教学时空限制。基于学生学情、认知层次、学科特点等设计数字化创新教学活动。教师能够充分利用数字技术和数字资源赋能最优化教学设计，基于大数据智能化的学情分析，根据受众对象的学习效率、兴趣爱好、学习风格和认知特点等，来设计差异化学习内容，规划适当的学习路径，助力学习者开展个性化学习。

在数字化教学实施方面，教师要能够创新开展教育教学组织和管理，充分利用数字技术资源有序组织开展师生交流性强、互动性高的通用型教学活动，以及情景创设、听说读写、模拟实验等学科特色活动。同时能够有效依托数字化技术的反馈来调控教学节奏和优化教学环节，通过评价反思增强个性化教学指导。教师实施教学时通过数字化赋能反思和实践教学过程，是教师适应不同的问题情境并结合现实情境的师生交互活动不断检验和修正的能力体现，进一步丰富教师自身的实践性知识体系。

在数字化学业评价方面，教师应能够选用数字化技术采集教与学数据，如课堂考勤数据、学习行为数据、实训模拟数据、能力测验数据等，充分开展多模态教与学评价。通过数字技术辅助学业数据的深度剖析，对教学环节与教学规律进行可视化总结，助力后期开展精准化的学习支持服务。

在数字化协同育人方面，教师应关注学生的数字素养培养，能够引导学生理解数字技术驱动下的社会发展，理性地选择和利用数字技术资源支持学习，理性地认识自身的智力价值和思维优势，不能忽视学生的计算思维、数字社会责任感、人机道德观的培养。教师还应该能通过数字技术资源赋能开展多种形式的心理健康教育活动，如利用数字技术资源进行智能心理健康诊断，开展智能心理健康辅导，灵活运用智能技术辅助心理训练等。教师要能够利用数字技术资源实现学校与家庭协同育人，主动争取社会资源，拓宽育人途径（如表 5-5 所示）。

---

① 教育部. 教育部关于发布《教师数字素养》教育行业标准的通知 [EB/OL]. [2023-03-14]. http://www.moe.gov.cn/srcsite/A16/s3342/202302/t20230214_1044634.html.

第五章 应用型大学教师数字素养培育路径

表 5-5 数字化应用[①]

一级维度	二级维度	三级维度	描述
数字化应用	数字化教学设计	开展学习情况分析	能够运用数字评价工具对学生的学习情况进行分析，例如，应用智能阅卷系统、题库系统、测评系统对学生知识准备、学习能力、学习风格进行分析
		获取、管理与制作数字教育资源	能够多渠道收集，并依据教学需要选择、管理、制作数字教育资源
		设计数字化教学活动	能够依据教学目标，设计融合数字技术资源的教学活动
		创设混合学习环境	能够利用数字技术资源突破时空限制，创设网络学习空间与物理学习空间相融合的学习环境
	数字化教学实施	利用数字技术资源支持教学活动组织与管理	能够利用数字技术资源有序组织教学活动，提升学生的参与度和交流主动性
		利用数字技术资源优化教学流程	能够使用数字工具实时收集学生反馈，改进教学行为，优化教学环节，调控教学进程
		利用数字技术资源开展个别化指导	能够利用数字技术资源发现学生学习差异，开展针对性指导
	数字化学业评价	选择和运用评价数据采集工具	能够合理选择并运用数字工具采集多模态学业评价数据
		应用数据分析模型进行学业数据分析	能够选择与应用合适的数据分析模型开展学业数据分析
		实现学业数据可视化与解释	能够借助数字工具可视化呈现学业数据分析结果并进行合理解释
	数字化协同育人	学生数字素养培养	能够指导学生恰当地选择和使用数字技术资源支持学习，注重培养学生的计算思维和数字社会责任感
		利用数字技术资源开展德育	能够利用数字技术资源拓宽德育途径，创新德育模式
		利用数字技术资源开展心理健康教育	能够利用数字技术资源辅助开展多种形式的心理健康教育活动。例如，利用数字技术资源辅助开展心理健康诊断、团体辅导、心理训练、情境设计、角色扮演、游戏辅导等
		利用数字技术资源开展家校协同共育	能够利用数字技术资源实现学校与家庭协同育人，主动争取社会资源，拓宽育人途径

[①] 教育部．教育部关于发布《教师数字素养》教育行业标准的通知[EB/OL]．[2023-03-14]．http://www.moe.gov.cn/srcsite/A16/s3342/202302/t20230214_1044634.html．

（四）数字社会责任

数字技术的类人化的智力功能设计，势必产生复杂的人机伦理问题。教师应清晰地认识到数字技术发展将引发的社会伦理安全问题，并能够遵循相应的伦理与法制，这是指教师在将数字技术融合教育教学时必须重视和遵守职业伦理、道德规范，这也是作为数字公民应当承担的社会责任。教师在实施数字化教育教学活动中，应恪守互联网法律法规，自觉规范各种互联网活动，尊重和保护数字产品和服务作者的知识产权，使用时应确保作者知情和同意，明确使用目的，保障安全使用数字产品和服务。对选用数字产品和服务时更应注重学生身心健康，注重对学生正向价值观的引导和数字社会责任感的培养，传播社会正能量。数字社会责任要求教师能够在遵守法治道德规范的基础上，多方面全过程履行数字安全保护义务。数字技术对人类社会伦理、隐私保护、数据维护、网络行为等问题产生的影响和作用错综复杂，因此数据时代下的教师应具备数据安全保护意识与能力，在收集、存储、使用、传播的过程中做好隐私信息和工作数据的有效管理与安全保护，重视维护和谐健康的网络环境（如表5-6所示）。

表5-6 数字社会责任[①]

一级维度	二级维度	三级维度	描述
数字社会责任	法治道德规范	依法规范上网	遵守互联网法律法规，自觉规范各种上网行为
		合理使用数字产品和服务	遵循正当必要、知情同意、目的明确、安全保障的原则使用数字产品和服务，尊重知识产权，注重学生身心健康
		维护积极健康的网络环境	遵守网络传播秩序，利用网络传播正能量
	数字安全保护	保护个人信息和隐私	做好个人信息和隐私数据的管理与保护
		维护工作数据安全	在工作中对学生、家长及其他人的数据进行收集、存储、使用、传播时注重数据安全维护
		注重网络安全防护	辨别、防范、处置网络风险行为，例如辨别、防范、处置网络谣言，网络暴力，电信诈骗，信息窃取等行为

（五）专业发展

教师的数字化专业发展是开展教学创新、不断提升师资队伍专业能力的有效途径。专业发展要求教师应该结合自身发展需要，利用数字技术资源持续性开展学习和研修，包括个人学科专业知识学习和教育理论与方法学习，通过数字技术资源进行教学实践分析，为教学反思与改进提供有力支持。教师要能够积极开展数字化教学研究，合理利用数字技术参与或主持网络研修共同体，共同学习、共享经验、寻求帮助、解决问题。教师应具备将数字技术赋能转化为内生发展动力的能动性，不断挖掘自身潜能以探索新的专业发展机

---

① 教育部. 教育部关于发布《教师数字素养》教育行业标准的通知[EB/OL].[2023-03-14].http://www.moe.gov.cn/srcsite/A16/s3342/202302/t20230214_1044634.html.

会，教师群体要积极开展数字化教学研究活动，不断提高自身的教学能力水平和工作投入度，有意识地转变传统教学模式，将技术与教学融合，探索和创新多样化的教学模式，进而促进学生进行深度学习，引导学生尝试创造性学习（如表5-7所示）。

表 5-7 专业发展①

一级维度	二级维度	三级维度	描述
专业发展	数字化学习与研修	利用数字技术资源持续学习	根据个人发展需要，利用数字技术资源开展学习，例如，利用数字教育资源进行学科知识、教学方法知识、技术知识、教育教学管理知识的学习
		利用数字技术资源支持反思与改进	利用数字技术资源对个人教学实践进行分析，支持教学反思与改进
		参与或主持网络研修	参与或主持网络研修共同体，共同学习、分享经验、寻求帮助、解决问题
	数字化教学研究与创新	开展数字化教学研究	针对数字化教学问题，利用数字技术资源支持教学研究活动
		创新教学模式与学习方式	利用数字技术资源不断创新教学模式，改进教学活动，转变学生学习方式

第三节 教师数字素养的实践路径

教育数字化是一项长期的系统工程，为实现教育高质量数字化转型的总体目标，各部门应该重视教师数字素养提升工作，有必要在数字化背景下对教师数字素养培育路径展开系统性分析。由教育部发布的《高等学校数字校园建设规范（试行）》中强调，高等学校应将教师的信息素养提升纳入师资队伍基本能力建设，并列入继续教育范围，保证教职员工信息素养提升的常态化与持续性②。一方面，积极探索和搭建教师数字素养培育的基本框架，形成从提供平台和资源基础性学习支持，到实施系统化的发展培训助力，再给予规范化的评价和管理激励的一套系统培育框架，激发高校教师提升数字素养的能动性。另一方面，鼓励更多高校教师提升数字素养，引导更多高校教师将数字技术整合到教育教学、科学研究、社会服务三大工作中去，多方协同探寻与支持教师数字素养提升的实施路径，才能形成新时代高校教育教学质量升级发展总格局。

---

① 教育部. 教育部关于发布《教师数字素养》教育行业标准的通知[EB/OL].[2023-03-14]. http://www.moe.gov.cn/srcsite/A16/s3342/202302/t20230214_1044634.html.

② 教育部. 教育部发布《高等学校数字校园建设规范（试行）》[EB/OL].[2023-06-12]. http://www.moe.gov.cn/jyb_xwfb/gzdt_gzdt/s5987/202103/t20210326_522685.html.

一、教师数字素养培育的基本框架

实践证明,依托数字技术的现代化教育教学势必成为未来高等教育发展的主流方向,而将数字技术融入教学环节的意识、素养、能力和研究的水平成为支持教师顺利开展现代化教育教学的前提。技术的创新发展为新时代教师的培育目标提出了新要求,数字教师的培养,不仅需要新技术支撑的环境建立数字化平台与资源,还需要引入新兴的师资培训体系和发展模式,更需要构建数字素养的评价和管理体系。高校教师数字素养培育基本框架的构建是落实教师数字素养提升的重要途径,也是促进教师专业发展的关键。从平台建设、汇集资源、开展培训、制度保障、评价激励等角度出发,推动培育框架的形成,为数字教师的培养实践提供强大的新支撑。

(一)建设数字化平台与资源

高校可以建立具备数字学习功能、数字教学功能的数字化平台,不仅能够突破传统的学习模式,还能够为教师群体提供海量的学习新生态,数字化平台创建是推动教师数字素养能力培育的关键载体和高效催化剂。伦敦大学依托数字技术手段设计了一款名为"学习设计者(Learning Designer)"的在线数字学习设计工具,能支持教师开展数字化教学活动设计和实现设计完整的评估计划。数字化学习平台具备学科知识丰富全面、学习时间自由、知识更新速度快等特性,助力高校教师向更专业化、全面化的方向发展。

高校可以利用数字化平台,在校内建立在线联盟合作发展模式,推动相关学科教师形成学习小组,制定常态化学习目标和学习任务,开展自主学习、互助学习双联动的学习模式,共享资源,最终形成一定的学习成果。数字化平台的在线联盟合作发展模式是一种相互监督、相互带动的职业发展模式,高校教师之间可以开展一些学术交流活动和资源共享活动等,提升教师合作的意识,增强教师的职业素养,切实让高校教师意识到合作意识是职业发展中不可缺少的能力[①]。同时,政府可以推动各高校协同打造精品资源库,涵盖数字教学知识、优秀数字教学案例和优质教师培训资源等,实现教师数字素养培育互联互通、共建共享,全面推动高校教师形成以工具和项目为中心的数字素养提升合力。

(二)完善教师发展培训机制

高校是教师数字素养发展的主要推动者,高校应该构建有组织依托、制度保障、资源支持的数字化发展培训机制,为高校教师数字素养的稳步提升提供动力。首先,高校应该联合教师发展中心、人事处等职能部门、二级学院等相关部门为高校教师数字素养发展培训机制构建组织上的依托,确保培训机制构建的针对性和专业性,为教师提供科学合理的数字素养培训规划,传播先进的数字化教育理念、现代化的教学模式、信息化的教学工具,形成有体系、有规模的教师数字素养发展培训机制。例如高校人事处在招聘新教师时,对应聘人员增加数字素养测试环节,其他条件相同时优先录用数字素养得分高的人员。新教师上岗前由教师发展中心安排岗前培训,增加数字素养培训环节,主要培训教育部研究制定的《教师数字素养》5个标准,"数字教学""数字科研""数字安全"等模块可分别由二级学院、教务处、现代教育技术中心处等职能部门具体主讲。其次,通过组织依托,完善相关配套制度规范与制度保障,有效保障数字素养培训激励制度能将学校数字

---

① 文青. 大数据时代下高校教师职业发展探究[J]. 山西青年,2022(16):121-123.

化发展战略目标和教师数字素养绩效评价机制有机融合，确保高校教师积极参与数字素养能力培训，不断提升高校教师数字化教学能力。最后，高校各组织机构应科学有效地调动各类资源，为教师数字素养发展培训的开展提供充分保障。具体应从人力资源优势、高水平管理队伍、专业培训师队伍等方面来优化教师数字素养发展培训资源，为培训的良性运转提供全方位保障。

（三）构建素养评价和管理体系

为进一步培养党和人民满意的高素质、专业化、创新型的新时代教师队伍，加快教育数字化转型步伐，教育管理部门依据我国教育现状制定了高校教师数字素养评估框架，进一步规范了数字素养评价标准。高校应该顺应时代发展要求，依据校情和办学目标，统筹设立管理高校教师数字素养发展的专职部门，进一步构建教师素养评价和管理体系。该专职部门可以对接政府，直接使用或参照政府的官方数字素养评价标准以制定本校的教师数字素养测评指标体系；直接选用或参考政府的相应资源库创建本校的教师数字素养发展培训资源库；同时为本校教师建立数字素养记录档案，定期组织测试评价、培训考核，监测记录每一次测评结果和每一轮受训情况，实行常态化评价与管理。数字素养评价与管理可以进行职后测评与继续教育，由高校的专职部门组织本校在职教师定期测评、定期培训，应强制要求测评不达标者重新参加数字素养培训，同时促进高校教师重新定位自身的角色，定时审视自身的职业能力，从而实现高校数字化转型与教师自身职业的良性发展。

二、教师数字素养提升的实施对策

在数字技术迅猛发展、海量数据不断涌现、受众群体数字化生存程度越来越高的现实情境下，高校教师必须与时俱进，在系统掌握相关学科知识的基础上，着力提升自身的数字素养，以适应数字化时代教育教学活动的新特征和新趋向。整体观之，今后要从理论研究、资源平台、培训体系、评价激励、保障体系等方面入手，为高校教师数字素养的全面提升保驾护航。

（一）聚焦数字化教学理论研究

随着数字技术对经济社会发展展现出强劲的赋能作用，为顺应时代发展要求，我国相继出台相关政策，对提升全民数字素养与技能作出安排部署。从国家发展战略角度来倡导国民数字素养教育，数字素养受到理论界和教育界的高度关注。截止到2023年5月10日，从中国知网数据库检索发现，以"数字素养"为关键词的有效文献达1907篇，而关于"高校教师"主题、"高等教育"学科方面的研究成果只有9篇，仅占成果总量的0.47%。统计结果表明，理论界和教育界对高校教师数字素养的理论研究重视不够。而事实上，包括高校教师在内的教师群体在提升国民数字素养发展战略中的推动和示范作用是无可替代的。由此可见，必须聚焦高校教师数字化教学理论研究，为高校教师数字素养培育夯实学理根基。

首先，要通过理论研究明确数字化教学培养的逻辑前提，即高校教师数字素养培育的必要性和可能性。这就需要理论界和教育界在数字时代背景下，剖析提升高校教师数字素养的战略功能和价值意蕴，以便引起教师群体对自身数字素养提升重要性的认知认同，提升教师利用数字技术改善、创新、变革教育教学工作的意识、能力和责任。其次，要通过理论研究研制高校教师数字素养培育的总体框架，即高校教师数字素养提升的模式和路径。这就需要学者、高校、教师等各方角色从教学、培训、科研等诸多领域各个环节理顺高校教师数字素养培育的总体思路并搭建基本框架，共同探讨数字素养与高校学科课程融合的新路径，共同探索促进高校教师数字素养专业能力成长的重要途径，共同探求数字素养培育这项动态的、复杂的系统工程科研项目研究。总之，要围绕高校教师数字素养及其培育展开研究，从学理层面和整体视域动态把握高校教师数字素养培育的主旨方向，为广大教师提升数字素养提供源源不断的理论指引。

（二）搭建资源联通的智慧教育平台

高校教师数字素养意识依靠教育引领、理论强化，高校教师数字素养能力依托平台推进、实践养成。2022年3月，国家智慧教育平台启动。国家智慧教育平台利用新兴信息技术打造数字化的教育教学生态，这是推进国家教育数字化战略行动的重要阶段性成果，为高校教师数字素养培育提供了研修资源和实践平台，也成为监测高校教师数字教学能力的实践场域。政府、企业、高校和教师应该充分利用国家智慧教育平台具有的资源多样性、活动丰富性等特点，为高校教师数字素养提升助力。

首先，高校教师可以通过国家智慧教育平台中的专家讲座资源、专题研修资源和学科教学实践案例等开展数字教学技能拓展学习。教师结合自身学科需要从海量的数据资源挖掘学习内容，学习时间和进度灵活安排，养成数字化学习意识并落实于行动。其次，充分发挥人工智能、大数据、互联网等数智技术的赋能作用，通过政府支持、企业开发、高校引领、区校联动，以点带面构建，扩大教师群体数字素养学习服务供给规模，汇聚志同道合的教师群体，实现5G与虚拟现实的融合，以搭建动态教研网络、搭建示范展示平台、搭建优质资源共建共享平台，将优质的教学资源、教学方法等惠及更多教师，破除校际资源壁垒，形成教育资源跨时空的线上流动，优化教育资源配置[①]。最后，国家智慧教育平台的教学资源更新和维护需要高校教师共同参与，不仅要将数字化教学资源的建设、应用和更新与"三全育人"和"五育并举"相结合，推动信息技术与教育教学融合创新，还要从海量繁杂的教学资源中有效辨别和过滤错误的、虚假的和片面的数据信息，并根据教学内容和受众对象对教学资源进行维护和更新，始终为受众提供最优质的教学资源。总之，国家智慧教育平台的搭建、使用与维护为高校教师数字素养培育提供了有效的实践平台，也是提升高校教师数字素养培育效能的重要途径。

（三）构建教师数字素养动态培训体系

教育者要先受教育，要通过构建教师数字素养动态培训体系，解决教育者在教育教学变革中对数字化教学"不用""难用""怕用"的问题，才能紧跟数字时代的发展节奏，成为数字时代数字化教学的行家里手。教育部正式发布《教师数字素养》行业标准，该标准的发布为高校教师数字素养相关培训资源的设计与开发提供了指导与规范，有利于培养适应教育数字化转型发展需求的教师队伍。教育主管部门要依据行业标准，结合教师专业特点和层次，构建全覆盖、多形式、分层次的教师数字素养培训体系，通过继续教育、技

---

① 胡小勇，李婉怡，周妍妮. 教师数字素养培养研究：国际政策、焦点问题与发展策略 [J]. 国家教育行政学院学报，2023（4）：47-56.

术培训和实践研修，不断提升广大教师的数字能力，培训方案也应随着数字化技术的发展不断修订与完善。

首先，高校要开设数字素养课程，将数字素养课程嵌入教师岗前培训、专项能力提升培训、教师基本技能培训等工作中，着力培养大批高素质、专业化的数字教师。主体课程应包括"数字素养理念""培育数字素养方法""数字技术与媒介""数字技术与学科融合""数字化教学案例与实践"等，形成有利于高校教师数字素养发展的新机制、新场景、新模式。其次，要从教师专业背景和知识结构出发，创设突出实用性和针对性的数字素养培养方案。我国高校教师大致可分为新进教师、青年教师、骨干教师、卓越教师和教育家型教师五个层次，数字素养培训计划需做好不同级别、不同层次培训的衔接，要面向教师群体开展差异化培训，创设多样化数字技能培训项目，助力不同层次教师的数字胜任力提升。最后，要开展数字伦理安全教育。在高校教师数字教学能力培训的同时，还应创设对提升高校教师数据隐私保护和数字身份安全性认识的培训，教师群体需具备管理自身产生数据的能力、辨识和甄选信息来源的能力以及确保数据可靠性的能力。通过数字伦理安全教育，端正高校教师数字品德、科学使用数字技术、理性看待数字技术在教育教学中的效度与限度，确保数字技术在应用过程中不会因数字异化而导致教育异化[1]。

（四）更新教师数字素养评价动力机制

高校教师的数字素养是数字时代衡量教师胜任力的关键指标，数字素养培育随着数字化技术的发展而持续推进的同时，要不断更新教师数字素养评价动力机制。通过依据教师特点和教师层次实施多形式、多层次的评价与激励措施，为高校教师数字素养培育提供常态化动力保障，使这一系统工程持续进行下去。

一方面，不断推进教师数字素养常态化、规模化测评的同时，开展以数据驱动的教师数字素养评价体系，实现精准的、动态的、持续的教师数字素养评价。传统的教师素养评价方式存在方式老旧、数据单一、负担繁重等问题，不仅评估结果容易出现偏差，还需要耗费大量的人力物力。随着人工智能、大数据分析等数字技术手段的不断发展，依托数据驱动的素养精准评估成为未来的发展态势。胡小勇等人（2023）提出构建微能力指标体系，通过将复杂技能分解成多项小而实的基本能力，突破以往基于标准化、传统化的评价方式，形成有效的数字素养专业能力评估模式[2]。王永钊等人（2023）在探讨教师数字素养培育的实践进路中指出，可以通过创建一种轻量级、场景化、一站式的基于"能力本位"的教师数字素养发展形式微认证系统，对教师数字化专业能力展开评估。微认证形式覆盖云计算、大数据、物联网、人工智能等领域，利用信息技术将复杂、抽象的教师数字素养内涵进行对象解构，重构可评估、可测量的能力素养监测项，在此基础上创建在线微认证系统[3]。

---

[1] 周良发，张梦雪. 数字时代高校教师数字素养的内涵、现状与培育路径［J］. 甘肃开放大学学报，2022，32（4）：1-6.

[2] 胡小勇，李婉怡，周妍妮. 教师数字素养培养研究：国际政策、焦点问题与发展策略［J］. 国家教育行政学院学报，2023（4）：47-56.

[3] 王永钊，程扬，李丽军. 数智时代职业院校教师数字素养的丰富内涵、现实困境与实践进路［J］. 教育与职业，2023（9）：87-90.

另一方面，要发挥评价的导向作用，为高校教师数字素养的培育提供外源推力。通过开展常态化的质量评价，对高校教师数字素养培育的方向、内容、方法、过程、效果等展开多维度评价，评价的外源推力作用进一步确保高校教师数字素养培育有序有效推进。高校要结合教师成长发展需求，制定和完善可行的激励措施，激发高校教师关注和学习数字技术的知识更新内生动力，持之以恒地提升自身的数字素养。

（五）推进数字化转型保障体系建设

高校教师数字素养的提升过程需要多主体合力，在政策宣传、培训指导、条件建设、制度保障、经费投入等方面统筹规划[①]。

在政府层面，政府需要完善经费投入机制，加大对高等教育数字化校园建设的投入力度，升级改造校园基础网络设施和重要信息系统，形成一个功能完善、富有本校特色的信息化教育系统[②]。地方政府可以通过宣传绿色优惠政策，创建社会力量支持数字化校园建设投入新机制，鼓励金融机构提供金融服务支持发展数字化教育，吸引社会资本、产业资金积极投入资金。政府有责任从建设培训资源、职业资格认证、评聘制度保障等方面为提升高校教师数字素养提供助力。

在高校层面，一方面，高校在数字化教学设施建设、数字化教学技术管理、数字化教学资源建设等方面的经费支持和师资培训等还不够完善，高校应进一步加强数字化校园建设，创设数字化的软硬件环境，营造数字化课堂主阵地，倒逼教师不得不在实战中提升自身的数字素养，同时利用数据质量监督并及时更新、有效利用数字化教学环境。另一方面，高校对在课程教学、学生管理、课题研究、项目开发、社会实践等活动中积极应用数字化知识技能的教师，从资源上多倾斜，为该类教师群体提供必要的支持，以鼓励更多教师提升数字素养，引导更多教师将数字技术融合到教育教学、科学研究、社会服务三大工作中[③]。

总而言之，高校教师数字素养培育既是新技术浪潮下教师角色重塑的重要契机，也是一项动态的、复杂的、系统的能力提升工程。本书对高校教师数字素养的发展背景、现状、内涵、标准及培育路径进行有针对性的探讨，旨在抛砖引玉，以期引发更多教育界学者的关注与讨论，从而为培养专业化、创新型数字教师奠定坚实的理论基础，提供科学的方法论指引。在提升高校教师数字素养的过程中，要从理论研究、基础建设、培训发展、评价激励、监督考核等全方面、多角度入手，既要大力推进教育教学数字化转型，又要充分彰显高校教师在数字化教育教学过程中的核心地位，同时还应认识到过于依赖数字技术的弊端，应当确保数字技术应用始终处于安全、可靠、可调和可控的范围内，继而打造全方位、全程化、全要素的数字教学课程，培养数字时代具备较强胜任力的卓越数字教师，从根本上开启高校教育教学数字化新时代。同时，推进我国教师数字胜任力的研究与实践，帮助国内更广大的教师胜任未来的教育工作，真正实现教育教学的创新发展，培养具有数字胜任力和全球竞争力的人才。

---

① 靳婷婷，柳鑫，过国忠．提升教师数字素养，加速教育数字转型［N］．科技日报，2023-03-02（006）．
② 王永钊，程扬，李丽军．数智时代职业院校教师数字素养的丰富内涵、现实困境与实践进路［J］．教育与职业，2023（9）：87-90．
③ 何剑．高校教师数字素养整合模型及提升策略［J］．苏州市职业大学学报，2021，32（3）：73-78．

第六章　应用型大学教师核心素养提升研究

作为高等教育的重要组成部分和独特类型，应用型大学具有传承人才培养、科学研究、服务社会和文化传承等高等教育的共性特征时，也体现出了扎根地方经济、服务地方产业和满足人才需求等自身特色。为此，自 2015 年起，教育部就陆续推出了引导地方普通本科高校向应用型本科高校转变的决策部署。教师转型正是广大应用型大学顺利转型和高质量发展的关键。聚焦高校教师核心素养的建构与提升，既是对这种变革诉求的积极回应，也是完善高校教师评价体系的迫切需要。基于此，本章将重点围绕应用型大学教师核心素养提升，以促进教师队伍素质提升，从宏观层面向微观层面转化，切实助力于应用型大学的战略转型，深化应用型本科人才培养改革。

第一节　应用型大学核心素养的相关概念与理论

一、相关概念

（一）核心素养

核心素养也称为"21 世纪素养"，具有鲜明的时代性和关键性特征，代表了人的素养发展中最关键性的高级素养。早在 1997 年，美国依托经济合作与发展组织就启动了核心素养框架项目，并于 2003 年以经济合作与发展组织名义发布了《为了成功人生和健全社会的核心素养》的报告[①]。该报告中将"素养"界定为一种综合化、高级的心智能力，具有创造和责任属性，并强调"核心素养"是本着实用目的，选择并确立最根本、最关键的一种素养。

2006 年 12 月 18 日，《为了终身学习的核心素养：欧洲参考框架》获得了欧洲议会和欧洲理事会的联合批准。同时，将"素养"界定为"适用于特定情景的知识、技能和态度的综合"，是涵盖了"所有个体达成自我实现和发展、融入社会和成功就业所需素养"的集合。

[①] 罗燕，刘惠琴. 高等教育人才培养的核心素养：国际机构报告的观点及其对我国的启示 [J]. 中国高教研究，2022（12）：37-44.

国内学者对"核心素养"也展开了不同场景研究，并在上述已有研究的基础上融入了中国特色，进一步提出，核心素养具有集合含义，即代表了个体在特定情景中应当具备的知识、技能、能力和情感态度，也囊括了个体适应终身和社会发展所需的一些必备品格和关键能力要素。

（二）教师核心素养

从教师发展的角度出发，教师核心素养应当是教师在教育工作中表现出来的，实现自我发展并满足社会需要的必备品格和关键能力。教师核心素养一方面要回应新时期社会发展对教师的新挑战、新要求，另一方面也需要体现教师素养中最核心和最关键的部分。

传统意义上，高校主要承担着人才培养、科学研究、社会服务三大基本职能，而时代的发展又赋予了高等教育发展新的挑战和要求。王洪才（2010）认为，高校传统的三大基本职能已无法涵盖高等教育发展新趋势，高校必须适时补充"知识转化""促进就业"和"终身教育"等新的职能[①]。基于此，社会对高校教师的要求就不再局限于具备基本的教育素养、基本的研究素养和基本的服务素养，而是需要通过对基础素养的综合化表达和超越，构建教育研究素养、促进就业素养及知识转化素养等核心素养[②]。

二、理论基础

（一）教师专业发展理论

教师个体专业化及职业专业化构成了教师专业发展理论的主要内容。教师个体专业化是指通过严格的专业训练、培训学习后，教师从新手逐渐成长为专业人员、再发展为教育型专家的过程。教师职业专业化是指教师职业不断发展、成熟，逐渐达到专业标准进而获得相应地位的过程。

无论是个体层面还是职业层面，教师专业化发展都是一个不断发展、变化的过程，且二者是密切相关的。教师职业专业化是教师个体专业化的有力保障，教师个体专业化是教师职业专业化的具体体现[③]。

（二）教师教育一体化理论

教师教育一体化是指以终身学习思想为指导，从教师专业发展的实际需要出发，对教师职前学习、入职教育和在职培训进行全程规划、设计而构建的教师教育。整体而言，在教师专业发展中，职前学习是"脚手架"，旨在培养合格教师；入职教育是"润滑剂"，旨在让新教师更快地适应专业工作；在职培训是"加油站"，旨在促进教师的持续专业成长。

教师教育一体化强调职前学习、入职教育和在职培训三类教师专业发展培训的有机衔接与融合，避免资源的重复、低效与浪费，更高效地提升教师教育的效能，促进教师专业

---

① 王洪才. 大学"新三大职能"说的缘起与意蕴[J]. 厦门大学学报（哲学社会科学版），2010（4）：5-12.
② 张博，徐祖胜. 高校教师核心素养理论建构研究[J]. 社会科学战线，2022（11）：274-280.
③ 何菊玲. 教育现代化背景下教师教育一体化目标与课程体系研究[J]. 陕西师范大学学报（哲学社会科学版），2020，49（3）：149-160.

能力和水平的提升①。教师核心素养的培育也是一个动态和持续性的过程，其贯穿教师教育一体化的全过程，更是教师教育一体化培养的重要目标。因此，基于教师教育一体化理论进行教师核心素养的提升研究是十分有必要的。

（三）教师角色理论

角色理论主要是阐述社会关系对人的行为具有重要影响的一种社会心理学理论。为适应特定的环境，教师会基于社会赋予他的角色，综合自身能力与素质表现出一些特定的行为方式，这种行为往往被称为教师角色行为。教师角色行为体现了教育思维、道德行为、组织行为、教学行为及技术行为等的总和。该行为随时代更迭而演化生长，在知识领悟、教育理念、职业认知、教学方法、教学技能等方面均呈现出时代特色②。

人工智能时代，知识的复杂性、相对性与建构性等更为突出，教师作为教育的创造者，需要弘扬自主创新精神，在教学理念、方法和体系上都有所突破和创新。因此，教师角色理论有助于理解教师所处的社会关系及发生的社会行为等，从而有助于教师核心素养的提升。

（四）教师胜任力理论

胜任力具有可测量性，主要包括工作过程中需具备的动机、特质、自我形象、态度或价值观、知识和技能等。它与特定工作、工作任务和工作绩效有关，具有情境性和动态性，对工作绩效具有一定预测性③。

教书育人是教师的重要使命，教师需要通过提升个人素养尤其是核心素养来胜任时代赋予的多重角色。唯有此，才能成为合格的教师教育一体化的实践者，实现自身的专业发展。

第二节 应用型大学教师核心素养的要素内涵

一、应用型大学教师核心素养的建构目的

作为一类新型高等教育机构，应用型大学发展已有200余年的历史，较好地顺应了经济社会发展对高等教育发展所提出的新要求。应用型大学最初旨在为工农业培养技术人才，随着社会行业部门对技术人才的需求量以及种类的增加，应用型大学的数量、类型、层次都有了显著提升，并发展为高等教育的主力军。

应用型大学的教师在服务现实社会生产需要，培养专业技术人才，促进现实社会发展中扮演了举足轻重的角色。探究应用型大学教师的核心素养对促进教师专业发展，提升应用型本科人才教育质量有重要影响。

---

① 韩益凤．教师教育一体化发展体系的构建［J］．东南大学学报（哲学社会科学版），2022，24（6）：140-145．
② 李星龙，金鑫，唐松林．教师角色行为的时代嬗变：兼论人工智能时代的问题与选择［J］．湖南社会科学，2021（5）：144-152．
③ 邹云，俞晓婷．胜任力理论与教师德育能力的相关性［J］．中学政治教学参考，2021（7）：67-69．

此外，通过对应用型大学教师核心素养的测评，也可以更好地了解应用型大学教师专业发展的不足，为他们的专业发展培训提供有效参考。最后，了解应用型大学教师的核心素养，有助于改善和提升教师队伍的质量，有利于应用型大学的建设，以及教学改革的落实与实施。

二、应用型大学教师核心素养的建构原则

（一）科学性原则

科学性是指在构建应用型本科院校教师核心素养的相关指标体系时需考虑应用型大学的特征，同时以应用型大学教师专业发展为根本出发点。既要体现出应用型大学中教学活动的一般客观规律，也要符合其人才培养的特征。此外，应用型大学的办学也离不开社会各方的深度参与。为此，应用型大学教师核心素养的相关指标体系，既要能够真实地反映出应用型大学教师所需要的一些必备和关键的知识、技能与社会实践服务，还要能够全面和综合性地体现出各指标间的关系。

（二）促进性原则

构建应用型大学教师核心素养评价体系旨在更好地促进教师专业发展，以更好地培养应用型本科人才。值得注意的是，对应用型大学教师评价的目的，并不是一味地评判教师的专业水平，更重要的是对教师的专业发展全过程不断关注。其实，这与应用型大学的地方性有着紧密联系。应用型大学的社会功能内涵会受到地方现实的社会生产需求的影响。具体而言，应用型大学需要开办与地方经济社会发展需求相关的学科专业，需要综合衡量地方经济社会发展水平和人才发展与需求潜力，进而制定具体的人才培养目标和相关课程体系，并进一步构建具有地方特色的教学科研平台和人才培养体系。因此，构建应用型大学教师的核心素养体系并进行评价，需要以促进教师发展为宗旨，这样才能达到更好地为地方服务的办学目的。

（三）阶段性原则

由于应用型大学的特征，如偏实用性的办学目的、偏动态性的办学发展、偏实践性的办学过程等，应用型大学教师的核心素养也具有强烈的实际性和时代性属性。此外，应用型大学不仅具有共性，也具有地方个性，因此，在构建和评估应用型大学教师核心素养时，必须考虑地方社会经济特色和应用型大学的发展阶段。尤其在深化本科教育教学改革全面提高人才培养质量的现阶段，众多普通本科高校都在积极向应用型本科高校转变，以切实提升应用型人才培养规模。这对应用型大学教师的核心素养也提出了更高要求，不仅需要符合现阶段的专业标准，还要符合应用型人才的培养要求，更要体现出当前本科教育教学改革对应用型大学教师提出的新诉求。

三、应用型大学教师核心素养的建构要素

（一）职业道德素养

2019 年发布的《中国教育现代化 2035》提出"发展中国特色世界先进水平的优质教育。全面落实立德树人根本任务，广泛开展理想信念教育"。立德树人作为社会核心价值

观的内在需要，为应用型大学的内涵式发展指明了方向。应用型大学必须坚定社会主义方向，积极履行立德树人的使命，并将其落实到每一位教师身上，这就要求教师必须"学高为师，身正为范"，具备较强的职业道德素养，对学生产生潜移默化的影响。

（二）人文素养

师者，传道授业解惑也。应用型本科教育是一种专业导向或社会导向的教育，作为"新文科"背景下的应用型大学教师，不能仅仅停留在专业知识的传授，人文素养培养和智慧启迪也是必不可少的。2021年教育部举办了系列中华文化和高雅艺术走进校园的活动，旨在陶冶学生的审美和人文素养，增强学生的文化自信。《高等学校课程思政建设指导纲要》中也明确指出，本科教育中需要大力推进课程思政建设，坚持分类推进，针对专业教育课程，巧妙融入家国情怀、社会责任、科学家精神、人文精神、职业素养等元素，实现专业教育与思政教育有机融合、协同育人。

应用型大学教师的人文素养主要涵盖了两个方面：一是，应用型大学的教师具有除本专业之外的广博人文知识，在这些人文知识的基础上形成高尚的人格魅力和正确的价值观，可以在潜移默化中塑造学生，实现应用型本科的技能训练与其他教育教学相融相合、同频共振，促进学生的全面和谐发展。二是，丰富的人文精神以及在自身价值观引导下的行为。各行各业所需要的人才除了具备扎实的专业知识，更重要的是健全的人格和良好的心理素质，这也是高校育人的主要职责。为此，应用型大学教师需要具备丰厚的人文素养底蕴。

（三）数字素养

《教育信息化2.0行动计划》指出，到2020年要基本实现信息化应用水平和师生信息素养普遍提高的基本目标。目前，互联网技术已经深入到了人们生活、学习和工作的方方面面，快速发展和普及应用的大数据、互联网、云计算、人工智能等技术正在无形中影响和改变师生的学习与工作方式。尤其受疫情影响，信息化革命对传统教学方式的影响和变革是巨大的，并且是显而易见的。2022年教育部进一步发布了《教师数字素养》教育行业标准，再次凸显了数字素养对高校教师可持续发展的重要意义。

应用型大学教师的数字素养，主要包括更加敏锐的数字化意识、更加综合的数字技术知识技能、更加专业的数字化应用能力以及更加严格的信息道德与法律要求。因此，应用型大学教师在教育教学活动中，要能够意识到自己所处的数字化环境，并主动发掘对教学和科研有用的资源，并不断增强开展教育数字化实践、探索和创新的能动性。

（四）教育研究素养

应用型本科教育具有"高等性"与"应用性"，这两种属性在一定程度上决定了应用型大学教师需要具备较好的教育研究素养。

具体而言，教育研究素养是指应用型大学教师需要具备较丰富的教育教学基础知识与教育管理能力，如最基础的教育学理论知识、心理学知识，还需要较扎实的专业理论与实践知识，尤其是专业实践知识。应用型大学往往更偏实践性，在办学和治学中都强调理论与实践的相结合。

此外，作为一名高校教师，教学与科研相辅相成、相互促进。教育部深化本科教育教学改革的 22 条举措中，就提出推动科研反哺教学，强化科研育人功能，需及时在教学内容中融合最新科研成果。并且，应用型大学的生存与长远发展也离不开科研工作支持，科研也可以进一步彰显应用型大学的办学特色，有助于应用型大学教学工作的有序开展。

（五）社会服务素养

应用型大学的办学属性是直接面向社会现实需求办学，这在一定程度上也决定了社会服务是应用型大学的主要职能之一。研究型本科院校的教育教学等发展会侧重于理论研究与基础性研究，而应用型大学的"应用型"要求应用型大学的专业设置、课程开设以及教师的相关科研等需要更多地和行业发展、当地的社会实践紧密联系，以便更好地服务现实社会的生产需要。

应用型大学教师的社会服务素养反映了应用型大学教师的服务社会能力，集中体现了教师的理论知识水平、实践技能水平和整合社会资源的能力，具体涵盖了应用型大学教师为企业开展技术服务、咨询服务以及培训服务等，如一些横向课题、成果转化、经济效益和专利发明等。这与应用本科的特征也是非常符合的。与学术本科不同，应用本科更重视实际应用，需要给予学生充分而扎实的专业理论和专业技术教育，具备可以胜任相关工作的素质、技术和能力。

由此，作为应用型大学的教师，也需要牢固树立服务社会的理念，深入企业了解社会所需的专业技能，以便更好地授学生以"渔"。

第三节 应用型大学教师核心素养的现状分析

调查应用型大学教师的核心素养现状，可以为发现和认识应用型大学教师核心素养存在的问题及提出解决方案提供现实依据。为此，对广东省应用型大学的部分教师展开了调查。本次调查以目的取样方式为主，以广东省应用型大学教师为研究对象，主要采用问卷星进行网络问卷调查。共发放问卷 160 份，回收问卷 130 份，有效问卷 124 份。其中回收率为 81.25%，有效回收率为 77.5%。

一、应用型大学教师核心素养的现状调研

（一）职业道德素养方面

职业道德素养主要涵盖了职业品质以及职业行为。职业品质主要表现在思想品德和职业认知，职业行为主要表现为对待学生和教育的方式。

关于"进行思想理论学习的频率"的调研，95.16% 的教师表示会进行思想理论的学习，以更新知识。尤其是近些年，课程思政与专业课程的双向融合，要求专业课教师深度挖掘思政元素，在专业课程中润物细无声。仅有 4.84% 的教师表示几乎不会进行理论学习，如图 6-1 所示。

第六章 应用型大学教师核心素养提升研究

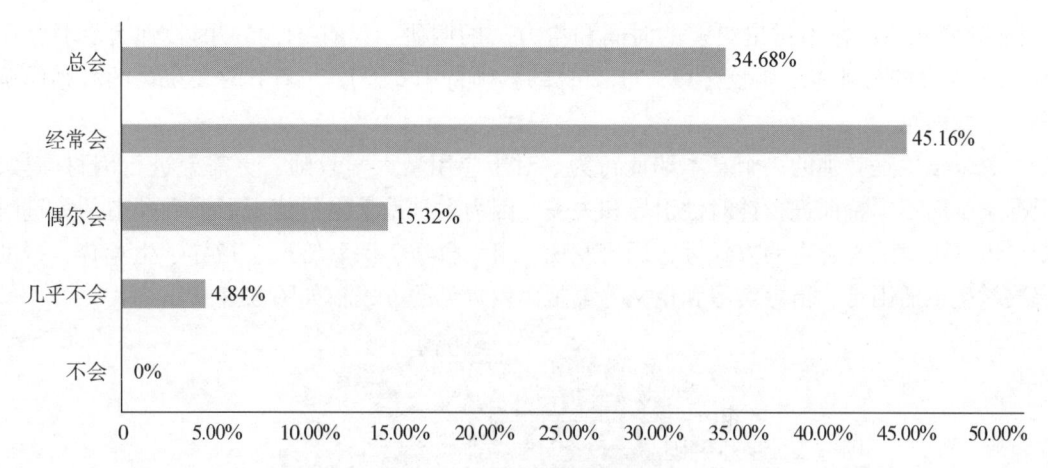

图 6-1 思想理论学习的频率

关于"对教师这个职业的认知"的调研,34.68%的教师表示出于热爱;43.55%的教师表示出于对自己的认知,发现自己与教师这个工作的匹配度比较高;16.94%的教师表示出于生活谋生;剩下4.84%的教师表示没什么想法,可能是迫于家人或外界的一种压力。据悉,有部分应用型大学仍然招聘一些应届硕士研究生,这些人在工作中获得相关的教师职业资格证。对于这些人而言,教师这个岗位可能也是一种就业的有效手段。

应用型大学是一个层次、类别、水平多样,具有典型地域特征的高等教育机构群体,对教师群体也提出了相应的要求。对此,进一步调研发现,关于教师为人师表、以身作则的认知,政治思想、治学态度、知识底蕴、道德水平、举止形象、关爱学生、理论实践能力等都被认为是较重要的元素,如图6-2所示。

图 6-2 职业认知

由于应用型的特质,应用型大学的教师尤其是民办高校中,教师们除了承担日常的教学,还有科研、实习和论文指导、学生竞赛、各种教学竞赛等非常规性工作。对此,关于

"是否愿意在该工作中付出更多的时间和精力"的调研，仅有 31.45% 的教师表示非常愿意，51.61% 的教师表示比较愿意，11.29% 的教师持中立态度，剩下的 5.65% 的教师明确表示不太愿意。

关爱学生是教师的一个基本职业行为。对于应用型大学教师，更需要进行因材施教，根据学生的不同特征进行针对性引导和关爱，因为大学是学生价值观形成和塑造的关键时期。进一步对关爱学生的方式进行调研发现，组织教学、课后答疑、指导学生竞赛、帮助解决学生生活困难、指导实习和论文等都是比较常见的方式，如图 6-3 所示。

图 6-3　关心学生的主要方式

（二）人文素养方面

人文素养方面主要涵盖了人文知识、人文品质与行为，主要从应用型本科教师课外阅读人文书籍量、参加人文知识讲座以及交流学习的意愿等方面了解。关于"除专业类书籍外，人文书籍阅读量"的调研，仅有 14.4% 的教师表示因为时间、精力等各方面因素，平时基本没有阅读一些人文类书籍；年平均阅读 3 本以上的教师占比为 57.6%，如图 6-4 所示。

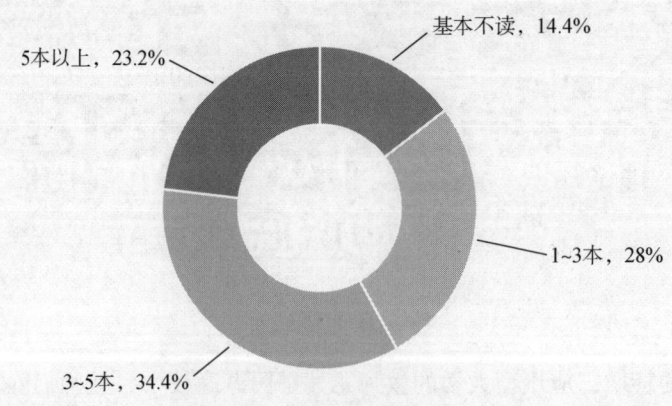

图 6-4　人文书籍的年均阅读量

关于"参加人文知识讲座、培训与活动的意愿"的调研，16%的教师表示不愿意，40.8%的教师表示非常愿意，33.6%的教师表示比较愿意，9.6%的教师表示一般。其实，教师自身的人文素养，不仅可以较大地激发自身潜能，还能为应对困难和冲突提供心理保障，因为在应用型大学中，教师不仅要与学生、同事、领导，还要与一些其他人员接洽。

关于"与同事、同行交流学习，互相分享经验的频率"的调研，仅有9%的教师表示不太会，79%的教师表示很乐于、也经常会进行相互的分享交流，12%的教师表示偶尔会进行一定程度的分享交流。教师属于知识型的岗位，相互分享既是人文素养的体现，有助于提升教师的人际交往与沟通协调的能力，还能帮助教师自身形成知识补充和更新。

（三）数字素养方面

按照《教师教学素养》标准，教师数字素养具有综合性，涵盖了数字化意识、数字技术知识与技能、数字化应用、数字化社会责任和专业发展等维度。

在数字化意识和数字化应用方面，关于"主动学习和使用数字化技术资源"的调研，有44.8%的教师的主动意愿是比较强烈的，32.8%的教师表示有一定的意愿，12%的教师表示意愿一般；但仍有10.4%的教师表示不愿意主动学习，这部分人以年长者居多。

在数字化技术与知识技能方面，关于"目前是否开展了教育数字化实践或教学研究"的调研，有72.8%的教师表示已经开始进行数字化实践或教学。尤其是受疫情影响，线上课程应运而生，各高校也在积极评选线上教学案例——典型个人和典型案例。这些为数字化技术的推广提供了一定基础。但值得注意的是，仍然有27.2%的教师表示暂时还没有开展教育数字化实践或教学研究。

关于"数字化社会责任和专业发展方面"的调研，仅有6.4%的教师表示不太愿意将数字化技能与专业研究和教学相结合，93.6%的教师表示愿意融合使用，其中有51.2%的教师表示非常愿意尝试或探索将数字化技能运用于专业研究或教学中。国家教育数字化战略行动的推出，对教师的数字化建设也提出了新要求。同时，数字素养作为数字化时代教师所体现的一种综合素养，也需要进一步巩固和加强。

（四）教育研究素养方面

教育研究素养曾一度被认为是教育理论工作者特有的职业领域和专利，主要涵盖了教师研究的敏锐度、科研与教学的融合以及教学改革的能力等。

关于"是否有意识捕捉学科领域中新问题"的调研，仅有11.2%的教师表示不太会，19.2%的教师表示自己会经常性地捕捉学科领域中的新问题。据悉，随着民办应用型大学数量的增加，学校之间的竞争也在加剧。而师生的科研能力就是一项很重要的评价指标，目前有很多应用型大学也在逐渐由教学型向科研型转变。

其实，教学和科研是相辅相成的。高水平的教学有赖于高水平科研的支撑，以教学研究成果为内容可以倒逼科研，科研也可以促进知识更新，反哺教学内容。关于"教学和科研融合"的调研，发现仍有16%的教师没有进行教学与科研的相互融合应用，如图6-5所示。

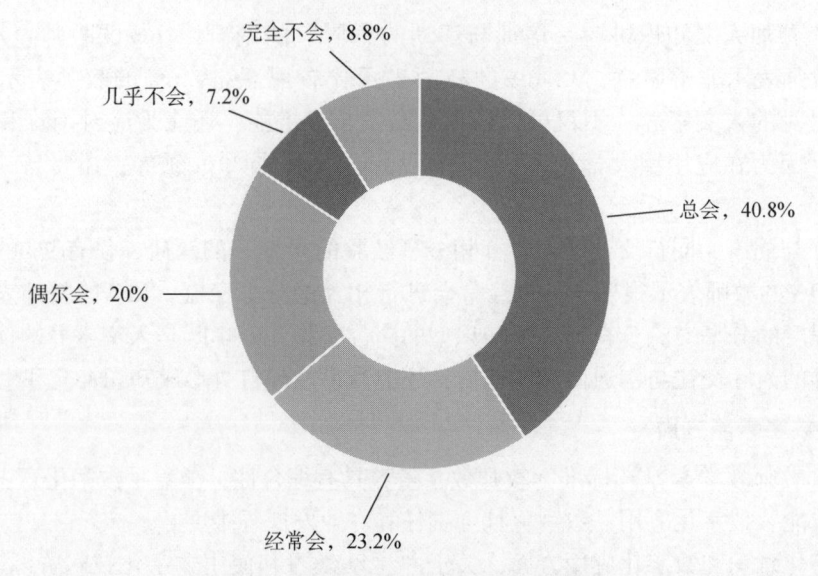

图 6-5　教学科研相互融合应用的频率

关于"教学改革"的调研显示，仍有 4.8% 的教师表示完全不会，11.2% 的教师表示目前暂不会，但 71.2% 的教师表示经常会进行教学改革，并申报相关的课题，尤其是 12.8% 的教师表示自己很愿意也总会进行课题申报和教学研究。

（五）社会服务素养方面

应用型大学的学生毕业后大都面向社会相关行业企业就业，因此在学生培养方面具有较强的社会属性。与此同时，应用型大学教师也需要具有一定的社会服务素养，能够积极引导学生。应用型大学教师的社会服务素养主要涵盖了教师教育教学与企业的联系程度、教师服务企业实践的程度等。

关于"参加企业实践"的调研显示，近三年参加企业实践的次数在 3 次以上的教师仅有 18%，有 5% 的教师表示一次都没有参加，如图 6-6 所示。当然，疫情可能确实给教师进企业实践带来了一定困难。

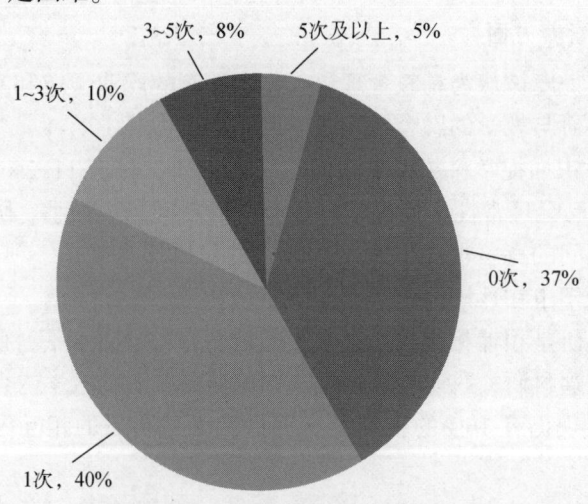

图 6-6　近三年参加企业实践的次数

关于"与企业合作研发技术和相关产品"的调研,有61.6%的教师表示有过,38.4%的教师表示暂时没有。进一步地,关于企业和社会服务方式调研的词云图显示,社区党建、社区活动、义务献血、横向课题、专利申请、共同指导学生竞赛等都是比较常见的方式,如图6-7所示。

图6-7 社会服务方式的词云图

关于"教学、科研与社会服务相联系"的调研,整体而言,科研与社会服务的联系性会更强,如图6-8所示。其原因可能是,教学有比较规范的教材、教学大纲,其约束性比较强,但科研方面教师自身有较大的自主选择权,可以更多地与社会热点、社会实践融合。

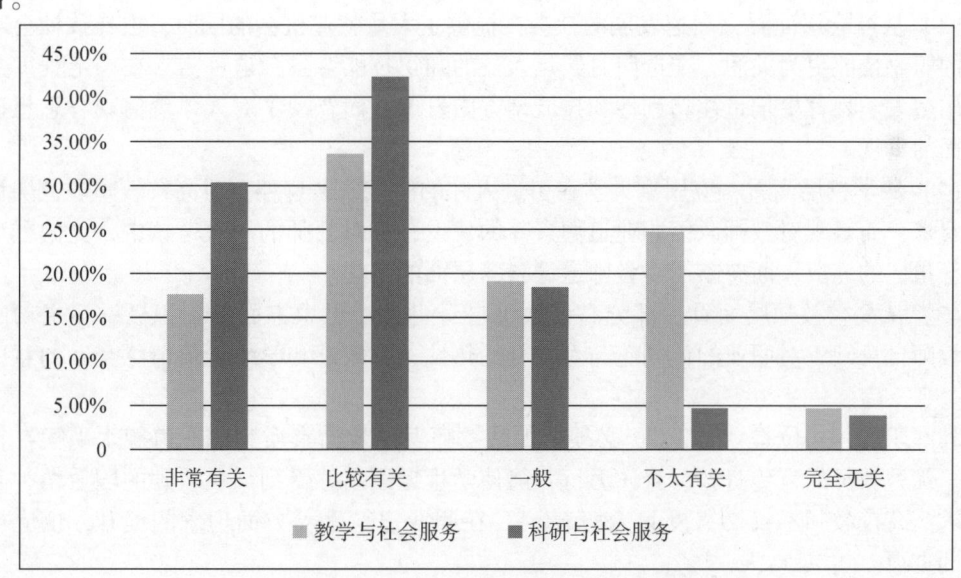

图6-8 教学、科研与社会服务的融合性

最后,请教师对核心素养5个子维度以1~5分进行自评赋值,分值越高代表越好。从平均分而言,各子维度相差不大,分别为人文素养(3.85分)、教育研究素养(3.79分)、职业道德素养(3.72分)、社会服务素养(3.69分)、数字素养(3.54分),具体如图6-9所示。

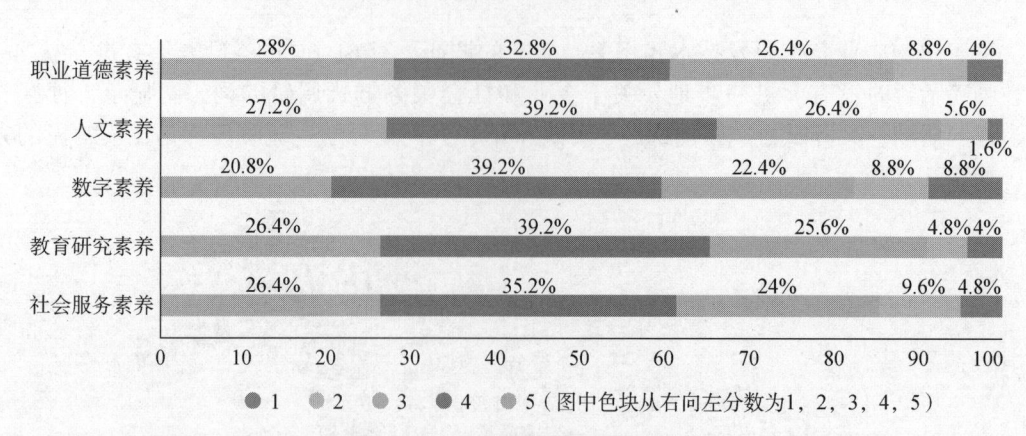

核心素养	1	2	3	4	5
职业道德素养	28%	32.8%	26.4%	8.8%	4%
人文素养	27.2%	39.2%	26.4%	5.6%	1.6%
数字素养	20.8%	39.2%	22.4%	8.8%	8.8%
教育研究素养	26.4%	39.2%	25.6%	4.8%	4%
社会服务素养	26.4%	35.2%	24%	9.6%	4.8%

图中色块从右向左分数为1，2，3，4，5

图 6-9　核心素养各子维度自评赋分

二、应用型大学教师核心素养的现存问题

（一）职业道德素养方面的理念落后

部分高校教师对于自身职业的认同感不够，存在职业道德素养理念落后等问题。比如，部分高校教师在对教师这份职业的看法上，仅作为一种谋生手段，对评职称的功利心极强，而对教育本身并没有强烈的热爱与认同。在对学生授课过程中，更偏重对学生职业知识技能等理论的灌输，而轻视在职业理想道德方面对学生的引导与培育，缺乏与学生在价值观探讨中的动态交互，认为只要完成课堂的教学任务，就完成了职业道德的责任。高校教师职业道德素养理念落后，究其根本，主要可归纳为三个方面：

（1）从社会层面看，高速发展的社会在提供了大量就业机会的同时，也导致社会对于人才的职业技能更为关注。在选岗时聚焦人员的知识技能背景，这一需求在一定程度上导致应用型大学教育更偏重往功利性和技能型方向发展，而忽视了对人才价值观、思想道德等方面的重视。

（2）从学校层面看，应用型大学在引进人才的时候，普遍偏重对高校教师职业知识技能的要求，而轻视对教师队伍职业道德素养的建设，在对教师的绩效考核中，更偏重对课时量等指标的完成，而忽略了对教师道德素养层面的考虑。

（3）从高校教师层面看，部分高校教师自身也存在思想方面的不积极、不主动的情况，教师自身缺乏对职业的认同感与对教育的热忱，也缺乏和学生价值情感交互的意愿与热情。

教师职责第一位是"传道"，必须把提高教师思想政治素质和职业道德水平摆在首要位置。优秀教师的言传身教、身体力行，能使学生近距离感受到高校教师的职业精神和价值追求。高校教师不仅要"授业""解惑"，在职业道德素养方面理念的提升，也应得到相当的重视。

（二）人文素养方面的内涵与底蕴不足

目前，应用型大学教师存在一定的人文素养的内涵与底蕴不足的问题，比如政治理论知识匮乏、师德修养不够、人格魅力缺失、谈吐粗俗，以及缺乏教学艺术和创新思维等。

究其原因，其一，应用型大学更看重对于教师教学知识技能的培养，而缺乏对人文素养的培养，如较少开展与人文素养相关的培训、讲座和论坛等活动，使教师缺乏人文素养提升的平台与氛围。

其二，高校教师数量众多、教师队伍庞大，导致应用型大学对于高校教师人文素养情况难以全面掌握。例如，督导听课制度，只能对教师某堂课或某段时间进行评价，关于人文素养的教学指标也难以落到实处，评价结果也不能充分代表教师的人文素养水平。而学生评价制度多数情况也只能反映教学情况，较少提及人文素养层面。高校教师的人文素养很难从这些评价中体现，使高校教师难以从中得到反馈进而提升。

其三，应用型大学对于职称的指标设置、评奖评优等方面更偏重科研成果、横向课题和校企合作等，导致高校教师更愿意在知识技能、科学研究和校企合作等方面提升自己，而缺乏对人文素养的积累、对师德的塑造和对教学语言及艺术的追求。

思政课堂的高屋建瓴，有助于高校教师塑造学生朴素的爱国情怀与积极向上的思想观念；广博的人文知识和深厚的人文素养可以使高校教师在晦涩难懂的知识讲述上，旁征博引，引人深思；高超的语言文字和教学艺术有助于高校教师准确、优美地表达授课内容。无论是出于社会还是出于现代教育的需要，高校教师都应当积极提高自身在人文素养上的底蕴与内涵。

（三）数字素养方面的专业发展能力有欠缺

根据教育行业标准《教师数字素养》的内容，关于数字素养的专业发展能力，有五个维度的定义：一是，利用数字技术资源持续学习；二是，利用数字技术资源反思与改进；三是，参与或主持网络研修；四是，开展数字化教学；五是，创新教学模式与学习方式。然而，目前高校教师在数字素养方面有相当程度的能力欠缺，如存在缺乏持续学习的动力，不善于使用数字技术资源，较少用于教学场景等，教学方式固化，没有与教学和科学研究融合等问题。产生这种情况的原因主要有以下三点：

第一，由于教育经费紧张，部分应用型大学对于软硬件的投入不足，技术设备等基础建设不够完善，在一定程度上限制了高校教师在数字化技术能力上的提高，高校教师没有相应的设备及软件使用，难以与课程教学融入。

第二，很多应用型大学发展平台有限，难以提供给多数教师参与或主持网络研修共同体的机会，教师缺乏共同学习、共同探究及分享经验的渠道，也在一定程度上限制了高校教师在数字素养上的发展。

第三，部分应用型大学教师依赖于经验教学，形成了自己的教学风格和教学方式，因循守旧，缺乏学习新技术、新知识的内生动力，不愿意接受新生事物。

在教育数字化的战略中，教师是教育和数字技术之间的桥梁，而通过应用人工智能、物联网、元宇宙等数字技术革新传统教育教学理念、创新教育教学方式、促进数字技术与教育深度融合能力，也是教师适应教育数字化转型须具备的素质。高校教师应努力加强在数字素养方面的专业发展能力，以适应现代化教育需要。

（四）教育研究素养的能力不足

教育研究素养既体现了教师的教育素养，又体现了教师的研究素养。高校教师的研究工作一方面指向对于特定学科或者行业领域的研究，另一方面也指向对于教育领域的研究，例如课堂教学方式、教学设计等内容。

然而，无论是教育素养还是研究素养，高校教师都存在一定的发展问题。比如，相较于在教育教学方面的研究，多数教师更倾向于在科研上下苦功，但高校教研项目又缺乏一定的创新性和落地性等问题。

1. 高校教师较为轻视教育素养的发展

教育素养指向随着时代的发展，高校的教育环境不仅要求教师有专业的学科研究能力，对于高校教师的教学能力同样有一定要求。教学能力一般涵盖了教学认知能力、教学操作能力和教学监控能力。

在教学认知方面，部分高校教师对所教科目的内容不熟悉，备课不认真、不充分，对于学生对课程的理解不重视，既不做学情分析，也不调整教学策略；在教学操作方面，部分高校教师存在对教学设计、教学评价和课堂管理等内容不上心，表现为敷衍了事的态度；在教学监控方面，部分高校教师甚至不会积极主动监控课堂秩序，对学生的学习不反馈、不反思，缺乏持续改进教学水平的认识和规划。究其原因，主要是部分应用型大学存在"重科研，轻教学"的情况，甚至教学方面的建树并不能为教师带来实际的薪酬或者职称晋升，致使教师缺乏教育素养提升的动力。

2. 高校教师的科研素养内生动力不足

在绩效考核、评奖评职称等方面偏重高校教师的科研成果的同时，在"唯论文""唯数量"的要求下，应用型大学普遍存在缺乏科研特色、科研方向不明确的问题，这弱化了科研工作的可操作性和针对性，使科研管理效果不佳。高校教师在评职称的压力下，为了应付指标的数量，撰写论文和申请课题的功利性较为明显，并没有产生自发的内生动力，很难在专业领域深耕、在质量上取得更高的成就，也很难形成系统性的科研成果。

新时代全国高等学校本科教育工作会议中已经将教育研究素养作为高校教师核心素养，呼吁高校破除重科研轻教学的弊病，切实提高人才培养质量。对此，无论是应用型大学教师还是管理者，有必要重新认识教育研究素养，并形成教育研究素养可持续发展的正确价值观和动力。

（五）社会服务素养方面的意识较缺乏

在社会服务素养方面，据调查显示，应用型大学教师也存在缺乏社会服务意识、不关心学生就业技能的培养、学科知识及科研成果转化的落地性差等问题。这些问题的产生来自三个方面：

第一，社会对于高校的产研融合投入与发展并不充分。应用型大学培养的人才应该更加以社会需求为导向，然而，无论是社会还是企业自身，都无法对于自身的需求提出较为明确的表述，也没有足够的资金支持这一合作发展，导致缺乏社会性平台，无法满足高校教师更深入地了解社会的需求。

第二，从学校层面来看，高校对于教师的要求更多是从横向课题、专利发明等结果性项目上考量，而忽略了高校教师从企业的合作上获得更深层次的学习，导致教师对于非结果导向性的合作不会投入过多精力，不会去学习企业的经营与管理，不会去探究企业的需求。

第三，从教师自身层面看，一方面，教材和教学内容与社会技能要求有一定的脱节，而教师自身缺乏企业经历，或与之前工作经历时间相隔较远，和社会的发展有一定的不匹配性。如果教师对社会的及时关注度不够，就无法提供学生专业素养和实用技能的教导能力。另一方面，部分教师不主动参与社会生产生活，在"象牙塔"里面"闭门造车"，也不能及时将自身的科研成果转化为社会生产力，嵌入社会链条中，与区域性发展相匹配，也就无法更好地给予学生更专业的科研指导。

第四节　应用型大学教师核心素养的提升路径

一、加强内外联动，提升教师职业道德素养

高尚的职业道德素养归属于价值层面，是教师工作的最基本要素，同时也是教师核心素养的必备品格，具有价值化引领和导向作用。高尚的职业道德素养贯穿教师教书育人的全过程，不仅可以引导教师的自身发展，同时还能为学生树立好道德榜样。职业道德素养由职业理想、职业态度和职业良心等构成。其中，职业理想是教师根据内外需求而制定的目标追求；职业态度是教师在日常工作中表现出的态度；职业良心是教师对其职业所需承担的义务或责任的认同，以及情感的自觉。

教师的职业道德素养是推动专业教育发展的核心，也是培养应用型本科人才全面发展的基础。对此，需要加强内外联动，不仅要重视教育系统内部的衔接，也要注重系统外部相关要素的力量，助力专业教师职业道德素养提升。具体而言，在政策和宣传层面，突出教师职业道德素养的重要性，加大对教师认可度的宣传，使广大民众加深对教师的了解，支持教育发展。在学校层面，加强教师发展中心建设，积极开展职业认知培训、专业培训及心理健康讲座等，使专业教师对学校定位、学生特点、专业特色、行业特性等形成系统全面的了解，助力教师树立正确健康的职业观、生活观，从而确立具体的职业理想。此外，有效推进"老带新"导师制，让新教师在老教师的指导和关怀下，明确自身角色定位，快速熟悉各项工作要点，在持久的工作中保持稳定积极的职业态度和职业良心。

二、突出人文教育理念，提升人文素养

作为一种观念和精神，人文素养将"人"奉为价值观的根基和目标；作为一种行为实践，人文素养在生活中表现为对人的尊重、平等、爱护和信任。对教师而言，人文素养不仅是一种将"人"置于一切事物核心的观念和行为，更是渗透并体现在教师一言一行中的专业素养。人文素养是教师专业素养的根基，在教师专业知识与技能内化为教师自身生命和教育观念的过程中发挥着最重要的沟通和联结作用，是驱动教师以自身的生命意识和生命体验影响学生的生命成长，将学生作为教育教学活动的核心，并辐射带动教师专业素养真正成为具有教育意义、促进学校教育质量提升的教师个体的内在力量[①]。

（一）重视人文教育，提升师德践行能力

学生的发展是学生作为"人"的发展，在学校教育中不能仅强调专业教育，而要同时推动专业技能和人文素养的培养。教师人文素养的高低在很大程度上影响了"以学生为中心"的课堂构建、"以人为本"的教学活动开展以及学生知识学习之外的综合素养提升。因此，高校应当树立人文教育理念，对教师的人文素养培养和提升形成系统性规划和设计，以此推进师生人文素养的共同提升。此外，高校还应当加大对红色文化、校园文化、学科文化、专业文化的宣传，使教师能够了解并认同，从而渗透到自己的教学观念中，在

---

① 王平.情感教育视阈下的教师人文素养提升：理念与行动［J］.教育科学研究，2019，288（3）：16-20.

长期的育人实践中形成较为稳定的道德观念、行为规范和道德品质。

(二) 博学人文知识，构建教师人文知识体系

人文知识是人文素养的最基本层面，是培养人文思维的基础[①]。专业教师需要有丰富的专业知识底蕴，可以引导学生鉴别文化现象所反映的价值取向，从而培育学生的文化品格。需要主动探索不同学科知识以及不同的文化内涵，逐步构建属于自己的人文知识体系，从而创新专业教学育人方式方法，以便更好地熏陶和影响学生。学校层面也可为教师多提供学习渠道和平台，丰富教师之间的文化交流。

(三) 打造人文课堂，在教学实践中笃行人文精神

其一，构建人文素养教育课程体系。专业教师可以根据专业需求、师资力量、学生兴趣等开设人文素质课堂。同时，在开设人文课程时，要注重专业课程与人文课程的开设比例，科学合理设置人文课程，让人文课程得以有效开展。

其二，加强专业课中课程思政的融入。将人文精神蕴含于日常教学中，体现学科的育人价值，提升师生的人文素养。专业教师不仅要传播专业知识和人文知识，更需要以其人格魅力和气质修养潜移默化地影响学生，在教学实践中体现德育、美育，通过对案例的分析探讨等，引发学生对社会现象、社会问题的关注和深层次思考，激发学生的社会责任感及民族使命感。

三、加快教育数字化转型，提升数字素养

党的二十大报告中明确指出，"推进教育数字化，建设全民终身学习的学习型社会、学习型大国。"教育的数字化转型、依托数字科技的教育创新以及教育的现代化，是我国高等教育事业高质量发展的必由之路，也是建设数字中国的重要组成部分[②]。教师数字素养和技能提升是教育创新的基础，数字素养涵盖了数字意识、数字化学习与创新等多方面内容。作为教育数字化的主体之一，教师必须不断强化对于数字经济时代和数字化教育的适应能力，提升自身的数字素养。

(一) 密切关注行业新发展，强化数字经济时代的适应能力

数字经济时代，数字技术的突破式发展催生电子商务模式业态不断创新，"新电商"成为赋能企业转型升级、促进数字经济与实体经济加速融合的关键力量。5G、云计算、物联网、大数据、区块链、人工智能等信息技术的创新为教育的"新发展"提供了坚实的技术基础，技术与行业应用的深度融合催生出了系列新专业，如直播电商、互联网金融、数字经济等。而作为应用型大学，专业人才培养目标更需要为地方产业经济发展服务，各专业在人才培养过程中要密切关注行业的新发展。

因此，面对当前"非接触经济"的繁荣、新一代数字技术的突破创新，应用型大学教师也需要积极顺应发展，培育行业新发展的敏锐性，将敏锐性与专业知识教育有效融合，不断提升自身数字素养，有效赋能创新性、实践性的应用型人才培养。

(二) 稳步推进新基建升级，赋能教育数字化转型

随着"互联网+教育"的有序推进，以及"三通两平台"的全面布局，高校在数字化

---

① 魏勤，黄智燕. 博雅教育与高校英语教师人文素养研究 [J]. 西安外国语大学学报, 2019, 27 (4): 66-70.
② 陈辉，熊璋. 教育数字化赋能新一轮教育创新 [J]. 人民教育, 2022 (24): 51-52.

转型中有了较为扎实的基础。此外，教育信息化基建升级工作也在稳步推进，网络安全支撑体系持续优化，管理信息化工作机制基本建立，教育信息化可持续发展能力大大增强。新基建促成了大量数字技术在教育中的应用，打造了系列教育空间的虚实融合，塑造了高沉浸、高交互学习体验环境。为此，应用型本科院校可以有效融合专业特点，加强实践基地、实验室建设，加快传统教学课堂设备及教学环境的升级，为教师和学生配备应有的硬件及软件资源，保障专业教师数字素养的提升。

（三）加强教育数字化培训，强化技术应用与整合

为了实现教师数字素养的有效提升，学校和专业层面应当安排相关的教育培训并强调新技术的应用与整合。在现在的教学实际中，仍存在部分教师对信息技术和教学过程的简单组装，缺少两者深度融合的思考。在常见的数字资源应用中，以PPT为主的多媒体课件仍是运用最广泛的课程资源，诸如AI数字模拟化、视频切片、虚拟教学空间等在内的其他新型数字资源尚未被充分共享和应用。因此，学校和专业层面十分有必要加强教师教育数字化培训，提升教师运用新技术改善教学、提升自我素质素养的认知，重视新技术在教学教育中的深度融合与应用，从而真正提升教师的数字素养。

四、完善教师培养体系，提升教育研究素养

高校教师教育研究素养反映了高校教师教育素养和研究素养的综合性。其中，教育素养指向高校教师的人才培养工作，体现的是高校教师承担的知识传播能力。研究素养指向高校教师的科学研究工作，体现的是高校教师承担的知识创新能力。

（一）突出终身学习理念，提升教师专业知识素养

终身学习型社会已从理念变为现实，当前的教育质量无法与教育的可持续发展相匹配。因此，需要从终身学习理念出发，进一步考虑教师教育改革，提升教师专业知识素养。

作为教育教学的主导者，教师同时也是教育目标的直接实施者。教师只有具备过硬的、适应时代发展的专业知识素养，才能担起培养学生核心素养的重任。教师专业知识素养是教师核心素养的关键能力，它归属于实践层面并决定了教师专业发展的高度。专业知识素养的累积和提升能够促进教师在专业领域和教学领域的系统发展，使学生更好地运用学科的思想和方法系统学习学科知识。要从根本上提升教师核心素养，不仅需要从机构优化、师资建设、课程改革、教学创新等角度开展教师教育一体化实践，更需要将教师专业知识素养提升的任务上升至个人发展的高度，以现实性、系统性的跨界思维推动教师发展。这些思维和行为都离不开终身学习理念的指导，唯有将终身学习理念贯穿始终，才能得到持续的专业知识素养提升。

（二）坚持分类培养，提升教师专业实践素养

应用型本科院校的诸多专业具有知识综合性及实践性强的特征。所设置的专业主要是面向社会的技能型、操作性强的岗位，如电子商务专业的电子商务数据分析、电子商务运营管理、网站推广、网络营销、外贸电子商务、国际商务等，这些岗位均要求学生除了掌握信息技术、国际贸易、经营管理、市场营销等基础知识，还需要具有利用网络进行商务活动的能力以及企业经营管理能力。为培养学生的实操及创新能力，在日常教学过程中对学生进行针对性的实践教学则是基本要求。因此，对应用型本科院校专业教师而言，专

实践素养的提升尤为重要。

一般而言，教师专业实践素养的提升可以从以下几个方面入手：一是要注重专业认知能力的提升；二是要注重学科竞赛能力的提升；三是要注重校企合作、就业创业商务实践人才的培养。为了使教师专业实践素养提升效果达到最佳，高校要坚持科学分类培养，结合学科特点，根据教师自身特点、学术研究方向及能力、专业知识能力、学科竞赛能力、实践教学能力等方面对教师进行针对性分类，制定并施行特定的培养方案。这样可以更精准地提高教师的专业实践素养，推动教师队伍建设，从而培养应用型、创新型和综合型人才。

（三）加强科研管理，提升教师科研创新素养

科研管理工作效率高低直接影响着科研活动开展进程。加强高校科研管理，应秉持创新发展理念，实施科研项目的全过程、信息化管理，完善科研绩效评估体系。

在国家不断加大高校科研经费投入的大背景下，高校应当结合本校实际情况，规范科研管理制度，优化科研评价制度及科研激励制度。鼓励教师合理、规范、科学、高效使用科研经费，提高科研经费使用效率及科研成果的质量，从而有效提升教师的科研素养。此外，应用型本科院校专业教师也应当结合学校的人才培养目标、区域发展方向及专业发展特点等，有效利用校企合作、产教融合等平台，加强横向课题的研究，注重应用型科研成果的转化，更好地服务当地社会经济发展。

五、聚焦专业行业特征，提升社会服务素养

作为地方性大学，应用型大学有责任强调其社会服务职能及教师的社会服务素养。教师的社会服务素养除了体现知识应用，也涵盖了通过科学研究和人才培养更好地服务社会。

（一）聚焦知识转化，提升科学研究服务社会素养

科学研究成果的应用和转化即知识转化，是科学研究服务于社会发展过程中的关键一环。教师的知识转化素养也是衡量和决定其发挥科学研究服务社会能力的关键因素。知识经济时代对高等院校提出了新的要求，即承担技术创新使命、开发并强化技术创新职能。技术创新的关键要求是：高校教师能够结合社会经济发展需要，实现科研成果向行业发展需要的及时转化。

因此，为切实提高高校社会服务职能，高校教师必须努力提升自身的知识转化能力。应用型本科院校可以更多地融合学科专业与行业特点，强化成果转化机制与创新服务机制的有机融合，构建更完善的成果转化机制，避免可能的时效脱节、业务脱节和需求脱节等问题。教师自身也要形成行业发展的一定敏锐性，使科研更加规范，更加切合社会发展需要，尤其是本地经济发展的需要。

（二）贯彻 OBE 理念，提升人才培养服务社会素养

人才培养服务社会发展的重要体现在于促进学生就业。促进学生就业，并非简单地关注就业结果和就业的平均薪酬等量化性指标，而更要关注实现结果的过程设计。这些往往更多体现于教学计划和课程、专业的设置中。对此，教师需要更多地考虑如何适应社会需求，以及如何为学生的职业发展提供服务，而非单纯地授好一门课。

OBE（成果导向教育）理念主张基于学生的学习结果对学生的学习和教育过程进行反

向设计，这集中体现了高校教师促进学生就业素养和服务社会的特征。同时，OBE 理念也强调知识的整合与应用，注重围绕教育场域的实践性来重构课程内容体系，而应用型大学的人才培养过程在本质上就具有很强的实践性。因此，应用型大学要根据社会发展的需要定位人才培养的路径和规格，教师能够及时关注社会及行业发展的现实和需求，培养社会及行业发展需要的人才。

第七章 "党建+专业"师资队伍建设路径

第一节 "党建+专业"师资队伍建设的研究背景

一、"党建+专业"的缘起与发展

党的二十大报告中指出,"从现在起,中国共产党的中心任务就是团结带领全国各族人民全面建成社会主义现代化强国、实现第二个百年奋斗目标,以中国式现代化全面推进中华民族伟大复兴"[1]。

教育发展是实现第二个百年奋斗目标的基础,只有培养出德智体美劳全面发展、热爱党、热爱国家的人,才能实现中华民族伟大复兴。党的二十大报告也为教育现代化发展作出了部署,为各类教育发展提供路径,其中包括:推进职普融通、产教融合、科教融汇,优化职业教育类型定位,统筹职业教育、高等教育、继续教育协同创新。加强基础学科、交叉学科、新兴学科建设,加快建设中国特色、世界一流的大学和优势学科[2]。

应用型大学作为高等教育体系的一个组成部分,对推进产教融合、科教兴国、"双一流"建设有着非常重要的作用,其发展质量和水平决定了各行业人才输入质量,对地方经济社会发展有重要意义。应用型大学应立足新时代,更新教育理念,对标新要求,坚持党的领导,将党的指导方针、理念、政策层层落实到高校各个部门。教务处、学生工作处、团委和学院等部门应积极推进党的建设,将学生培养为全面发展的党的接班人。一流本科专业建设是国家"双一流"建设的任务核心,也是提升专业建设能力、推动专业发展的重要途径[3]。应用型大学应不断推进一流专业建设,把党建渗透在一流专业的建设中。

二、"党建+专业"教师职业的定位与作用

"党建+专业"是促进党建与一流专业建设有效融合的途径,对应用型大学培养高素

---

[1] 习近平. 高举中国特色社会主义伟大旗帜为全面建设社会主义现代化国家而团结奋斗[N]. 人民日报,2022-10-26(001).

[2] 孙绵涛,吴亭燕. 党的二十大报告教育重大部署框架结构分析[J]. 教学与管理,2023(4):3.

[3] 陈国杰,谢东,罗清海,等. 地方高校一流本科专业建设探索与实践[J]. 中国现代教育装备,2022(21):120.

质、专业技能强、促进经济社会发展的社会主义接班人有重要意义。

在"党建+专业"的背景下，教师的职业定位从知识传授者转变为全面发展的引导者和建设者。

首先，教师要树立正确的教育理念，把师德放在首位，做到爱岗敬业，教书育人。身教胜于言传，教师唯有以自身的优良德性感染学生，才能促进学生品德的发展，进而改良整个社会的风气。在学校层面，良好的校风是学生健康发展的基础。应用型大学的教师应明白自身职业的神圣感和使命感，关心国家大事，关注党的建设方针，紧跟党的集中统一领导，对工作认真负责，乐于为党的教育事业奉献自己。

其次，在知识传授层面，应用型大学不仅注重理论知识的传授，更重视实践知识的应用，这就要求教师具有足够的知识储备与过硬的实践能力。在知识爆炸与不断更新的时代，教师要不断学习新知识，并且去企业中积极实践，了解科技最新发展动态与行业行情。

再次，在应用型大学教师职业发展过程中，教学与科研应该齐头并进。应用型大学应重视科研，定期邀请各领域学术专家来到校内开展讲座，也应创造条件使教师走出去，去其他高校或者机构学习或研究。目前，各高校的教师都意识到了科研的重要性，但是一些教师由于教学任务过重，跨专业教学，科研工作开展得并不顺利，教师应积极克服这些困难，迎难直上，真正投入时间和精力，在专业领域深耕，发现问题，解决问题。教师在专业研究的同时，要把教学研究放在首位，解决教学中遇到的问题，争取在相关领域突破瓶颈。

最后，教师应不断提高教学能力。一方面，信息技术高速发展，学生可以在各大线上平台自主学习。而且各种学习音频、视频、课件等资源充斥在互联网上，教师在备课时，可以巧妙整合互联网资源，创新教学方法，以饱满的热情进行教学，使学生有效地学习到新知识。另一方面，教师要不断提高专业教学水平。备教材，温故而知新；备学生，因材施教；从教学评价中发现问题并进行改进。通过自我反思、自我更新实现自我发展。教师发展过程即自我反思、自我更新过程[①]。

应用型大学的教师应准确把握自身定位，全面提高自身素质、教学质量，促进学生全面发展。

三、"党建+专业"教师的角色与特点

在"党建+专业"的背景下，应用型大学教师发展定位是清晰的、层次分明的。在实践当中，各高校应密切推进一流专业建设，并把党的指导方针贯彻落实到专业建设中。这要求教师既是政策落实者又是专业建设者，既是教学管理者又是课程开发者，集多种角色于一身。

应用型大学的教师角色大致可分为六种：专业建设或课程负责人、学术教师、教学设计师、任课教师、辅导教师和服务教师。专业建设负责人统筹管理专业项目论证，优化专业建设；课程负责人组建课程团队，开发教学团队，保证课程的质量与特色。学术教师是

---

① DOYLE W. Themes in teacher education research [M]//HOUSTON W R. Handbook of research on teacher education. New York: Macmillan, 1990.

具有丰富教学经验和科研素养的学术型教师，能推动科研团队的进步，为研究提供科研指导。教学设计师协助课程负责人和学术教师开发课程资源，组织活动，实施教学评价。任课教师是课程的实施者，使教学正常开展。辅导教师面向学生，组织各种学习活动、班级活动，完成教学评价。服务教师负责行政事务，为课程教学班提供管理和咨询服务，协助辅导教师完成各项学习活动与任务。

在实际情况中，一个教师往往身兼数职。多角色、多岗位客观上决定了教师的多元化职业发展。从岗位适配和人性化管理的角度来看，"无论教师扮演什么角色，只要他在某一方面非常出色，他都应该能得到专业发展"，做到人尽其才①。

第二节 "党建+专业"师资队伍建设的理论基础

一、协同理论

协同理论产生于 20 世纪 70 年代，其具体内涵是：对于一个复杂开放系统而言，其内部的若干子系统会共同产生整体效应，而子系统则通过内部的协同作用，发挥出协同效应，使系统通过临界点的质变而实现从无序到有序的转变，进而形成稳定的系统结构②。协同理念现今已经成为高校推进党建工作创新发展、提升党建工作实效性的必然选择。高校党建工作协同化就是要将党建工作系统中各种资源和要素进行优化组合和重新配置，形成具有某种新的组织结构和功能的党建工作统一整体，这个新的整体在党建工作中产生新的协同效应和整体效应③。而在"大思政"和"一流专业建设"大背景下，高校党建与学科建设两者之间的"同频共振"是开展全面从严治党的重要渠道与方式，对于提高党组织的凝聚力和战斗力具有重要意义。

习近平总书记在全国教育大会上指出，要"坚持党对教育事业的全面领导"。学科建设作为高校教育事业的重要组成部分，将高校党建与学科建设有机地结合在一起，是加强党对高等教育领导的客观要求，又是在教育领域贯彻执行党的指导思想、方针和政策的前提条件，也是高校实现"双一流"实践征程中的根本保证④。

但是目前，新时代高校党建工作在基层党组织层面普遍存在党建工作与教学、科研等业务工作缺乏深度融合的情况。即党建工作与专业建设存在"各司其职"、相互割裂的状态，专业教师更注重教学、科研，认为"党务管党务，业务干业务"，而党组织引领专业队伍的组织力也相对弱化，因此两者之间各行其道。高校教育中，教师是主体，要推进"党建+专业"模式的有效应用，促进党建和专业的协同发展，必须充分发扬教师共产党员先锋模范作用，培养更多优秀人才，把党的政治优势和组织优势转化为制胜优势，通过

---

① 冯立国，刘颖. 开放大学教师专业化发展的若干问题：定位、角色和职责与职业发展 [J]. 中国远程教育，2016 (8)：74.
② 陈巍. 协同理论视域下高校大思政教育创新路径研究 [J]. 湖北开放职业学院学报，2021, 34 (20)：135-136.
③ 袁爱媛. 新时代高校内涵式发展的多元协同体系研究 [J]. 重庆高教研究，2023, 11 (1)：26-38.
④ 赵排风. 习近平新时代关于高校思想政治教育重要论述的三重维度 [J]. 商丘师范学院学报，2023, 39 (2)：44-47.

优秀的师资队伍不断推动学校教书育人水平的提高[1]。要求高校教师真正具备过硬的政治素养、教书本领和育人水平，高校党建工作和师资建设工作的深度融合对新时代高校党建工作的高质量发展具有重要意义[2]。通过党建工作和师资建设工作的融合发展，加强师德师风建设，创设党建工作与师资建设工作融合环境，内控师资建设工作纪律，完善师资建设工作体系。

在协同理论指导下，"党建+专业"师资队伍建设的具体措施如下：首先，应加强党委领导下的师资保障机构建设，加强现有的独立设置或附设于高校的教师培训机构建设，组织保障机构可以保障高校师资建设工作的持续性。其次，完善师资队伍体系，构建合理的师资结构，发挥高校中专业课教师、思想政治理论课教师、专职辅导员、就业创业导师等教师的作用，切实提高学校师资水平。最后，完善教职工激励与考核体系，将教职工激励考核指标更多地与党建工作的参与度结合在一起，根据实际情况完善激励制度和考核方案，激发教职工参与党建工作的积极性。加快推进高校党建工作与师资建设工作的深度融合，是高校管理工作和党建工作的双重延伸，是高校总体发展的客观要求[3]。

二、三全育人

"三全育人"，即全员育人、全程育人、全方位育人。2017年中共中央、国务院《关于加强和改进新形势下高校思想政治工作的意见》提出坚持全员全程全方位育人（简称"三全育人"）要求。为推动"三全育人"综合改革，教育部于2018年开展了"三全育人"综合改革试点工作，围绕立德树人根本任务，全面提高人才培养质量[4]。2019年全国高校思想政治工作会议指出，"要坚持把立德树人作为中心环节，把思想政治工作贯穿教育教学全过程，实现全程育人、全方位育人，努力开创我国高等教育事业发展新局面。""三全育人"是新时代马克思主义的全面发展理论的时代拓展，是中国共产党百年思想政治教育的时代演化，是高校思想政治工作的时代创新[5]。

"三全育人"要求育人主体首先要具备良好的师德师风，师德建设是开展"三全育人"的基础和保障。新时代对教师的师德建设提出了新要求，要做有理想信念、有道德情操、有扎实学识、有仁爱之心的"四有"好老师，要潜心教书育人，更好地担当起学生健康成长的指导者和引路人[6]。教师的师德直接影响着育人的效果，因此"三全育人"要求高校的师德建设必须建立一套长效机制[7]。师德建设的长效机制既要约束教师的育人活动，强化教师的道德意识，提高教师的师德水平，又要调动教师的积极性，完善激励机制，从而推动教学改革和教学管理的良性发展。

---

① 张艺君. 高校学科建设目标责任制的运行逻辑、管理困境与治理改革 [J]. 中国政法大学学报, 2023 (1): 66-82.
② 李晓光. 习近平总书记关于师德建设重要论述的理论精髓和实践品格 [J]. 现代教育科学, 2023 (1): 54-60.
③ 阚亚雄. 新时代高校党建工作与师资建设工作深度融合研究：以镇江高等专科学校为例 [J]. 镇江高专学报, 2022, 35 (4): 60-62.
④ 贾立平. 新时代高校全员育人的根本目标、现实困境与协同体系构建 [J]. 河北农业大学学报, 2023, 25 (1): 114-121.
⑤ 孙楚航. 高校思想政治贯穿人才培养体系逻辑理路与实践创新 [J]. 思想理论教育, 2023 (2): 99-105.
⑥ 耿毅乾. 新时代高校教师思想政治工作的意义及创新路径 [J]. 长春师范大学学报, 2023, 42 (1): 138-141.
⑦ 傅尧力. 新时代高校教师思想政治工作提升路径探析 [J]. 厦门城市职业学院学报, 2023, 25 (1): 70-76.

全员育人明确了全员的责任和担当，也对师资队伍建设提出了更高要求，即整体师资队伍各方面素质和能力都要有所提升①。高校不仅要重视专任教师的队伍建设，还要重视管理、实验等教辅队伍建设甚至是服务人员素质和能力的提升。尤其对后者要特别给予重视，要持续开展相关培训，增加进修、交流的机会，既要注重思想政治教育，还要提高人员综合素质，为提升队伍建设水平做好相关的工作，为全员育人奠定基础。

全过程育人强调育人过程的阶段性和持续性，只有师资队伍建设不断深化才能为全过程育人打下基础。师资队伍建设既要不断引进高水平人才，以适应国际化的需求，还要重视创新创业教育，注重提升教师的创新能力以及培养学生的创造性思维。同时，师资队伍的结构也要不断调整，以适应高等教育的内涵式发展，促进"双一流"建设。师资队伍的深化改革为"三全育人"提供了基本保障，师资队伍建设的成效直接影响着"三全育人"工作的推进。

三、中国特色社会主义教师队伍建设观

中国特色社会主义教师队伍建设观指出：在教育事业推进中，相信振兴教育的希望在于教师，赋予教师队伍建设以战略地位；在教育质量形成中，将高素质教师培养视为优质教育的必备条件。②党的十八大以来，习近平总书记也多次针对教师工作特别是高校教师队伍建设进行论述，揭示和阐明了新时代加强高校教师队伍建设的重要意义、目标任务及实施路径，这些论述是习近平新时代中国特色社会主义思想的重要组成部分。③

何为高素质教师队伍？在关于教师工作的系列重要讲话中，习近平总书记先后提出了"三个"牢固树立、"四有"好老师、"四个"引路人、"四个"相统一、"六个要"等标准和要求。其中有些是面向全体教师提出的评价标准，有的则是针对特定群体提出的工作要求，共同构成了包括高校教师在内所有教师的行动指南和参照标准。在"双一流"建设以及信息技术高速发展的背景下，高校教师群体要想业务能力特别是科研水平得到更大程度的提升，必须不断学习才能真正做到"授业解惑"。同时，高校教师作为"传道"之人，对学生世界观、价值观、人生观有着深远的影响，因此，优质的教师队伍也必定是坚定社会主义核心价值观，立德树人之人。因为教师是教育之本，师德是教师之本，育有德之人，需有德之师。2013年9月9日，习近平总书记在乌兹别克斯坦进行国事访问期间，向全国广大教师致慰问信，希望全国广大教师"牢固树立中国特色社会主义理想信念，带头践行社会主义核心价值观，自觉增强立德树人、教书育人的荣誉感和责任感，学为人师，行为世范，做学生健康成长的指导者和引路人。"④因此，在"党建+专业"模式下，在围绕专业层面进行师资队伍建设时，也必须发挥教师队伍内党员的带头作用，促进师德师风建设。

---

① 詹志林. 三全育人视域下的专业群课程思政体系化研究 [J]. 漳州职业技术学院学报, 2022, 24 (4)：7-14.
② 龙宝新. 论中国特色社会主义教师队伍建设观的基本框架 [J]. 现代基础教育研究, 2017, 25 (3)：114-120.
③ 康秀云. 论习近平学校思想政治工作重要论述的办学育人主题 [J]. 山西高等学校社会科学学报, 2023, 35 (1)：1-7.
④ 李园园. 加强与改进新时代教师师德师风建设研究 [J]. 中国成人教育, 2022 (19)：71-74.

第三节 "党建+专业"师资队伍建设研究现状

一、"党建+专业"师资队伍建设的构建逻辑

(一)高校党建育人的重要意义

2018年,习近平总书记在全国教育大会上旗帜鲜明地指出,"加强党对教育工作的全面领导,是办好教育的根本保证。"[①] 这科学地揭示了中国共产党的领导对中国教育事业发展的统领作用,指明了新时代中国特色社会主义教育事业的根本属性[②]。习近平总书记指出,"我国是中国共产党领导的社会主义国家,这就决定了我们的教育必须把培养社会主义建设者和接班人作为根本任务。"由此可见,坚持党对教育事业的全面领导,是办好中国特色社会主义大学的根本保障[③]。

党的十八大以来,习近平总书记就"培养什么人、怎样培养人、为谁培养人"发表了一系列重要论述,深刻地阐述了中国特色社会主义教育事业发展的根本性、方向性、全局性、战略性等重大问题。习近平总书记强调,"我们的教育必须把培养社会主义建设者和接班人作为根本任务。"习近平总书记指出,"古今中外,每个国家都是按照自己的政治要求来培养人的。"这"为谁培养人"是教育的根本性、方向性问题,是"培养什么人""怎样培养人"的根本前提,决定着立什么德、树什么人,以及用什么标准、什么方式树人[④]。

(二)高校教师党支部的育人角色

要实现中国特色社会主义教育大计,教师队伍的发展是根本,高校教师是落实教育事业立德树人根本任务的最重要的责任主体和实施主体[⑤]。教师是提高应用型人才培养质量的主体,教师队伍的质量决定了大学的建设水平和发展高度[⑥]。《教育部等六部门关于加强新时代高校教师队伍建设改革的指导意见》指出,以习近平新时代中国特色社会主义思想为指导,落实立德树人根本任务,聚焦高校内涵式发展,以强化高校教师思想政治素质和师德师风建设为首要任务,以提高教师专业素质能力为关键,以推进人事制度改革为突破口,遵循教育规律和教师成长发展规律,为提高人才培养质量、增强科研创新能力、服务国家经济社会发展提供坚强的师资保障。[⑦] 这对高校推进师资队伍建设改革提出了新的时代要求。

[①] 教育部课题组. 深入学习习近平关于教育的重要论述 [M]. 北京:人民出版社,2019.
[②] 段妍. 习近平"坚持党对教育事业的全面领导"重要论述的生成逻辑 [J]. 东北师大学报(哲学社会科学版),2021(3):34-38.
[③] 张成龙,李永伟. 高校为何要实施"党建+"引领工程 [J]. 人民论坛,2019(8):86-87.
[④] 胡占君. 准确把握人才培养的根本问题 [J]. 中国高等教育,2019(11):48-49.
[⑤] 何明勇. 高校院系党组织党建育人的理念阐释及当代特色:评《新时代高校院系党组织党建育人的探索与创新》[J]. 领导科学,2022(2):155.
[⑥] 李海梅. 新时代背景下应用型本科高校师资队伍建设路径 [J]. 人才资源开发,2022(8):19-20.
[⑦] 教育部等六部门关于加强新时代高校教师队伍建设改革的指导意见:教师〔2020〕10号[EB/OL].[2021-01-04].http://www.moe.gov.cn/srcsite/A10/s7151/202101/t20210108_509152.html.

充分发挥高校教师党支部的政治功能，有助于强化政治思想和主流价值引领，凝聚各级各类组织形成强大的育人合力，建设一支政治思想觉悟高、专业素质强，能够满足党、国家、人民和时代需要的师资队伍。这对于全面贯彻党的教育方针，落实立德树人根本任务，将价值塑造、知识传授和能力培养融为一体，培养德智体美劳全面发展的社会主义建设者和接班人具有重要的意义①。

（三）"党建+专业"融合的必然性

党建与教育教学的深度融合是基于中国国情、党情以及高等教育自身的发展变化提出的新要求。应用型大学的专业设置和学科建设是以培养应用型人才，服务并推进中国地方经济发展为重要导向的。这就决定了应用型大学的专业建设体系必须满足市场和行业的需求，否则不能实现国家赋予应用型大学的根本任务。应用型大学对应用型人才培养的特殊性决定了其党建工作应紧密结合区域、产业和专业②。因此，应用型大学党建工作与专业的融合具有时代发展的必然性。

以应用型大学各专业为依托而建立的高校教工党支部，有利于搭建专业课教师与学生的桥梁。在专业教育的过程中，专业教师可以作为高校党建工作的实施者，将立德树人的根本任务融合到专业课程中，为中国特色社会主义培养能够服务中国地方经济发展的有用接班人。党支部区别于其他组织的一个重要标志就在于其政治性，而高校教工党支部的另一个重要特征则是学术性③。政治性与学术性的融合将更好地实现党和国家赋予高校立德树人的根本任务，培养中国特色社会主义合格建设者和可靠接班人。

二、"党建+专业"师资队伍建设的发展机制

（一）"双带头人"师资培养机制

为了提升高校党建的工作质量，加快推进"双带头人"的培育工程建设，2018年教育部首批100个中国"双带头人"教师党支部书记工作室，该举措对提升高校教师党支部书记做好学术和党建工作的能力水平具有深远的意义④。把高校中党性强的学科带头人选拔出来担任高校党支部书记，有利于将党的建设与学术研究和教育教学工作有机高效地结合起来，从而有力地推进高校党建工作，同时有效地推动高校教学科研工作的发展⑤。

高校教师党支部书记既是党建工作者，同时又是学术/专业带头人，这一"双带头人"机制，可以使高校的思想政治工作、党的教育方针、教育目标，通过"双带头人"的身份贯穿高校党组织活动乃至教学科研工作的始终。这有助于充分发挥高校基层党组织在推进教育教学改革、应用型人才培养、学术发展、师资队伍建设、文化传承等方面的核心领导作用。同时，高校教师肩负着培养中国特色社会主义建设者和接班人的重要任务，"双带

---

① 陈秋生. 高校院系党组织政治功能的核心要义及实现路径 [J]. 思想理论教育, 2020 (10): 81-85.
② 赖洁瑜, 林霞, 张慧. 新时代应用型高校党建工作与教育教学深度融合探析："党建+专业"教育体系研究为主 [J]. 安徽职业技术学院学报, 2020, 19 (3): 77-80.
③ 贾寒, 吕开河. "党建+"理念下高校教工党支部工作新模式探究 [J]. 学校党建与思想教育, 2021 (4): 49-51.
④ 中共教育部党组关于高校教师党支部书记"双带头人"培育工程的实施意见 [Z]. 教党 [2018] 26号.
⑤ 刘伟, 赵憬. 新时代高校基层党建工作机制新探索：基于对高校"双带头人"教师党支部的调研 [J]. 党政干部学刊, 2020 (1): 38-42.

头人"机制，能够极大地增强高校党支部党建工作的针对性和实效性①。

应用型大学"双带头人"党支部工作机制符合高校发展的实际需求，有效实现了党务和业务的"双融合"，充分体现了高校"服务国家、服务社会、服务人民"的宗旨。在应用型大学党建工作中，应鼓励创建党支部建在学科上、专业上的高校党建模式，以支部党建引领教师的专业发展，教师发展引领学科发展，实现"双带头人"的师资培养方案，促进应用型大学的师资队伍建设。

（二）"双师双能型"师资共建机制

结合地方经济发展的要求，优化专业结构，改革人才培养方案，提升人才培养的质量，满足社会的人才需求是应用型大学发展的必由之路②。为了培养符合社会真正需求的人才，"双师双能型"高校教师是实现以上育人目标的关键。应用型大学人才的培养离不开"双师双能"素质的高校教师，即教师既要有较高的理论教学素质，同时也要具备较强的实践教学能力。

要培养有较高理论教学能力和实践能力的"双师双能型"教师，推进产学研合作教育，提高应用型人才的培养质量和服务地方的能力。新建应用型本科院校除了引进有企业经验的教师到校任教，还须有规划地安排专业教师到企业挂职锻炼，在实践中丰富教学案例，将最新科研成果应用到实践和教学当中，促进教学改革，提升教师实践能力，真正成为一支"双师双能型"教师队伍③。

三、"党建+专业"师资队伍建设的现存问题

（一）课程思政与专业教学融合程度不高

在专业教学中融入课程思政是实现党对教育工作全面引领的重要手段。然而，应用型大学仍然存在重专业轻思想、重技能轻素质、重教学轻党建的现象，党建和教育业务"两张皮"的问题尤为突出。为了改变这一现象，高校需要通过课程改革，将原专业学科的教学内容与党建教育内容相结合。这需要相关科任教师打破专业课程在教学理念上的局限性，修订人才培养方案，改革教学目标，重新建立以培养政治思想与专业技能并重的复合应用型人才④。

（二）"双带头人"后备人才储备不足

"双带头人"对"党建+专业"的高校党建工作建设意义重大，然而目前高校中符合条件的"双带头人"师资队伍储备人才不足。担任"双带头人"的党支部书记的理想人才必须为中国共产党党员，同时也是学科带头人或者专业带头人。然而，学科带头人或专业带头人的学术业务繁重，再加上党务工作要求高，因此导致"双带头人"教师党支部的党建工作和学术发展在一定程度上存在矛盾，也使得"双带头人"无暇兼顾学术和党建工作。

---

① 刘伟，赵憬. 新时代高校基层党建工作机制新探索：基于对高校"双带头人"教师党支部的调研 [J]. 党政干部学刊, 2020（1）: 38-42.
② 曲艺. 应用型本科院校特色专业群发展路径思考 [J]. 黑龙江科学, 2021, 12（21）: 118-119.
③ 王莉. 应用型地方本科院校师资队伍建设路径研究 [J]. 黑龙江科学, 2022, 13（3）: 36-37.
④ 赖洁瑜，林霞，张慧. 新时代应用型高校党建工作与教育教学深度融合探析：以"党建+专业"教育体系研究为主 [J]. 安徽职业技术学院学报, 2020, 19（3）: 77-80.

(三) "双师双能型" 师资素质良莠不齐

在建设"双师双能型"教师队伍过程中，应用型高校教师具有较强的教学技能，但因为缺乏实际的产业工作经验或者对新型技术以及设备的操作应用能力，导致大多数高校教师的实践应用能力与理论教育教学能力脱节，从而无法满足培养应用型人才的需求[①]。虽然高校通常会出台相关政策，要求教师到企业挂职，完成一定量的企业实践，但通常流于形式，高校教师仍然缺少解决实际问题的能力。

(四) 师资队伍结构比例严重失衡

从整体结构上看，应用型大学的师资队伍年龄结构比例严重失衡，专任教师中主要以35岁以下的年轻教师为主，含高级职称的教师比例相对较少，35~55岁的中青年骨干教师相对缺乏，造成中坚力量薄弱，学科带头人和专业带头人中中青年教师缺失。

(五) 党支部设置模式与新时代需求相矛盾

当前，部分高校党支部的设置，尤其是高校文科院系仍然以传统意义上的教研室为单位进行划分。由于高校教师党支部既具有政治性也具有学术性，因此简单地以教研室进行支部的划分将不利于学科和科研团队的建设，也不利于教师和学生的提升，与新时代的发展需求存在矛盾。随着新时代"双一流"大学建设的需求变化，高校应探索适应时代要求的党支部设置模式。

第四节 "党建+专业" 师资队伍建设对策及措施

本节主要对调查问卷进行分析。调查问卷共设置19道题，内容主要包括：教师背景调查，师资队伍结构，教师党支部设置模式，"双师双能型"师资队伍，课程思政与专业教学融合程度。教师背景中包括所在高校是否属应用型大学，政治面貌，高校担任专任教师、辅导员、行政人员、党务工作者等情况，具备哪些资格证书，目前是否从事相关工作，是否为学科带头人或专业带头人或骨干教师。师资队伍结构中，设置了年龄、职称、教师属性（"双带头人"教师、"思政+专业"教师、"双师双能型"教师）。教师党支部设置模式上设置了党支部是建在教研室上还是建在专业上，或是建在科研团队上，以及高校教师党支部应按什么划分。"双师双能型"师资队伍中设置了企业实践机会与经历以及实践时长。在课程思政与专业融合程度上存在的现象：重专业轻思想、重技能轻素质、重教学轻党建，课程思政与专业课程教学融合度以及难度。

回收有效问卷34份，涉及全国11所学校，以下为具体分析。

一、融合课程思政与专业教学

回收的问卷调查结果显示，应用型大学取样中，"思政+专业课"教师仅占总人数的11%，其中有武汉设计工程学院、仰恩大学、沈阳工学院、抚顺职业技术学院（抚顺师专）、广州新华学院、韶关学院等。由此反映出课程思政和专业教学的结合度还不够紧密，

---

① 李海梅. 新时代背景下应用型本科高校师资队伍建设路径 [J]. 人才资源开发，2022 (8)：19-20.

或者两者融入得还不够。因此，针对应用型大学仍然存在重专业轻思想、重技能轻素质、重教学轻党建的现象，应加强应用型大学思政与专业教学相融合的工作。比如，可以将课程思政教学与教育教学评估体系相结合，更注重"立德树人""三全育人""五育并举"等方面的培养和建设，并将这三方面内容融入课堂评估中；另外，可以根据职业本科人才培养的特殊性，对指标体系重新进行设计。比如，实践教学环节应该贯穿人才培养的全过程，在整个学期当中考察学生的"实验教学""实习实训""社会实践""毕业论文（设计）与综合训练"各方面的思政报告情况，并可以将课程思政融入考察项目的方方面面①。

二、做好"双带头人"的储备工作

回收的问卷调查结果显示，在34份问卷中，"双带头人"教师仅占5%，如广东科技学院两名被调查教师。因此，做好"双带头人"的储备工作也显得尤为重要。首先，需要提高"双带头人"的师资比例，扩大储备人才队伍。担任"双带头人"的党支部书记的理想人选必须为中国共产党党员，同时也是学科带头人或者专业带头人，而调查结果显示，党员教师人数占79%。因此，可以加强教师中的党员队伍储备力量建设，同时加强引导和培养符合条件的教师的学术能力和党建工作能力。其次，可以优化"双带头人"教师的工作任务分工，使学术任务和党建工作能够更高效地完成。

三、加强"双师双能型"师资素质

应用型高校具有"家族相似性"特征，即群性，具体体现在办学基本要素的构成及办学要求上。根据系统论原理，结构决定功能，学校根据构成要素和结构，发挥相应的功能，达成相应的办学目的②。

应用型大学要实现办学的两大目的，其办学体系一般包括"双师型"师资队伍的建设。建设一支懂应用、有实践经验的高水平师资队伍对实现应用型高校办学功能具有重要作用③。调查统计显示，"双师双能型"教师仅占总调查人数的29%，分别为武汉设计工程学院、仰恩大学、东莞城市学院、沈阳工学院、江西现代职业技术学院、沈阳工学院等高校教师。"思政+专业课"教师占11%，主要集中在广东科技学院，而非"双师双能型"教师、非"思政+专业课"教师，也非"双带头人"教师的比例则达到47%。因此，该数据表明，应用型大学中，"双师双能型"教师建设还需进一步加强，除了担任专业教师，应扩展教师其他技能的培养，提高"双师双能型"教师素质，加强教师队伍的建设。调查中显示，有82%的教师都持有除教师资格证以外的职业技能证书，这说明大部分教师除了教学还有某方面的专业技能，这些教师的技能应该加以培养和引导，以此推动教学和专业建设的发展。

四、优化师资队伍结构比例

问卷调查结果显示，30岁以下教师占20%，30~35岁教师比例为14%，35~55岁教

---

① 王旭初，黄达人. 历史同源与类型竞合：职业本科与应用型本科关系的厘清与重塑 [J]. 国家教育行政学院学报，2022（9）：30-37.
② 别敦荣. 应用型高校的办学理念与建设路径 [J]. 中国高教研究，2022（4）：1-8.
③ 同②.

师比例为52%，而55岁以上的教师比例为11%。然而拥有副高职称的教师只占32%，正高职称教师只占2%，有35%的教师是讲师，剩下29%的教师是助教。这表明，应用型大学取样中的师资队伍年龄结构和职称匹配度仍需优化，加强对教师职业发展和职称评定细则的引导和透明化，使教师对自身职业发展道路有更明晰的定位，同时也应增加一些教师职业技能方面的培养和锻炼。此外，应着重提升青年教师队伍的专业技能与学术研究能力，强化中青年骨干教师的梯队化储备机制，持续完善师资队伍的年龄梯度建设与职称结构优化。

五、党支部设置应符合新时代需求

回收问卷调查报告中显示，应用型大学取样中，把党支部模式建在教研室的比例占50%，分别是青岛大学、广东科技学院、沈阳工学院、广州新华学院等。建在专业上的占比为38%，分别是武汉设计工程学院、广东科技学院、仰恩大学、江西现代职业技术学院、抚顺职业技术学院（抚顺师专）等。而把党支部模式建在科研团队上的仅占8%，主要集中在韶关学院以及广东科技学院。由此可以看出，当前部分高校党支部的设置，仍然以传统意义上的教研室为单位进行划分。然而专业建设和科研的进行都需要更细化的、更专业的教师团队作支撑。因此，应积极转变现有的以教研室为单位的党支部建设，细化党支部设置模式到专业建设和科研团体上，促进专业建设和科研事业的发展。由于高校教师党支部既具有政治性也具有学术性，这将更有利于学科和科研团队的建设。

第八章　项目团队式师资队伍建设路径

第一节　背景、概念与意义

一、背景

社会的发展和产业结构的调整，对应用型人才的需求越来越强烈。应用型大学肩负着培养具有实践能力和综合素质的应用型人才的任务，以适应社会需求的变化。2015年，教育部、发展改革委、财政部印发的《关于引导部分地方普通本科高校向应用型转变的指导意见》中明确要求有意愿的高校可以率先探索应用型发展模式。在国家政策指引下，绝大多数省份开展了转型改革，目前已有400多所应用型大学展开了转型改革试点。转型改革重点涉及办学模式、人才培养模式、专业建设、师资队伍等核心要素，其中师资队伍建设是转型关键[1]。随着国家对应用型人才培养的重视和推进，相关政策对应用型大学的师资队伍建设提出了更高的要求。例如，国家发布的《关于加快发展现代职业教育的决定》提出，要加强职业教育与普通教育的衔接，推动职业教育与经济社会发展的紧密结合，提高人才培养质量。这需要应用型大学加强与行业企业的合作，建设一支具备实践经验和能力的师资团队。而教师是实现应用型大学办学目标的关键因素之一，教师的素质和能力直接关系到人才培养的质量。因此，应用型大学需要注重师资队伍建设，提高教师的专业素养、实践经验和能力，以适应教育教学的需要。同时随着教育改革的深入推进，教育界对应用型人才培养的认识不断提高。应用型大学需要不断改革和创新教育模式，注重实践教学和实践能力的培养，加强与行业企业的合作，建设一支能够适应教育改革需要的师资团队，为应用型人才培养提供强有力的支撑与保障。

美国哈佛大学前校长科南特说过，"大学的荣誉不在于它的校舍和人数，而在于它一代一代教师的质量，一个学校要站得住，教师一定要出色。"清华大学前校长梅贻琦先生也说过，"大学者，非大楼之谓也，乃大师之谓也。""师资为大学之第一要素，吾人知之甚切，故亦图之至急[2]。"教师是高等教育构成的基本要素之一，改变教师就能改变高等教育的本质，教师对一所高校的作用毋庸置疑。对于应用型本科院校而言，教师作为最重

---

[1] 教育部、国家发展改革委、财政部. 关于引导部分地方普通本科高校向应用型转变的指导意见 [Z]. 教发 [2015] 7号.

[2] 张文娇. 应用型本科院校专业课师资队伍建设研究 [D]. 石家庄：河北师范大学，2019.

要的人力资源，是影响高等教育活动水平和质量的重要因素，更是应用型本科院校赖以生存和发展的基础①。

应用型本科教育作为高等教育的重要组成部分，承担着为地方经济和社会发展输送实用型人才的重任。因此，应用型本科院校要持续有效地满足地方经济和社会发展的需求，获得相应的资源并实现其组织目标，其首要途径就是充分挖掘和开发自身的人力资源。所以，如何通过高校教师培训来促进教师队伍的全面发展，是应用型本科院校当前重中之重的首要问题②。

但是应用型大学的师资队伍建设有较大困难，主要存在以下六方面的问题：

1. 教学经验不足

应用型大学主要的三个群体是民办本科学院（包括转设完成后的独立学院）、地方性二本学院和高职转设的职业本科学院。由于这三类院校存在要么地域偏远、不发达、待遇低等，要么学校不稳定、无编制、层次低等问题，造成很难引进和组建高水平的师资队伍。许多新招聘教师大多通过短期的培训和基本的听课、磨课等方式就直接站上讲台教学，严重缺乏教学经验，无法高质量地胜任应用型本科课堂的教学任务，影响教学效果。

2. 理论与实践脱节

应用型大学的师资大多数直接来自高校刚毕业不久的研究生，大多缺乏实践应用能力。而应用型本科教育更加强调实践，需要培养具有高素质应用创新型人才，服务区域经济发展，但应用型本科教师缺乏实践经验，难以将理论与实践结合起来③。

3. 学科结构不够合理

由于应用型大学大部分的学院定位、专业定位都是服务地方经济发展，培养应用创新型人才，造成院校的专业大多是基于地方行业发展来设置的，使得一些院校教师学科结构单一，无法满足应用型本科教育的多样化需求。

4. 缺乏教学创新意识

应用型大学由于建校时间短，教师年级梯度断层严重，要么是刚引进的青年教师，要么是退休返聘的老教授，这两类教师出于受教育情况以及经验等原因，往往都按照传统的教学模式进行教学，缺乏创新意识，难以适应应用型本科教育的要求。

5. 缺乏科研能力

应用型本科教育虽然强调产学研结合，教师需具备一定的科研应用能力，但由于大部分教师都是硕士研究生，博士研究生的比例较低，同时科研平台相对较弱，使得科研创新动力不足，特别在工科专业方面体现得尤为明显，甚至有些教师缺乏科研意识和能力。

6. 缺乏职业素养

由于应用型大学"双师双能型"师资占比低，队伍建设也不理想，使得一些教师自身职业素养欠缺，而应用型本科教育强调培养学生的职业素养，因此教师难以给学生提供良

---

① 孙堃伦. 四川省应用型民办本科高校师资队伍建设研究 [D]. 昆明：云南师范大学，2019.
② 高丽. 黑龙江省应用型本科院校教师培训研究 [D]. 哈尔滨：哈尔滨理工大学，2011.
③ 张大良. 把握"学校主体、地方主责"工作定位积极引导部分地方本科高校转型发展 [J]. 中国高等教育，2015 (10)：23-29.

好的榜样。

经过文献调研，当前全国对应用型本科院校师资现状的研究还很少，特别是实证研究方面研究非常缺乏。本书以广东省6所应用型本科院校为研究对象，以专业课师资队伍建设为研究内容，整体分析了广东省应用型本科院校专业课教师的现状与问题，提出了项目团队式师资队伍建设的有效措施和探索路径，对促进院校师资队伍建设，推进地方本科院校转型发展具有一定的价值①。

二、相关概念

（一）应用型本科

应用型本科是指以技术应用为办学定位，以社会需求和行业需求为导向，立足服务区域经济发展，而不是以学术型为办学定位的普通本科院校，是区别于学术型本科的本科类型。应用型本科旨在培养高层次高素质应用型人才，以满足中国经济社会发展的需要。潘懋元认为应用型本科有几个共同特征：一是以培养应用型人才为主；二是以培养本科生为主；三是以教学为主；四是以面向地方为主②。其在课程设置上注重加强实践教学环节，注重培养学生的实践能力和职业素养。例如，增加实验、实践、实习等教学环节，建立校企合作的人才培养模式，让学生在实践中学习、掌握和应用专业知识。在师资队伍方面，应用型本科通常会注重教师的实践经验和行业背景，鼓励教师开展实践教学和科研活动，同时也会聘请行业专家和企业人才担任兼职教师或实践教学指导教师。应用型本科是以培养应用型人才为目标的一种新型本科教育模式，注重培养学生的实践能力和职业素养，推动地方经济和社会发展，是一种具有中国特色和国际竞争力的高等教育模式。

（二）"双师型"教师

"双师型"教师概念是1990年王义澄③在《中国教育报》上首次提出，到2010年之后相关政策文件更加明确"双师型"概念。《国家中长期教育改革和发展规划纲要（2010—2020年）》文件中指明"双师型"内涵并提出建设路径。2015年国家明确提出了"双师双能型"教师概念，标志着"双师型"教师概念延至应用型本科。

"双师型"和"双师双能型"教师都是在教育领域中倡导的一种教师类型，它们的不同之处在于侧重点略有不同④。

"双师型"教师通常指的是在教育领域中同时具备两种不同职业资质和能力的教师，通常包括教师资格证书和相关职业资格证书，或者同时具备教学经验和相关行业工作经验。这种教师类型强调的是教师具备跨学科、跨领域的综合素质和能力，能够将理论与实践相结合，更好地指导学生。

"双师双能型"教师则更强调教师同时具备教学能力和实践能力。这种教师不仅具有教学经验，还具备与所教授专业相关的实践经验和能力，能够将理论知识与实践相结合，更好地引导学生掌握专业知识和技能。

---

① 杨妍，李立群. 基于应用型人才培养的地方本科院校师资队伍建设策略 [J]. 职业技术教育，2014，35（5）：76-78.
② 潘懋元. 什么是应用型本科？ [J]. 高教探索，2010（1）：10-11.
③ 王义澄. 努力建设"双师型"教师队伍 [J]. 高等工程教育研究，1991（2）：49-50.
④ 任冯嘉. 云南省应用型本科"双师双能型"教师队伍建设研究 [D]. 昆明：云南大学，2020.

总的来说,"双师型"教师更注重跨职业资质和能力的综合素养,而"双师双能型"教师更注重理论与实践的结合。无论是哪种类型的教师,都旨在提高教育的质量和实用性,培养具备更强的实践能力和综合素质的学生。

(三)项目团队式教师

应用型大学由于地域发展问题、高校经费不足、高校发展动力不够、教师待遇不高、教师教学任务重等众多因素,造成无法吸引大量优秀的师资力量,从而无法形成高水平、高素质的教师队伍,大量教师都是单打独斗进行大量的教学和科研任务,甚至还有校企合作和评估认证等任务,让应用型大学的教师苦不堪言,目前急需设计一种管理和评价教师队伍的创新模式。本书基于作者在应用型大学的实际工作经历,结合大量调研成果,提出了项目团队式多元型教师建设模式。从教育教学改革实际和应用性办学特征,探索构建多元型师资,形成应用导向的评价机制、双向发展的提升机制和多元融合的管理机制,以此助力应用型大学转型升级。

项目团队式教师队伍是指由多个具有不同专业、不同学科背景的教师组成的团队,共同承担一个项目的教学、研究、实践任务。这种团队结构将各领域的专家和学者有机结合起来,使教学内容更加全面、深入,能够把课程内容、理论研究、实践应用等方面有机地结合起来,使学生能够全面了解某个项目的知识和技能,有利于培养学生的综合素质和创新能力。项目团队式师资队伍需要具备跨学科、跨专业的能力,能够协同合作,共同完成项目任务,促进学生的综合素质提升。他们需要具备创新意识、团队协作能力、项目管理能力等多方面的能力,以保证项目式教学的有效实施和教学质量的提升。同时,项目团队式师资队伍需要不断更新自己的知识和技能,不断拓展教学资源,以跟上时代的变化和教学需求的变化。在项目团队式师资队伍中,各成员之间需要密切合作、沟通、协调,各自承担不同的责任和任务。这样能够促进各教师在自己的专业领域取得深入的科学研究和教学探索,同时也可以学习其他领域专家的经验和知识,不断拓宽自己的视野和学术能力。此外,项目团队式师资队伍还可以加强学校内部和学校与社会的联系,从而推动学校学科建设、科研创新和教育教学发展。

项目团队式师资队伍通过课程教研室或者课程虚拟教研室的方式组建,同时可以以国家级一流课程或者省级一流课程作为依托进行教学模式、教学方法等方面的研讨,相互学习、相互借鉴、资源共享,最终实现教学能力的提高。项目团队式师资队伍通过将研究方向相同或者相近的老师进行组建或者根据交叉融合课题方向进行组建,每个队伍都有一位高水平的学术带头人,还有一位相对年轻的学术骨干负责队伍建设、学术研讨的组织和落实,另外还有很多学术新星或者刚入校的青年教师,通过共同联合进行学术研究、学术分享和项目申报,产出大量优秀的科研成果,营造良好的科研氛围,提高教师的科研水平。

三、意义

应用型大学的重要人力资源是教师,加强师资队伍建设的研究[①],对促进应用型大学的可持续发展,提高应用型本科的教育质量和科学研究水平,提升学校的社会形象和知名

---

① 邢媛,闫智勇. 应用型大学教师专业化发展内部保障要素量化研究[J]. 中国职业技术教育,2017(21):92-96.

度等，均具有重要的实践意义和理论意义。

（一）理论意义

本研究以应用型本科专业课师资队伍建设为切入点，在全面调研的基础上，深入探讨广东省应用型本科专业课师资培养目标、培养内容、培养策略以及专业课教师知识、能力标准等理论问题[1]，对丰富应用型本科师资队伍建设理论体系具有一定的理论价值。

1. 实现教学与实践的有机结合

应用型本科教育注重培养学生的实际应用能力，师资队伍建设需要以此为导向。通过构建应用型本科师资队伍，可以将教学与实践有机结合起来，使教学内容更贴近实际应用，提高学生解决实际问题的能力。

2. 强调问题导向的教学

应用型本科师资队伍建设强调问题导向的教学方法。教师需要具备问题解决能力，能够引导学生从实际问题出发，探索解决问题的方法和途径。这种教学方法可以培养学生的分析、判断和解决问题的能力，提高他们的综合素质。

3. 培养创新思维和创业精神

应用型本科师资队伍建设旨在培养学生的创新思维和创业精神。教师需要具备创新意识和实践经验，能够引导学生进行创新性的思考和实践。通过教师的引领和激励，学生可以在创新和创业方面得到良好的培养，为社会的创新和发展作出贡献。

4. 推动学科交叉和融合发展

应用型本科师资队伍建设可以促进学科交叉和融合发展。教师需要具备跨学科的知识和技能，能够将不同学科领域的知识和方法有机结合，为学生提供全面的学科知识和综合素质培养。

5. 增强高等教育的社会责任感

应用型本科师资队伍建设可以增强高等教育的社会责任感。教师需要关注社会需求和发展趋势，将社会实践与教学相结合，培养学生具备解决社会问题的能力和担当精神。

总之，应用型本科师资队伍建设的理论意义在于实现教学与实践的有机结合，强调问题导向的教学，培养创新思维和创业精神，推动学科交叉和融合发展，以及增强高等教育的社会责任感[2]。这种建设路径的实施将有助于提高教学质量，培养具有实践能力和创新精神的应用型本科人才，为社会的发展和进步提供有力支持。

（二）实践意义

随着社会的发展，传统的单一师资教育模式已经无法满足培养高素质复合型人才的需求。通过建设项目团队式师资队伍，能够培养出具备多学科、多专业知识和技能的专业人才，能够有效地应对社会的发展需要。同时通过项目团队式师资队伍建设，可以搭建跨学科合作的平台，促进不同学科领域的专业人才进行交流和合作，实现知识的融合与创新[3]。另外传统的教育模式更注重理论知识的传授，而应用型大学的学校定位和专业定位是培养

---

[1] 周坤亮. 何为有效的教师专业发展[J]. 教师教育研究，2014（1）：43-44.
[2] 吴仁华. 建设应用技术大学需要解决六个问题[N]. 中国教育报，2014-05-12（010）.
[3] 朱飞. 新形势下河北省普通本科院校建设应用型大学探析[J]. 高等农业教育，2015（12）：38-42.

区域发展所需的高素质应用创新型人才,因此应该重视学生的实践能力的培养,注重培养学生解决实际复杂工程问题的能力。这需要高水平实践型师资队伍建设,而项目团队式师资队伍建设正是从该出发点进行思考来培养高水平复合型实践能力的教师。通过项目实践的方式,学生可以在真实的项目环境中学习和实践,提升解决实际问题的能力和经验,增强自身的实践能力。项目团队需要具备良好的团队协作和领导力。通过项目团队式师资队伍建设,可以培养学生的团队协作意识和能力,使他们能够在团队中有效地合作、沟通和协调。此外,通过项目实践的机会,学生还可以锻炼领导能力,提升在项目中的领导地位和影响力。他们不仅拥有学科专业知识,还具备团队协作、领导力和解决实际问题的能力,能够更好地适应和应对职业发展的挑战[1]。

本研究以广东省6所应用型大学为研究对象,结合广东省应用型大学的现实情况,对师资队伍建设情况进行分析,挖掘存在的问题及其成因,并结合现行政策法规提出具有针对性的对策建议,可以为全国应用型大学的师资队伍建设工作提供一定的借鉴和指导,对教育行政部门决策服务也具有一定的参考价值。

第二节 要素与内涵

一、项目团队式师资队伍建设要素

项目团队式师资队伍建设是一种以项目为驱动、以团队合作为核心、以教学效果为导向、以学生为中心的师资队伍建设模式。它主要包含以下几个要素:

1. 明确的团队目标和定位,以学校的教学需求为导向

建设团队前需要根据学校和团队的实际情况,明确团队的目标、职责和定位。建设团队需要以学校的教学需求为导向,确定团队的技能和知识需求[2],制定清晰的工作任务、流程和标准。同时,在建设过程中应该注重建设团队的发展目标,为团队成员提供可持续的职业发展路径。

2. 确定团队成员的要求和条件,重视多元化的成员背景和专业领域

建设团队需要根据学校教学需求、团队目标和定位,明确团队成员招募的要求和条件。应该强调团队成员的专业能力和教学水平,同时还需要有较强的团队意识和协作精神。在招募团队成员时,应该注重多元化的成员背景和专业领域,以提高团队的综合素质。注重教师的教学能力和实践能力,进行合理配置,使得教师队伍构成更加合理。

3. 建立科学的团队组织管理机制,包括规范成员的职责和权利、制定管理制度和奖励机制

建立一套科学的团队组织管理机制,是成功建设团队的关键,这包括规范团队成员的职责和权利、制定团队管理制度、设计团队奖励机制,等等。同时,建设一个开放的、自

---

[1] 淮海慧,徐国庆. 应用型本科师资队伍建设的挑战与策略[J]. 职教论坛,2016(26):12-16.
[2] 刘井飞. 加强应用型本科院校实践教学师资队伍建设的策略研究[J]. 湖北科技学院学报,2015,35(12):91-93.

我学习和不断创新的团队文化是非常重要的，可以推动团队成员之间的交流和合作。

4. 提供专业培训机会和知识共享平台，为团队成员提供可持续的职业发展路径

为团队成员提供专业培训机会，是提高团队整体水平的关键。在学校中，可以设置专业培训课程和讲座，充分利用新媒体技术，建立知识共享平台，也可以让团队成员与国内外知名专家交流和合作。此外，建设一个团队知识库，可以促进团队成员之间的知识共建和交流。

5. 确立持续改进机制，促进团队和成员的不断提升

建设团队不是一个一劳永逸的过程，需要不断地反思和改进。要建立一个有效的持续改进机制，包括市场研究、校内教学改进、教学资源创新等方面，这些措施都可以逐步提升团队成员和整个团队的水平和竞争力。

6. 建立分享机制，鼓励成员之间的交流和合作

建设团队后，应该建立分享机制，鼓励团队成员分享各自的经验和教学资源。分享有助于促进成员之间的合作和交流，提高团队整体实力。可以采用内部分享会议、公开课等形式，将团队成员的优秀课程和教学经验推广到更广泛的范围。

7. 关注成员的福利和待遇，平衡个人利益和团队利益

建设团队时，应该重视团队成员的福利和待遇，包括工作环境、薪酬、保障和职业发展机会等方面。提供良好的工作环境和广阔的职业发展机会，可以吸引优秀的教师加入团队，同时也有助于提高团队成员的工作积极性和创造力。在薪酬和保障方面，需要平衡个人利益和团队利益，建立公正的评价和奖励机制。

综上所述，项目团队式师资队伍建设的要素需要从团队目标和定位、团队成员要求、团队组织管理、专业培训机会、持续改进机制、分享机制、成员福利和待遇等方面进行全面考虑，建立科学的组织机制，实现团队成员的培训和学习，并保证整个团队的实力和竞争力，从而实现学校教学质量和科研水平的持续提升。

二、项目团队式师资队伍建设内涵

项目团队式师资队伍建设的内涵包括以下几个方面：

1. 强调以学生为中心，注重学生的学习效果和成长[①]

关注学生的学习体验和发展需求，根据学生的发展需求和意愿，开展分类培养，同时培养的学生大多落实应用创新型定位，加强校企协同、实践育人，以产业需求为导向，注重培养符合产业需求的实践型人才，与企业、组织等紧密合作，优化教学内容和方法，培养学生的实践能力和创新精神，最终实现因材施教。

2. 注重团队合作和协作，鼓励成员之间的交流和合作

建立研究团队，加强团队交流，共同研究探索新的教学方案和方法，提高教学效果。同时加强教师团队的科学研究协作，基于某个项目或者某个平台协同开展科学研究，实现成果共享。

---

① 苏志刚，尹辉. 科教产教融合建设高水平应用型本科师资队伍[J]. 中国高校科技，2018（11）：8-11.

3. 把握教学的动态性和变化性,强调创新和改进

推动教育教学模式的创新发展,加强教师培训和教师的科研能力,让教学实践和科研成果紧密结合,提高教育教学质量和水平。

4. 鼓励成员的专业发展和提升,提供多元化的发展渠道和机会

持续提高教师的专业素养,加强师资队伍建设,提供各类培训和学术研讨活动,开展师德师风教育,加强整个师资队伍的专业化水平。积极推动国际化发展,拓宽国际化办学的视野,提高师资队伍语言和跨文化交流能力,加强国际化人才培养。

5. 深化产学研合作,加强师生团队成果转化,服务社会

注重社会服务,积极参与社区服务、社会公益活动、行业调研等,增强学校社会形象和公共影响力。通过社会服务实践,不断开拓实践与教学的结合,提高人才培养质量和人才素质。鼓励和促进产学研一体化。通过产学研一体化的合作,开展大学生创新创业实践活动,让学生能够了解行业发展需求,积累实践经验,达到理论与实践紧密结合的目的。

6. 设计有效的教学流程、科研规程和评估机制,保障教学效果的质量和可持续性

建立严格的质量控制和评估机制,保障教学成果和教学质量。定期制定和评估教育教学方案,及时调整教学内容和方法,优化教学效果。建立科研、教学等激励机制,激发教师的教学热情和创新精神,提高教学效果[1]。

总之,项目团队式师资队伍建设需要整合各方资源,强调团队协作和促进成员发展,以提高学校的教学质量和学生的学习效果,同时提高科学研究水平。

第三节　思路、路径与案例分析

一、项目团队式师资队伍建设思路

应用型大学存在的共性问题有:生师比基本偏高,一般超过25∶1;"双师双能型"教师比例不足,一般低于30%;教师学历结构还是以硕士学位为主,博士研究生比例不足,特别是理工科博士学位比例更低;青年骨干、高水平学科带头人较少;教师的培训体系、建设规划和评价体系不够成熟等。各方力量如政府、学校、学院、专业和教师通过政府层面、学校层面、学院层面、专业层面和教师层面进行探索解决[2],而本研究通过专业层面和教师层面探索应用型大学的项目团队式师资队伍的建设思路来客观合理地研究以上问题。应用型大学的项目团队式师资队伍建设应该以学生为中心,以产业需求为导向,以实践能力和创新精神的培养为本,以团队合作为基,以团队管理为准,以科研创新、交叉融合为辅。

1. 以学生为中心

学校的教育目标是育人为本,因此应该以学生为中心,关注学生的学习体验和发展需

---

[1] ZHOU X, LEI W. Research on the construction of teaching staff in application-oriented universities [J]. Open Journal of Social Sciences, 2018, 6 (12): 286-292.

[2] 李德才. 应用型本科院校师资队伍建设方面的问题与对策 [J]. 应用型高等教育研究, 2018, 3 (1): 30-34.

求。教师团队应该注重培养学生的实践能力和创新精神，引导学生从应用层面掌握专业知识，在实践中体验科技的魅力。教师的发展应该与学生的培养相互结合，相辅相成，相互促进，可以通过指导学生参加竞赛、撰写论文、申请专利、参与项目等形式来提高学生培养质量，具体可以通过组建项目化团队、创新实验室、重点实验室、各级各类工程中心、校企合作等方式来落实"以学生为中心"和"以学生发展为中心"的培养。图8-1所示为广东科技学院物联网创新实验室。

图 8-1　广东科技学院物联网创新实验室

2. 以产业需求为导向

应用型大学的办学方向要始终紧扣产业发展需求，关注社会大众对于高等教育的需求。师资队伍建设应该以产业需求为导向，教师团队应该紧密结合实际产业需求，不断推进校企合作，根据企业需求和市场变化，优化教学内容和方法，引导学生参加实践项目，培养适应企业工作的能力，成为具有实践能力和创新精神的人才。

3. 实践能力培养

应用型大学的教育特色在于实践能力的培养。因此，师资队伍需要具备扎实的实践能力，具有大量的实践经历、阅历和经验，能够带领学生进行实践项目的开发，培养学生具备解决复杂工程问题的能力[①]。教师团队的建设应该注重实践经验和教学方法的创新，加强课程建设和注重实践环节的实施，应用型大学的课程建设应该紧紧围绕着提升学生的实践能力来展开。教师实践能力培养主要通过校企合作、企业实践（可以集中式也可以分散式，集中式如挂职锻炼半年、一年等，分散式主要采取暑期实践、寒假实践等方式进行）以及参与项目或者课题，特别是横向课题等方式。鼓励教师参与科研，深入了解前沿技术和学术研究，推动学科建设和教学实践的创新，研究成果可以通过申请专利、发表学术论文和辅导学生参加竞赛方式进行展示和宣传。同时也可以让学生加入教师的项目团队进行学习、锻炼。

---

① 叶汝坤. 论应用型本科院校教学科研复合型师资的培养 [J]. 中国高等教育评估，2016，27（1）：31-34.

4. 创新精神的培养

应用型大学的学生培养定位一般是高素质应用创新型人才。首先教师团队应该倡导创新精神，注重教师自身的创新能力培养，并为学生提供创新项目的支持，鼓励他们积极参加各种创新活动，培养创新意识和创新能力。其次教师团队应该勇于探索、敢于研究，严谨治学，做好带头榜样作用，从而影响学生、感染学生。最后师生都应该进行创新意识和创新能力的培训，增强创新思维，同时针对实际问题进行相对应的尝试与解决，注重创新能力的应用。

5. 团队协作精神

师资队伍建设应该注重团队协作精神，加强团队成员之间的沟通和交流，鼓励教师间相互合作，互相取长补短，共同提升教育教学水平和教学质量。应用型大学的师资队伍建设应该从单打独斗走向团队协作，建立研究团队，加强团队交流，共同研究探索新的教学方法和研究内容，提高研究水平和成果产出。

6. 建立持续改进机制

对应用型大学的师资队伍建设应该定期进行评估，发现问题及时解决，进一步提高教学效果和教学质量。师资队伍建设需要不断改进，建立监管机制，及时评估和调整教学工作，推动教学质量提升，在教学过程中不断优化工作，建立教学闭环，努力实现教育教学目标。

7. 统筹发展

要统筹学校内外各方资源，不断推进课程建设和人才培养，丰富学生课外活动，加强师资培训，鼓励教师开展科研活动，提升教学水平，为建设具有国际视野、高素质的应用型大学打下坚实的基础。

8. 建立激励机制

应用型大学应该建立科研、教学等激励机制，量化教研、科研的贡献，进行相应的奖励，激发教师团队的教学热情和创新精神，提高教学效果和科学研究的热情。

通过以上思路和措施，应用型大学的项目团队式师资队伍建设将更加系统化、科学化，符合学校要求和时代需求，为培养符合社会需求的创新型人才和实现高质量教育提供坚强的保障。

二、项目团队式师资队伍建设路径

应用型大学具有高职教育与本科教育的特点，其师资队伍建设路径应该注重实践培养和创新能力的提升，具体建设路径如下：

1. 确定团队目标

根据学校教育特点和发展需求，确定团队目标，并向团队成员通报目标和职责，打造学科整合、产学研合作、产生多方共赢效果的教学团队。

2. 选择优秀的团队成员

应该重视团队成员的背景多样性和专业知识深度，遵循"员工择优、精干充实"的标准，确保每位成员能够合理分工、平衡负荷，在团队工作中互相补足，共促发展。

3. 组建教科研团队

整合优秀的师资力量，建立教学团队。团队内部可以成立不同的组，每个组须有一位组长。组长负责分配教学任务，管理教师，对教师评估。每个组都有一次团队/组会议，组会需要设立议程，商讨教学方案，与本组成员进行交流达到同步教学和互相学习。另外根据科研项目、科研平台和科研领域组建科研团队，通过学术带头人引领，学术骨干落实，进行项目科学研究、产品研发、系统集成、社会调研等来服务地区经济发展。

4. 专业培训与技术支持

在教学中，配备足够的技术支持与设备，为不同课程的开展提供"一对一"的技术支持。加强团队成员的专业培训，让教师不断学习、提升自己的教学水平，为学生提供优质的教育资源。

5. 持续改进机制

为教学开发设立适当的监管机制，及时对教学内容、教学方法和教学成果进行评估和反馈，不断改进教学过程。建立有效的评估体系，让教学的成效得到指导，以宏观视野反思团队工作，配合课程质量评估、学生反馈评估、教学成果获奖等以达到最佳水平。

6. 关注成员的福利和待遇

教师团队的稳定性对教学工作的质量和效果有非常重要的影响。应该为教师提供良好的工作环境和必要的实验平台，也关心和重视教师的福利待遇，为其解决生活的后顾之忧，这有助于提高团队成员的工作积极性和创造力。同时也需要建立良好的教师发展制度，让教师身心健康和家庭幸福。

7. 建立合理的分配制度

应该建立公平、公正的教学工作量分配制度，任务划分清晰，分工明确，避免工作不均衡问题，保证每个教师有足够的教学工作。合理考核教师工作量，根据工作量的多少，给予相应的教育报酬。

8. 增加教学研究和教学创新

建立教学研究机制，不断推进教学研究成果的转化和实践应用，推动教学创新和教育教学改革。强调教学中的"一切从学生出发"，关注学生的学习体验和学习效果，倡导能力培养和素质教育。

9. 加强团队建设与交流

加强教师团队建设与交流，定期召开团队会议，分享教学经验、探讨共性问题、更新教学理念，促进教学能力的提升。每位教师要充分发挥自己的特长，互相学习、相互补充，努力为教学团队的提升作出贡献。

通过以上建设路径，可以逐步构建一支具有实践经验和创新能力的项目团队式师资队伍，提高教育教学质量，培育教学和科研成果，为学校的可持续发展作出贡献。

三、项目团队式师资队伍建设案例分析

广东科技学院计算机学院物联网工程专业教研室就是项目团队式师资队伍建设探索应用的成果。该教研室通过项目团队式来进行科学研究，采取互利共享机制，带领团队合作科研，同时也反哺教学，取得较好的效果。通过"赋能现有教员、吸纳优秀人才、融合多方资源"的原则，构建三维互动、多元融合的师资队伍建设模式；通过项目团队式合作，以多样化内培、多渠道外引、多学科共建、多方资源融合、多层次共享五种方式，分别从

师资素质的宽度（知识储备）、高度（专业造诣）、深度（实践能力）开展建设实践，旨在打造一支学缘结构合理、专业素质过硬、实践应用能力强且精通教书育人规律的应用型大学物联网工程专业师资队伍。

通过组建科研团队促进合作成长和发展。具体依托省级物联网研发与应用中心和东莞市 AIoT 边缘计算工程技术研究中心组建"老中青分层递进、多元融合"的科研团队，如表 8-1 所示。老教授领头，作为学科带头人，做经验和理论指导，把控项目申报；中青年核心骨干负责落实执行团队的建设，带领青年教师撰写项目、论文，实现团队工作真实落地。该团队的经验是：刚开始要从实践出发，一定要深入企业，多发现企业难点，提出解决想法和思路，适当付诸实践；并让团队先有些成果，让团队成员感受到团队的重要性，使其有动力，有更多的积极性；经过 3～5 年的培养，就会不断产出各种科研成果（如图 8-2 和图 8-3 所示），培养出各类创新型人才，这时原来的青年教师也成长为中青年核心骨干，又可以吸收更多的青年教师，从而将团队做大做强，实现一个良性循环。

表 8-1 老中青分层递进、多元融合科研团队

组别	研究方向	负责人	执行人	组员
一组	物联网、边缘智能	田立伟（教授）	余亮（副教授）	张佳雯、张笑晨、郑忍
二组	智能控制、嵌入式技术	雒向东（教授）	崔康吉（高级工程师）	于伟、李启骞、白冰鑫
三组	物联网、数据挖掘	李永宁（副教授）	王荣福（副教授）	王玲维、柳子来、贺炎滔
四组	智能网络技术、智能交通	许伦辉（教授）	许伦辉（教授）	吴昊、陈银星、贾小硕

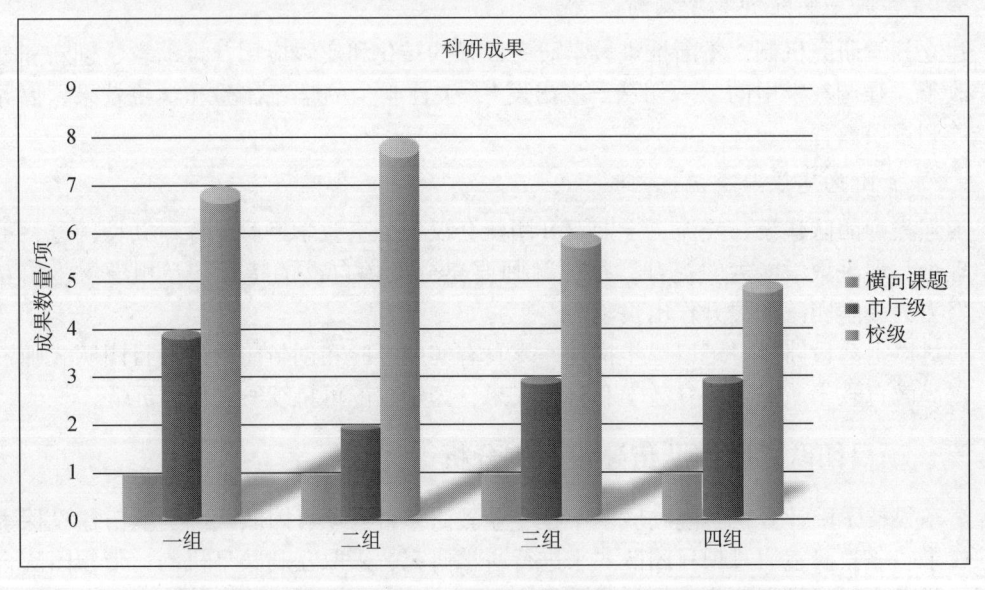

图 8-2 老中青分层递进、多元融合科研团队的阶段性科研成果

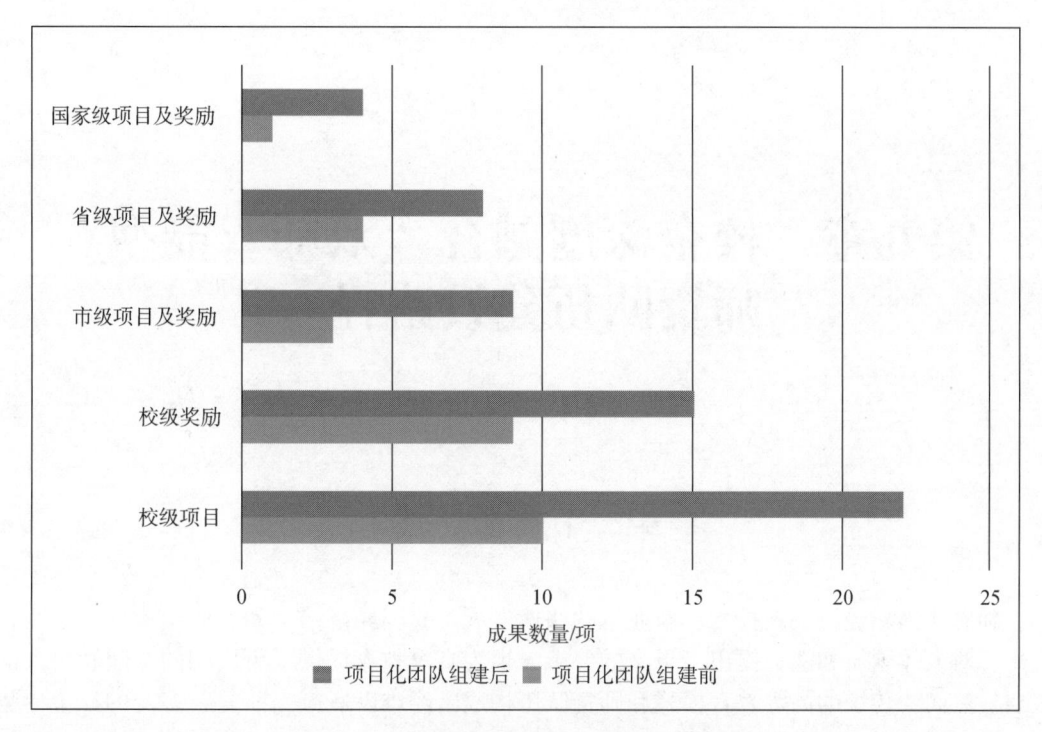

图 8-3　组建项目化团队前后的成果产出相比

此外，广东科技学院财经学院互联网金融专业和计算机学院组建项目团队式互联网金融等课程的虚拟课程教研室，实现了交叉融合、资源共享；珠海科技学院美术与设计学院和计算机学院组建多媒体技术与应用课程项目式团队，通过交叉融合、共同建设，该课程在 2021 年成功入选省级一流课程。

第九章 校企深度融合"双师双能型"师资队伍建设路径

第一节 概　述

随着我国新经济、新技术、新业态的快速发展，我国经济结构和产业结构发生了巨大变化，对人才素质和能力提出了更高的要求，也为高等教育提供了更广阔的空间和更大的机遇。然而，传统的高等教育模式和师资队伍构成已经难以适应当前复杂多变的社会形势和经济发展的需要。实际上，我国经济正处于转型期，传统产业正面临着诸多挑战，高新技术产业和现代服务业等新兴产业对人才的需求更加迫切。同时，高等教育也在经历着转型升级，要求培养具有创新能力、实践能力和职业素养的高素质人才。在这种情况下，为了提高高等教育的质量和实用性，满足产业对高端应用型人才的需求，高等教育需要大力发展校企合作，促进产学研一体化，培养适应社会和产业需要的人才，提高高校与社会之间的互动性和合作性。

在这样的背景下，校企融合以及"双师双能型"师资队伍建设变得非常重要。校企融合是高校与企业之间紧密合作的一种新模式，可以充分利用企业优秀的资源和经验，为高校提供更加现实的学习、实践机会和实验操作平台；而"双师双能型"教师指既有丰富的学科教学经验，又有实践经验和具有行业特色的技能，能够更好地满足社会需求，为产业发展提供高素质的人才支持。

当前，我国高校的"双一流"建设已经成为高等教育事业的重要方向之一，它要求高校在学科建设、师资队伍和教学质量等方面达到国际化水平。而"双师双能型"师资队伍建设正是"双一流"建设的重要组成部分，是师资队伍建设和提高教学质量的重要手段，能够有效地提高高校的教学质量和影响力。教育部早在2015年已经开始实施高校"双师型"教师培养计划，旨在培养高水平、多元化的高校师资队伍，为高等教育改革和发展提供有力支持。

在校企融合和"双师双能型"师资队伍建设方面，政府和高校已经采取了一系列的政策措施。例如，国家基于"产业需求-教育供给"的对口支撑计划，鼓励高校与企业合作，创新人才培养模式，推动实施校企合作协议。同时，高校也制定了一系列的政策文件，例如，鼓励教师参与产学研项目，提出"双师型"师资队伍建设目标等。这些政策措施有助于实现高等教育与产业的深度融合，提高高校教育质量和人才培养水平。

与此同时，高校"双师双能型"师资队伍建设也满足了学生和家长的需求。随着学生和家长对教育质量的要求不断提高，他们更加关注学校和教师队伍的素质和能力，希望能够得到更好的教育教学服务。因此，高校"双师双能型"师资队伍建设有助于提升学生和家长对高校教育的信任和认可，提高高校的竞争力和品牌形象。

随着我国教育国际化的不断推进，加强"双师双能型"师资队伍建设也成为提升我国教育竞争力和国际形象的重要途径，这需要我国教育机构注重国际化的教育体系和人才培养，加强国际化教育和引进优秀的教育资源。

高校"双师双能型"师资队伍建设多样，立足于国家的发展需求和高校转型升级的内在需求。这一建设模式的推动将有助于提高高等教育的质量和实用性，加强高校与产业间的深度融合，促进人才供给和产业发展的良性循环。

第二节　相关概念、理论基础

一、相关概念

（一）产教融合

校企融合是指学校与企业之间通过各种形式的合作，共同推动教育教学、科研成果转化、人才培养等方面的发展。近年来，校企融合逐渐成为国家和地方政府支持和鼓励的重要战略，也是高等教育和职业教育改革的重要内容。

一方面，校企融合可以提高教育质量和水平，不仅可以让学校更加接地气，贴近行业需求，还能够将企业的实际问题带入课堂，增强学生实践能力和应用能力；同时，学校还可以为企业提供新思路、新技术、新产品等方面的创新支持，为企业的发展提供潜在的支撑力量。

另一方面，校企融合也促进了科技成果转化的加速。学校有着丰富的科研资源和技术成果，而企业了解市场行业规律，也有实际需求，两者之间的合作有助于科技成果的转化和推广，促进学术和产业的融合和协同发展。校企融合还能为社会创造更多的就业机会，缩小人才供需矛盾，培育更多的具有企业家精神和实战能力的人才，并且能够引领当地经济增长和产业升级[①]。

然而，校企合作中还存在一些问题，如学校和企业之间的意识形态差异、合作方式和合作范围等方面的问题，需要在实际合作中予以解决。此外，校企合作也需要避免出现利益输送、人情关系等不当行为，要坚持正道，以良性合作的方式获得共同发展的机遇和成果。

因此，校企融合应该是一种互惠互利的合作模式，学校和企业应该通过正规的合作方式，建立起共同信任和长期合作的良好关系，让校企合作成为促进教育、科技、经济发展

---

① 曾阳欣玥. 产教融合视域下高职财会专业"双师双能型"教师职业能力提升路径研究[J]. 中关村，2023（4）：94-95.

的新亮点。

(二) "双师双能型"教师模式

随着教育信息化技术的不断发展,人们开始探讨如何将"双师型"教师的理念与教育信息化相结合,从而形成了"双师双能"教育模式的概念。该模式强调教育信息化技术在教育教学中的作用,提倡将教育信息化纳入教师职业能力的考核和评价中,促进信息技术和教育的深度融合。

近年来,"双师双能"教育模式已经成为国内外教育界的热门话题。越来越多的名校、教育机构和教育行业企业开始投入"双师双能"教育模式的研究和实践,探索该模式在教育教学中的应用和优化[①]。

"双师双能"教育模式不仅能够提高教育教学的质量,还能够满足学生多元化的需求,促进学生综合素质的全面发展。该模式也为教育教学变革和创新提供了新的可能性,加快了教育信息化、智能化的趋势。"双师双能"教育模式的核心理念是专业化和综合素质教育相结合,这对教师的素质要求也更高。教师需要具备多种能力,包括学科知识、教育技能、信息技术应用能力、创新能力、团队协作和管理能力等,这对教师的培训和职业发展提出了更高的要求。

"双师双能"教育模式在世界各国得到了广泛的关注和应用。例如,在英国,教育部门提出了类似"双师双能"的"学者-导师"模式,鼓励学者和教师之间的合作,促进教育教学质量的提高。在美国,一些学校应用了"双师双能"教育模式,取得了良好的教育教学效果。在中国,教育主管部门已经开始推行"双师双能"教育模式,并且在一些城市进行了试点。

总的来说,"双师双能"教育模式为教育教学工作提供了新的思路和解决方案,推进了教育教学的变革和创新。

(三) 师资队伍建设

师资队伍建设是以提高教师教学水平和专业素养为目的的行动,旨在全面提升学校的教学质量。随着中国教育的快速发展,师资队伍的建设日益受到高校和教育部门的关注和重视,这是因为师资队伍建设对于高质量教育的实现有着重大作用。

师资队伍建设对于学校来说有着重要的意义。首先,学校的师资队伍是教育质量的重要保障。师资队伍的建设程度决定了学校的教育质量和发展水平。其次,师资队伍建设是学校面向未来的必要准备。未来的教育趋势和规模的不断扩大都要求学校的师资队伍具备更高层次的素质,这样学校才能够更好地适应和应对未来的挑战。

在师资队伍建设的过程中,有许多的关键因素和策略。一方面,学校应该加强师资队伍建设的投入力度,注重聘请、培训和激励优秀教学人才,逐步形成优秀的教师团队。另一方面,学校应该注重建立健全的评价机制和激励机制,以确保优秀的教师能够得到充分的肯定和回报。同时,学校也应该加强国际化人才交流和引进,使师资队伍拥有更多的国际化视野和知识,在全球化背景下更好地发挥作用[②]。

---

① 张广禹,孙毓希. "双师双能型"青年教师培养路径浅析 [J]. 理论观察,2022 (10): 173-176.
② 赵明雨,邵玉. 应用型本科双师双能型师资队伍建设策略 [J]. 辽宁高职学报,2022,24 (7): 76-79.

总体而言，师资队伍建设对于高校和教育部门来说是一个长期、系统的过程，涉及教育制度、教育政策、实践环节等多个层次。要加强师资队伍建设需要协调各方面的工作，确保其能够顺利实施。其中，教育部门应当注重加强对政策的制定、补贴资金的增加、对教育工作者的培训和管理措施的完善等方面的努力。同时，学校方面也应该注重加强管理，严格按照教师聘任条例进行选拔，聘任符合条件的优秀教师，加强教师的培训和激励措施，从而有效推进师资队伍建设。

二、相关理论

（一）教师职业发展理论

教师职业发展理论是关于教师职业发展规律和教师个人职业生涯规划的理论。在高校教师队伍建设中，应注意到每个教师都有其个人职业发展的需要和目标，应该满足教师职业发展的需求，为教师提供适当的机会和发展环境，从而推动高校教师队伍的持续发展和壮大。

职业发展是现代社会和职业管理体系中的重要组成部分。职业发展理论是指针对个人职业生涯规划、个人职业素质提升、职业生涯发展和组织对个人发展的支持等问题的一系列理论和模式。职业发展理论是人力资源管理和职业教育发展领域的主要研究方向之一。当前，各种职业发展理论不断涌现，对人力资源管理和职业教育发展产生了重要的影响。

1. 需求-资源理论

需求-资源理论是职业发展理论中的经典理论，也称作职业锚理论，它是由心理学家艾德加·舒茨（Edgar Schein）提出的。该理论认为，职业发展决策往往基于个人需要和职业资源之间的平衡。每个职业都有其不同的需求-资源平衡，而职业锚则被定义为每个人在职业生涯中最重要的需要或价值体现，职业锚将对员工选择的职业以及职业的成功与否产生深远影响。基于该理论，企业应根据职业特点以及员工需求，为员工创造更多的职业发展机会和更多的职业发展资源，并为员工提供多元化的职业发展空间，促进员工职业锚与企业职业文化的转化完美结合。

2. 职业生涯阶段理论

职业生涯阶段理论是由心理学家唐纳德·超（Donald Super）于1957年提出的，是职业发展理论中另一个经典理论。该理论认为职业生涯阶段包括五个，即生涯探索、职业建设、职业维护、职业退出以及重新职业建设等阶段。在职业生涯发展过程中，个体的自我认同、职业兴趣、个性等都会发生变化，因此，企业应针对不同阶段的职业发展者，为他们提供适应性更强的发展环境和规划方案，让职业发展者在变化中保持稳定。

3. 规划-行动理论

规划-行动理论是一种基于目标设置、规划和行动实施的理论。该理论认为，职业成功的关键在于明确的目标设置和规划，以及注重实施和行动的重要性。企业应该通过制定有效的目标管理和职业规划方案，激发员工的职业动力，并为员工提供良好的职业发展机会。

总的来说，职业发展理论对于企业和个人职业发展至关重要。企业应该了解并应用相关职业发展理论，以优化职业发展环境，帮助员工实现职业目标，建立和谐、稳定的企业和员工关系。

（二）教育教学改革理论

教育教学改革理论是指根据社会现实和学生需求，对于教育教学模式、教学方法、教师角色等方面的改革理论。高校教师队伍应该积极推动课程改革和教育教学改革，引入新的教育教学理念和方法，建立多元化的教学模式，培育具有创新创业精神的学生，提高教学质量和效果，从而全面推进高校教育事业的发展。教育教学改革理论提供了指导改革的思路和方法，具体如下：

1. 因材施教

因材施教是教育教学改革的重要理念之一，指对学生的差异进行充分考虑并采取针对性的教育方式，让每一个学生都能够得到适宜的教育和培养。因材施教的理念要求教师对学生进行全面、深入的了解，包括学生的学习特点、背景信息、个性发展、学习能力等方面。在此基础上，根据学生的特点和需求，合理安排教学内容和教学策略，确保学生能够得到最大的收益。

2. 突破传统教学模式

传统的教学模式过于注重整齐划一的教育，却忽略了学生的个性和差异。现代教育理念强调多元化、开放式的教育模式，鼓励教师采用多种教育格式，如PBL（问题驱动学习）、探究式学习、合作学习等，以激发学生的自主学习和发展潜能。

3. 发展学生批判性思维

学生批判性思维能力是现代社会所必需的核心素质之一，也是教育教学改革的重要目标之一。教师应该通过开展探究式学习、透彻分析问题、引导学生多角度分析的思维方式，培养学生批判性思维的能力，使学生能够理解复杂的问题、评估信息的可信度，并积极思考出解决问题的策略。

4. 倡导跨学科教学

跨学科教学是学科融合的表现形式，是实现学科间交叉、互相渗透的重要方式。跨学科教学要求教师和学生在教学活动中融入不同的学科元素，使学生能够在学科间相互接触、交流、比较和探讨，以增强学生对学科之间相互联系和影响的理解。

5. 强调创新和实践

创新和实践是教育教学改革的重要动力，要求教师探索出新的教学模式和方法，积极培养学生的创新意识和实践能力。教师应该注重实际应用，让学生能够将所学的知识应用到现实生活中，并通过不断的实践完善教学方法和内容，使教育教学不断发展和进一步优化。

这些理论和实践为我们提供了指导教育教学改革的建设性思路和方法。教育教学改革是推动教育事业发展的重要战略，不断深化改革，完善教育体系，提升教育质量，才能更好地培养出人才，推动社会进步。

第三节 "双师双能型"师资队伍建设现状及经验借鉴

一、"双师双能型"师资队伍建设现状

(一) 师资队伍数量不足

在应用型本科教育致力于培养契合产业发展需求、兼具理论与实践素养的应用型人才背景下,"双师双能型"师资队伍建设成为提升人才培养质量、推动专业发展的关键环节。此类教师需兼具扎实的专业理论功底与丰富的行业实践经验,能够将行业前沿动态与实践案例有机融入教学过程,助力学生实现从理论认知到实践应用的转化。

以下关于"双师双能型"师资队伍建设现状的论述均聚焦财务管理专业展开。当前,该专业师资队伍在结构与能力方面呈现出若干典型特征,这些特征在一定程度上制约了专业人才培养目标的实现。

1. "双师型"教师数量偏低

"双师型"教师是应用型本科大学的骨干力量,其内涵和概念定义主要集中在"双职称""双能力""双素质""双证""双融合""双层次"之争上。这些不同的定义都突出了教师身上的双重职能:既拥有高学术水平,也拥有丰富的实践经验。这是对应用型大学教师的特殊要求。高素质的"双师型"教师对教育教学质量的保障是至关重要的,因此,应当积极推动应用型本科教育的深入发展,优化师资队伍建设。在产教融合背景下,应用型大学发展的关键就是"双师型"教师。"双师型"教师比例一定程度上反映了民办应用型本科院校师资队伍的质量[1]。根据教育部统计数据,2019年我国高等院校财务管理专业教师总数为1.2万人,其中正高级职称的教师占8.7%,副高级职称的教师占28.3%,中级职称的教师占38.6%,初级职称的教师占24.4%。与此同时,我国高等院校财务管理专业在校生总数为41.5万人,其中本科生占77.4%,硕士生占18.9%,博士生占3.7%。由此可见,我国财务管理专业教师数量与学生数量之比为1∶34.6,远低于国际通行的1∶20的标准。这意味着我国财务管理专业教师的工作压力较大,难以保证教学质量和效果。

2. 缺乏高层次人才

高质量的师资队伍是应用型大学整体教育质量和办学效果的核心驱动力量。其中,"双师双能型"教师是应用型大学的标志性人物,他们具备实践经验和学术水平,能够在企业和校园之间快速有效地进行互联,真正实现产学研融合[2]。然而,当前的师资队伍建设状况却存在缺乏高层次人才的问题。

首先,应用型大学的薪酬待遇不能与其他类型的高校相比,导致对高层次人才的吸引力不强。虽然应用型大学鼓励"双师双能型"教师在学术和实践领域深入探索,促进产学

---

[1] 臧秀娟. 应用型本科高校"双师双能型"教师培养的绩效评价与路径构建[J]. 南昌工程学院学报,2021,40(5):109-113.

[2] 潘浩,张强. 基于协同理论的高职院校校企合作创新模式研究[J]. 创新创业理论研究与实践,2021,4(1):194-195.

研一体化，但是这些教师的工资水平并不高，难以达到其他类型高校或者企业的待遇水平。

其次，应用型大学的学术环境相对较差。一些应用型大学缺乏先进的研究设备和科学研究基地，不仅限制了研究工作，还使教职工难以在研究领域得到更高更深的探索和实践。因此，教师在专业研究和实践经验方面无法得到合理的尊重和支持。

最后，应用型大学的职业晋升机制相对不够完善。教师在应用型大学的职业发展与学历和学术成果并不完全相关，而与工作经验和管理能力更为相关。这种机制导致教师的专业成长无法得到完善的保障和支持，还会使一些教师过早放弃自己的专业领域。

在对教师的访谈中，有教师说："我们财务管理专业的师资队伍整体状况良好，满足学校发展需要，但我们师资队伍还需要进一步加强，尤其是要引进具有企业一线经验的专业人才，增加相应高质量的人才。"也有教师反映："我们专业师资队伍结构稳定，但我们还需要进一步加强师资队伍建设，特别要加强对高层次人才的引进。"通过访谈了解到，财务管理专业的教研人员队伍主要由专职中青年教师组成，比较缺少专业骨干教师，而且刚从大学毕业的青年教师比较多，缺少中年骨干力量[①]。

（二）师资队伍结构失衡

1. 高学历教师缺乏

高校的职称结构比例在一定程度上反映了师资队伍的科研水平和专业素养。对于应用型大学而言，高水平、富有实践经验的教师一方面能够为学生提供高质量、适用性强的知识和技能，另一方面也能够增强学生的实操能力，有利于他们更好地融入社会职场。因此，在应用型大学中，高学历教师的比例显得尤为重要。

高校的合理职称结构比例一般为初：中：高＝2：4：4。财务管理专业教师队伍高级职称占比30.61%，符合要求。但是，高学历教师比较缺乏，是一个亟待解决的问题。为避免高学历教师的缺乏，应该采取一系列有针对性的措施，如加强对博士生的吸引力，建立高水平研究团队，适当增加研究经费的投入等。

2. 专兼职教师配比失衡

为了保证高校的正常运行，需要通过社会公开招聘的方式，吸引专职教师和兼职教师参与高校的教学、科研和管理等工作。专职教师和兼职教师的比例应该达到1：1，以保证教学质量和效果。然而，财务管理专业的专职教师队伍存在着严重的结构性问题，大多数专职教师都是刚从高校毕业的硕士研究生，他们虽然在学习过程中掌握了一些财务管理专业的基本知识和技能，但是缺乏实际的工作经验和深入的理论体系，难以适应财务管理专业的教学要求和学生的培养目标。与此同时，兼职教师队伍也存在着数量上的不足，兼职教师主要来自企业的高管和普通高校的在职教师，但他们的总数远远不能满足财务管理专业兼职教师的需求。作为"国家示范性高等职业院校建设计划"项目专家评审标准中的一个重要指标，财务管理专业需要建立一个实力雄厚且专业知识过硬的专业教师团队，但由于兼职教师队伍数量上的不足，导致财务管理专业无法达到相关评审标准的要求，这对学校的发展和专业能力的提升造成了很大的障碍[②]。

---

① 柴美娟．高职院校产教融合"五双合一"人才培养模式探究与实践［J］．机械职业教育，2020（9）：28-31．
② 任冯嘉．云南省应用型本科"双师双能型"教师队伍建设研究［D］．昆明：云南大学，2020．

(三) 师资队伍质量不高

1. 专业教师自身经验不足

高等院校对教师的要求是高学历、高素养和高技能。对于专业教师而言，拥有丰富的实践经验是至关重要的。在国外，职业院校要求教师具备职业资格或一定的工作经历，以确保其师资的准入质量。以某高校的财务管理专业为例：该专业仅有46.94%的教师在入职前具备工作经验；其中，仅有22位教师拥有超过3年的工作经历，占比仅为44.90%；只有2.04%的教师工作经验在1年以下；另外26位教师在入职前没有任何工作经历，占比高达53.06%。这一数据显示，该校财务管理专业缺乏具备丰富企业实践经验和专业技术的教师资源。此类教师的不足严重制约了财务管理专业的教学研究和产业服务水平的提升。此外，部分教师在课堂教学设计、教学方式、方法和手段方面仍有待改进，他们没有充分考虑到专业、课程和学生的特点，并且对现代信息技术的掌握和应用水平不够高，教师在合理运用各种教学资源方面也还有所欠缺，因此难以适应产业快速发展的需求。

2. 教研科研服务能力欠缺

在应用型大学与企业间的产教融合中，企业意愿的关注度越来越高。过去面临的诸多问题已经基本得到解决，各项政策补贴和科研资源的不断加大为企业参与教育提供了重要支持。同时，企业更加注意教育能够为其带来的利益，而教师参与产业发展也成为应用型本科院校的一个非常重要的任务[①]。

应用型大学的教师在服务企业时，需要将自身在教学、科研和实践中积累的知识，转化为企业所需要的知识，并贴近企业需求，在技术创新和产品研发等方面发挥作用。财务管理专业教师队伍中大多数教师能够提供对接企业需求或企业委托的横向课题服务，但是部分教师在把握技术前沿、为企业提供支持，满足企业生产发展需求方面存在问题。这可能是因为过去的教学方式以理论教学为主，导致有些教师在短时间内难以适应实践、实验等应用型人才培养方式，与企业合作进行科技研发、服务地方经济社会发展的能力有限。此外，有些教师缺乏在创新、科研等方面的实践经验，造成其在服务企业时，难以充分发挥自己的优势，无法满足企业生产大局的需求。

二、"双师双能型"师资队伍的经验借鉴

(一) 德国应用技术大学师资建设

1. 德国应用技术大学概况

应用技术大学在德国的发展中发挥了不可或缺的作用。德国应用技术大学占全国432所大学的近一半，其规模可见一斑。这些大学分为公立和私立两种类型，德国共有103所私立和103所公立的应用技术大学。私立应用技术大学是德国人学习知识、获得学历的首选场所，被视为建造学习型社会的重要文化支撑和社会发展的重要人才来源。

2. 德国应用技术大学师资队伍建设的做法

德国应用技术大学在引进人才方面实行全面考核制度，采用严格的教师招聘流程。招

---

① 潘书才，徐永红，陈宗丽.高职院校"产教融合，校企共育"人才培养机制探究[J].江苏经贸职业技术学院学报，2021 (5): 58-60.

聘委员会根据实际需求制定招聘内容,对应聘者进行全面评估,包括评估其综合素质和专业能力等方面。经过多方审核后,初步确定三名候选者,并将应聘情况呈报给州立文化部,得到校委会和专业委员会的批准。这一招聘流程耗时较长,但若未达到预期招聘效果,大学将进行再次招聘。

德国应用技术大学以高水平的教师聘任资格为特点。不同大学的教育培养目标各异,对教师的要求也不同。某些应用科技类大学主要培养应用型人才,与行业紧密合作,课程设置与企业息息相关,这类大学常招聘动手能力强的教师。例如,德国应用科技大学在招聘教师时要求应聘者兼具理论和实践能力,即具备丰富的企业实践经验和出色的科研教育能力。任职教授要求至少具备五年以上的工作经验,并拥有博士论文的科研能力。

德国应用技术大学中私立教育机构所占比例较大。与普通公立大学不同,私立大学采用小班教学制度,每个学生有更多机会与教师互动,并接受个性化指导,使得学生能够迅速获得学位证书。由于班级规模较小,教师能够更加了解学生情况,指导也更具针对性,因此这些学校的辍学率相对较低。提升大学教师的专业实践能力是德国应用技术大学的重要关注点。这些学校高度重视专业进修和继续教育,旨在加强企业发展、科技进步与教师知识体系之间的联系。例如,德国应用技术大学的教师可以申请每四年一次的实践机会,以了解企业的发展现状,掌握新产业、新技术和新工艺的发展动态。

兼职教师在德国应用技术大学中扮演重要角色。在德国应用技术大学的办学过程中,兼职教师起到举足轻重的作用。兼职教师通常是企业管理人员或优秀工程师,占据德国应用技术大学教职员工的相当比例。权威资料显示,2003年德国应用技术大学共有24547名兼职教师,相比1999年增长了4.2%。在一些应用技术大学中,兼职教师人数甚至占据全体教职员工的60%。

教师的继续教育工作也是德国应用技术大学所重视的方面。部分大学为提高教师的实践能力和综合素质,设立专门的培训机构,提供实践、学术进修和校内培训等课程。

总之,德国应用技术大学注重全面考核,在人才引进和培养方面倡导实践教育,提升教师的实践能力和创新能力,以满足不同学生的教育需求。

(二) 美国社区学院师资建设

1. 美国社区学院概况

在美国的高等教育进程中,社区学院发挥着重要作用,可以称之为培养高素质应用型人才的摇篮。社区学院涵盖教育功能、转学教育功能、职业教育功能等,是灵活性强、实用性高、成本低的教育机构,是社区居民接受高质量教育的绝佳场所。

社区学院主要提供高等技术教育和职业教育,其教育内容紧贴当地社区的实际需求,旨在为当地的工作市场和行业培养有用的人才。社区学院的学费较低,因此广受社区居民的欢迎,也为那些没有机会接触高等教育的人提供了另一条通向大学的途径。社区学院的学习计划设计灵活,学生可以自由选择自己的课程和学习方式,以适应不同人口的需求和特点。除了提供工作技能的教学,社区学院也为那些有意转学到四年制大学的学生提供了课程,他们可以在社区学院学习基础课程并将其转化为大学学分。社区学院与大学之间具有直接转学课程的合作协议,对那些想要接受高等教育的人来说是一条开放的渠道。社区学院着重强调职业教育,针对实际的工作市场需求,提供各种职业教育项目,这些项目通常与当地的就业机会紧密相连。职业教育项目的课程包括"草根"创业、信息技术、医护、自动化工程和酒店管理等各种专业。

2. 美国社区学院师资队伍建设的做法

美国社区学院是培养优秀人才的重要平台，其具备多方面的优势以及健全的师资队伍。

（1）兼职教师团队优秀。兼职教师团队的管理和发展工作向来是美国社区学院工作的重点，这就使兼职教师团队获得了快速发展。与美国的一般大学不同，社区学院往往会招聘更多的兼职教师，这样一来可以最大限度地满足学生需求，同时也能降低办学费用。兼职教师团队在美国社区学院的师资队伍中扮演了举足轻重的角色。美国社区学院致力于为兼职教师创造良好的工作环境和福利机制，如丰厚的授课费用、健全的法律保护机制、带薪休假和更多的培训机会等。社区学院会采取各种方式，例如提供优良的教学设备和环境，为兼职教师创造良好的教学氛围，维护好兼职教师的权益，使兼职教师在社区学院中得到充分的认可和支持。

（2）进修机制与培训机制健全。教师的培训和进修工作是美国社区学院的重中之重。因此，社区学院往往会举办各种在职培训活动和职前培训活动。为了进一步提升师资队伍的素质和教学水平，社区学院不惜代价进行各种形式的培训，包括出国进修、实践演练、校企合作以及研究班、讨论班的建设等。为了打造高水平的师资队伍，许多美国社区学院都会投入大量的经费和时间来进行培训工作，这些培训工作不仅使教师的专业素质和教育理念得到提升，而且还为学生提供了更加优质的教育资源和保障。

（3）福利待遇齐全，授课报酬丰厚。为了增加教师的自豪感，打造稳定的教师团队，同时为了吸引优秀的教师加入社区学院，美国社区学院采取了许多丰厚的福利机制，如带薪休假、住房补贴、医疗保险等福利待遇。教师的薪资水平也是社区学院福利的重要组成部分。在美国的一些社区学院中，教师的薪资水平与其他大学教师的工资水平不相上下，这样的薪资水平相当具有竞争力，让大量社区学院教师高度认可和满意自身的职业。此外，根据实际情况，社区学院也会为教师提供额外的福利，如办公津贴、免费培训，甚至是免费空间等，这些福利对吸引优秀的教师加入社区学院发挥了重要作用。

第四节 校企深度融合"双师双能型"师资队伍建设路径

一、建立健全教师资格准入制度

（一）健全专业教师准入制度，完善教师队伍建设机制

高校的师资建设是人才培养的关键因素，"双师双能型"师资建设需要注重教师准入制度改革和优化师资结构，以确保高质量的人才培养。因此，高校需要在教师准入制度、师资结构、教师培训等方面进行全面改革。

1. 教师准入制度的改革

为了提升教师素质，高校应以培养双重能力的教师为目标，对教师准入制度进行全面

改革，并建立规范的准入资格标准。重点考察教师的企业实践能力和工作经历，以确保他们具备专业的实践能力和丰富的实际经验，能够为学生提供更深入的指导和帮助。同时，借鉴发达国家的经验，引进在一线工作有经验的企业技术人员和高技能人才，重点评估他们的教学素养、专业技术技能、专业知识和授课能力，以确保高校的人才培养与企业技能实践保持紧密衔接。

2. 优化师资结构

合理的师资结构是高校人才培养的关键。首先，要优化年龄结构。学生培养需要一批年轻、富有创新意识的中青年教师，同时也需要那些具备丰富理论素养和企业实践经验的教师，他们能够提供全面的指导和建设性的意见。高校应加强教师队伍的建设，为新教师提供互相学习的机会。同时，要提高新教师的准入门槛，适度控制新教师数量，追求新教师质量的提高。其次，要优化学历结构。应用型高校要求教师具备教育理论素养、思想道德素养、职业素养以及教育教学能力和实践操作指导能力。应用型高校的"双师双能型"教师发展战略要求教师提高学历，适当增加博士学位教师的比例，优化学历结构，以确保教师具备应对现代企业复杂问题和挑战的能力。最后，要优化职称结构，提升教师队伍整体的教学水平和科研能力。高校应加强职称评定的力度，优先考虑那些具有实践经验和一线工作背景的教师，注重教学和实践能力的评估，坚持引入博士生导师，提升高校的学术水平[①]。

3. 教师培训与发展

教师的培训和发展也是高校师资建设的重要一环。高校应加强对教师的培训和进修，持续提升教师的教学水平和专业素养。教师需要定期参加行业内的培训，了解最新的财务管理动态和技术发展趋势。高校也应加强与企业的合作，让教师去企业接触实际财务管理工作，积累实践经验，为学生提供更好的教育服务。高校还应鼓励教师积极开展财务管理相关的研究和项目，推动教学科研工作的深入发展，促进财务管理领域的创新和发展。

4. 专职兼职教师相结合

为了建设高素质的财务管理专业师资队伍，高校应坚持专职与兼职相结合的原则。专职教师为主体，兼职教师为辅助力量，充分发挥专职教师在教学和科研方面的优势，同时充分利用兼职教师在实践教学方面的特长，共同构建一支高素质的师资队伍。高校还应实施教师实践能力培养计划，要求教师注重理论素养的提升，同时承担一定的实践工作。有计划地安排教师到会计师事务所、会计行政部门以及相关企事业单位进行实践锻炼，以掌握最新的财务管理实践技能和知识。此外，高校应大力引进具有丰富实践经验的优秀工作人员，丰富教师队伍，提升整体素质，为学生提供更优质的教育服务[②]。

（二）规范资格认定标准，明确"双师"素质要求

为了提升高校"双师双能型"师资队伍建设水平，高校可以与企业、行业协会合作，成立"双师双能型"教师评价认定机构。通过建立评价认定机构，制定不同专业的"双

[①] 杨涵深. 江西省高职院校"双师型"教师队伍建设政策的实施成效研究：基于多期双重差分模型[J]. 中国人民大学教育学刊, 2023 (2)：103-130.

[②] 赵临龙, 黄志贵. 应用技术型高校"双师双能型"教师能力评价体系的构建与实践[J]. 科教导刊, 2023 (1)：95-99.

师双能型"教师认定标准，详细规定认定对象、认定条件和认定程序等内容，推动评价认定工作的制度化和规范化。在"双师双能型"教师资格认定中，应将技术技能水平、应用型科研成果、专业建设和课程开发作为重要的评估指标。此外，高校还应全面客观地评估和鉴定"双师双能型"教师的教学能力、科研和学术水平、实践应用能力以及企业工作经历等方面。"双师双能型"教师资格认定标准还需要强调教师专业发展的动态特征，并在不同阶段突显"双师型"教师认定和考核条件的差异性，逐步深化认定标准，确保认定工作的权威、科学和规范性[①]。

除了制定认定标准，还需要改变目前以审核教师申请材料为主的认定机制，更加注重材料审核和实际考核的并重。为了更准确地认定"双师双能型"教师，可以设立由校领导和相关行业企业专家组成的"双师双能型"教师认定工作小组，除了审核教师申请材料，还通过现场听课等方式对教师进行考核和认定，进一步完善"双师型"教师资格认定制度。在认定过程中，行业企业工作经历可以作为评估教师教育教学能力和认定"双师双能型"教师资格的必要条件，提升教师队伍的专业水平。此外，为确保认定工作的公正和客观，认定机构应严格执行评估标准和程序，并定期公布认定结果，接受社会监督。

二、健全教师培养培训体系

（一）开展多形式的培养培训活动

高校应通过多种方式深化师资队伍的培训，提高"双师双能型"教师队伍素质。在教师培训的实施过程中，应充分利用行业资源和校企合作的优势条件，以项目为抓手，开展实用的校企合作培训，整合高校自有的资源优势，拓宽教师培训渠道，促进相关经验和知识的共享。高校可以采用多样化的培训方式，如集中研修班、技能竞赛培训、专家讲座、行动导向学习和校企合作培训，以满足教师的实际需求并提升他们的综合素质。此外，还可以加强校内培训，并充分利用高校内部的"双师双能型"教师教育资源和区域行业企业资源，开发符合高校需求的培训课程。为了加强校企合作培训，高校应与企业和外部培训机构展开合作。可以邀请企业领导来高校进行讲座，也可以安排教师到企业进行实践，以充分发挥企业在教师培训中的重要作用。由于企业作为人才和技术的使用者和需求者，其参与教师培训不仅是应尽的责任和义务，也是保障企业人才引进质量的必然要求。在教师培训中，可以以项目为核心开展工作。教师可以带着项目和问题前往企业进行实践，然后带着成果和收获回归高校。高校还可以实施教师团队的境外培训计划，每年选派"双师双能型"骨干教师前往国外进行研修和访学，学习国外先进的职业教育经验。与国外高校共同建设教师联合培养基地，并开发教师培训项目，以促进教师队伍的共同发展。高校应加强专业带头人和骨干教师的选拔和培养，为他们量身定制培养方案。同时，要实行内外部的培训与交流。高校可以邀请行业专家和技能工匠等来校进行专题讲解，还可以组织专业带头人和骨干教师赴企业挂职锻炼。通过与企业共同研究、实践、创新和成长，不断提升教师的综合水平和能力。

此外，高校还应充分利用现有资源，建立教师培训信息交流平台，增强高校与行业企

---

① 丛静，窦宁. 应用型本科高校"双师双能型"教师队伍建设研究与实践 [J]. 辽宁科技学院学报，2022，24(3): 48-50.

业之间的联系和合作。可以选择"先进经验交流""教师网络培训"等方式，促进学习互动和知识共享，加强技术交流和研究，使教师的知识体系更加全面丰富，提升他们的实践能力和教学水平[①]。

（二）校企共建合作机制，实现互利共赢

高校应建立一种常态化的机制，使校企人员能够双向流动、相互兼职，充分发挥企业在高校"双师双能型"师资队伍建设中的重要作用。高校应深化校企合作，制订一套完备的培养计划，在师资队伍构建中坚持培训和引进相结合的发展战略，吸引具有一定工作经验的专业人才加入高校。高校还可以为教师提供多样化的培训项目，鼓励教师参与企业实习。通过企业实践，教师能够了解工作的实际情况、职责以及所需的实践能力，同时也能促进企业对校企合作的积极性。高校可以充分利用校企资源，建立企业实践基地和企业导师制度，为教师提供学习和成长的机会，以提高师资队伍的实践能力和教学水平。高校还可以开设实操培训班，提升年轻教师的实践和操作能力。培训班的内容应该贴近行业实际，有针对性地提高教师的专业素养和实践技能。高校可以根据专业的最新发展趋势和行业需求，开设不同层次的培训班，满足不同阶段教师的培养需求。另外，高校还可以通过一系列举措鼓励教师参与专业学术活动，如国内外研讨会、学术交流、科研项目等。高校可以为教师提供论文发表的机会和学术成果转化的支持，以进一步推动教师的专业成长和学科繁荣。

总之，高校应充分发挥校企合作的优势，建立校企双向流动的机制，通过校企合作、企业实践等方式，提高师资队伍的实践能力和教学水平。高校还可以在教师的职业生涯规划中，提供多样化的培训项目和机会，鼓励教师参与专业的学术活动，以不断提升教师的专业素养和综合素质。这样的举措将有助于提高教学质量，促进高校的高质量发展。

三、建立健全"双师双能型"教师激励制度

（一）突出"双师"素质，建立科学考核体系

为了促进"双师双能型"教师的可持续发展，高校应建立健全评价认定制度。高校可以与一线教师联合，制定专门针对"双师双能型"教师的评价认定制度，并突出教师的主体地位和专业自主权。评价认定制度应突出"双师"特征，建立专门的考核评价指标体系。除了教育教学能力，还应考核教师的实践指导能力、新技术开发与应用能力等实践技能，以提高教师的实践能力和综合素质。此外，应综合采用自评与他评相结合、平时考核与定期考核相结合、单项考核与全面考核相结合等方式，确保评价主体多样化、考核方式科学化。为了有效发挥考核功能，高校可以根据"双师双能型"教师的考评结果进行绩效考核评估、职称评定和晋升，建立以能力和业绩为导向的考核激励机制。此外，通过设立教师考核奖惩激励基金，并采用奖惩结合的方式，鼓励教师自我提升。然而，奖惩只是促进教师专业发展的手段，而非目的，关键是要激发教师内在的专业发展需求，让他们能够自发地、长期地进行自我提升。

---

① 赵敬华，施佳，马淑娇．信息管理与信息系统专业"双师双能型"师资队伍建设研究［J］．经济研究导刊，2023（6）：114-116．

总之，建立科学的评价认定制度是促进"双师双能型"教师可持续发展的必要保障。高校可以构建评价指标体系，丰富考核方式，建立考核激励机制和考核奖惩激励基金，以确保评价认定制度具有权威性、科学性和规范性[①]。

（二）加大激励保障力度，促进教师持续发展

为了推动"双师双能型"教师的全面发展，高校应设立表彰奖励活动，定期对出色的教师进行表彰和奖励。这样可以激励教师不断提升自身的综合素质和实践技能，同时也有助于推进教师队伍的持续发展。高校还应提供更多学习培训和国际研修机会，以支持那些获得表彰的"双师双能型"教师。高校可以为他们提供资金扶持和政策支持，包括在职攻读硕博学位或参与挂职锻炼等，特别是要积极申请设立"双师双能型"教师发展支持计划。对于那些连续承担专业教学工作五年以上，积极从事专业技术实践，参加本专业职业技能培训，并在教育教学、人才培养和社会服务等方面作出突出贡献的"双师双能型"教师，应进行评选和表彰。

高校还应树立典型，发挥榜样示范引领作用，广泛宣传那些既具备高水平教学能力又具备突出行业实践能力的优秀"双师双能型"教师。通过在学校中传播这些典型教师的事迹，可以让"双师双能型"教师成为专职教师发展的追求和目标。同时，也能在学校中形成学习"双师双能型"教师的风气，并创造出一种浓厚的氛围，以激励和鼓舞其他教师向这一目标迈进，进一步提升整体教师队伍的素质。

同时，高校也应该结合实际情况，逐步完善"双师双能型"教师的职称评聘和岗位晋升制度，制定相应的政策支持措施。这样可以提高教师队伍的专业化水平和教学质量，强化职业教育的人才培养功能。高校还应该探索建立"双师双能型"教师培训和实践基地，鼓励"双师双能型"教师走出教室，到企业和行业中进行实践。这样可以让教师更好地了解行业的实际情况，掌握最新的技术和工艺，提高教学质量和教学效果。

通过以上措施，高校可以为"双师双能型"教师提供更多的发展机会和支持，并通过树立典型和宣传示范，鼓励更多教师学习和追求"双师双能型"的教学模式。这将有助于提高整个教师队伍的综合素质，推动区域职业教育水平和人才培养质量的进一步提升。

四、深化科研体制改革

高校在科研管理体制的建设上应以服务社会经济发展为目标。为了实现科研与教学的深度融合，高校需要建立完善的科研长效管理和激励机制，并以产学研合作作为切入点。

（一）拓宽资金来源，搭建科研平台

为了激发教师参与科研工作的积极性，高校应拓宽资金来源并搭建科研平台。首先，高校应加大对科研建设的投入力度，遵循国家教育事业的发展规划，完善科研经费的内部管理办法，形成经费长效支持机制，为教师开展科研工作提供基础保障。在资金来源方面，高校应积极探索融资渠道，吸引更多社会资本参与科研投入，进一步提高科研资金的来源多样性和可持续性。其次，高校需要加强科研经费的管理，确保科研项目资金的有效

[①] 吕健伟，路明，周利海，等. 应用型本科高校"双师双能型"教师队伍建设策略探索 [J]. 河北环境工程学院学报，2022，32（5）：90-94.

利用。这可以通过规范科研经费的使用和管理来实现,包括明确科研项目管理费、人员经费、业务费等支出规范,建立监督检查机制来监督科研经费的使用情况,并加强对科研经费使用效率的评估和控制。此外,高校还应制订切实可行的科研经费投入计划,全面考虑预算、审批、管理、监督等环节,以形成经费长效支持机制。

在科研平台建设方面,高校应积极构建跨学科、跨领域的科研平台,鼓励教师参与重大研究项目,以发挥学科群体的协同效应。高校还需完善科技创新团队建设,并推广校级以上科研平台管理办法,积极与省市科技部门对接,争取创建研发中心、工程研发中心、技术应用及推广等平台,促进教研一体化和产学研深度融合。此外,高校还应加强对跨学科、跨领域合作组建校级科创团队的支持和鼓励,提升教师跨专业、跨学科和跨领域的多维资源整合能力。

(二)加大培养力度,强化科研管理

在应用型高校的科研管理体制中,加强培养力度和科研管理至关重要。为了实现这一目标,高校应积极倡导和鼓励"双师型"教师参与多种科研活动,如新技术研发、科研成果转化、国际学术会议参与、境外学习进修以及企业挂职锻炼等,以提供有力的数据支持和实践基础。高校还应邀请知名行业专家、企业技术能手以及科技部门和财政部门的管理人员进行专题讲座,以帮助教师了解和掌握最新的科研动态,切实提升应用型科研能力。

此外,高校需要探索和完善科研成果和知识产权的归属及利益分配机制。与专业机构合作,建立知识产权运营和科技成果转化交易的团队,形成科技成果转化、知识产权保护和应用的有效机制。同时,高校还应推动建立和完善有利于科技成果转化的评价体系,以确保科研成果能够得到准确评价和合理利用。

在此基础上,高校还应进一步探索建立具有"互联网+"特色的科研组织模式,促进跨地区、跨学校、跨学科和跨领域的协同创新。通过多种形式的合作,教师可以共同开展科研项目攻关,共享资源和经验,提高科研效率和质量。同时,高校应建立以创新质量和贡献成果为导向的绩效评价体系,以更加准确地评价科研成果的价值,激励教师继续努力和创新,推动应用型高校的科研水平不断提升。

(三)组建科研团队,提高科研能力

在应用型高校的科研管理体制中,建立科研团队并提升科研能力是一项重要任务。为此,高校可以借鉴国内其他高校的科研管理模式,并注重设置和运营专职教师的科研岗位。通过在全校精选具备卓越的组织协调能力、扎实的理论基础和潜力十足的科研能力的杰出教师,形成以科研为主或社会服务为主的创新团队。高校需要为这些创新团队制定相应的政策,并设立专门的科研基金,为他们创造良好的工作条件。创新团队应以促进重点专业建设、核心课程开发、完成市级重大科研课题和技术服务项目、推动重点平台共建为目标,制订详细的研究计划和研发方案,以解决现实问题为导向,不断探索新的科技领域和前沿技术,提高研究水平和贡献度。高校应深入挖掘科研资源,引导教师通过专业学术交流与合作,拓宽科研活动的视野和范围,并积极开展海内外的科研合作和学术交流活动,以提升科研团队的国际影响力和知名度。同时,高校需要建立晋升通道和考核办法,以确保创新团队的稳定性和成果转化率。创新团队提出年度考核和聘期考核内容,由人事处和所在学院共同审核考核内容,综合评估科研成果、学术水平和团队影响力等方面的综合质量，制定等级晋升办法，对考核合格的教师进行晋升，享受相应待遇和荣誉。此外，在科研团队建设中，高校还应发挥政策引导作用，为取得突出成果的科研团队提供奖励和政策支持。鼓励和支持科研团队在重大科研项目申报、科技成果转化和科技奖项评选等方面取得更多成绩，为科技创新和社会经济发展作出更大贡献。

第十章 应用型大学交叉学科师资融合培养机制

第一节 概 述

2014年6月,在中国科学院第十七次院士大会、中国工程院第十二次院士大会上,习近平总书记指出,"学科交叉融合加速,新兴学科不断涌现,前沿领域不断延伸,物质结构、宇宙演化、生命起源、意识本质等基础科学领域正在或有望取得重大突破性进展。"随后,在2016年"十三五"规划中,教育部也提到交叉学科,"未来五年,要以持续开展学科发展战略研究为抓手,引领部分领域实现跨越式发展,引导中国科学家开拓新的科学技术发展方向","继续与国家自然科学基金委合作,加强学科发展战略研究的顶层设计,重点关注新兴交叉学科"。这些发展战略、规划,表明了新兴交叉学科正是未来发展的重要方向。在互联网技术不断发展的今天,不确定性和复杂的科学问题仅靠单一学科的研究、单一视角或层面的研究来解决已经变得困难重重,学科之间的深度交叉融合才是科技创新取得新突破点的关键;且近20年来,诺贝尔自然科学奖中超过三分之一都是学科交叉研究的成果。由此可见,学科深度交叉融合有利于促进新一轮科技革命和产业变革的开始,有助于发现新的学科分支和新增长点。

国务院学位委员会、教育部在2021年下发通知,决定建立"交叉学科门类",这不仅使交叉学科在学术界等受到广泛的认同,还为交叉学科提供了更好的发展通道和平台。2023年,全国人大代表、厦门大学党委书记张荣在全国两会上提出,推进基础学科建设必须发挥好评价和资源分配等政策"指挥棒"的作用,以此撬动创新;学科交叉是创新的突破点,学科交叉上必须破除壁垒、创造条件,要让学科交叉成为创新的"策源地"之一。

针对经济发展新常态下失业和职位空缺并存的现象,面对高校人才培养与产业需求衔接不足的现状,各高校顺应时代发展需求,推动精准对接学科专业与产业需求的步伐,有机衔接教育链、人才链与产业链、创新链等,学科交叉应运而生。学科的交叉培养改善了传统人才培养模式,创新人才培养方式成为现代高等教育领域可持续发展的重要环节。高校培养复合型、协同创新人才的重要举措是依赖多学科,不断优化交叉学科专业的建设。不仅如此,世界一流大学的先进办学经验也是强化交叉学科专业人才培养,所以,交叉学科逐渐成为多数高等教育发达国家高校本科专业建设的共同趋势[①]。交叉学科的发展离不

---

① 郭国强. 论交叉学科专业教学团队的内涵及建设 [J]. 中国大学教学, 2013 (3): 70-72.

开相应的师资队伍建设。具有专业教育活动组织能力的高校,其类型直接决定了高等教育的类型,教育活动要想得以实现,必须依靠师资这个载体,必须匹配师资与教育的类型[①]。从某种意义上说,师资的类型在横向上是由学校的类型来决定;教育活动中知识的教授深度是由教育的层次来决定,决定着师资素养的纵向高度。与此同时,应用型大学的特点是注重实践和应用,强调人才培养的职业化和适应性,在这种背景下,如何培养出能够满足职业市场需求的交叉学科人才,成为一个迫切需要解决的问题。

下面以广东省为例,对应用型大学互联网金融交叉学科专业开展田野研究,深入分析交叉学科师资现状、存在问题及其对策,在前人研究的基础上进一步加深对交叉学科师资培养全过程的理解,在一定程度上能够丰富交叉学科师资融合培养的理论知识。建立交叉学科师资融合培养机制可以使不同学科领域的教师进行整合,互相学习,共同提高综合素质和跨学科能力,从而为学生提供更具有针对性的教育内容,提高教学质量和水平。这种跨领域、多元化的教育模式需要具备跨学科融合的师资支持,以便促进不同学科之间的交流与互动。因此,建立一套交叉学科师资融合培养机制,能够为应用型大学增加更多的学科资源和师资力量,推进不同学科之间的合作与融合,促进学术创新。通过交叉学科师资融合培养机制的实施,不同学科领域的教师可以进行交流和讨论,互相学习,从而共同提高综合素质和跨学科能力,这也将为教师的职业发展提供更多的选择机会和发展空间。培养合适的交叉学科师资队伍,有助于提高交叉学科人才培养的质量,对于推动我国高校学科发展和"双一流"建设具有重要意义。

第二节 相关概念、理论研究

一、应用型大学师资培养相关概念

(一)应用型本科

应用型本科是指以应用能力培养为重点的、面向社会和产业的高等教育,其培养目标是培养具有较强实践能力、创新意识和适应能力的专门人才。相对于理论研究型本科和职业技术型本科,应用型本科更加注重对学生的实践能力和实际工作技能的培养,使学生能够更好地适应社会和产业的发展需求。

(二)应用型大学师资应具备的特点

(1)实践经验丰富:应用型大学的师资队伍应该有丰富的实践经验,在工业、商业和服务领域中有过成功的实践经验,能够将理论知识与实际操作相结合。

(2)学术造诣深厚:尽管实践经验对于应用型本科教育非常重要,但是优秀的应用型大学教师也应该具备学术造诣,他们可以在课堂上将实践知识与学术理论相结合,从而为学生提供更加全面的教育体验。

(3)团队协作能力强:应用型本科教育需要多学科融合,不同专业、不同背景的教师需要扮演不同的角色,共同为学生提供一流的教育资源,因此,团队协作能力非常重要。

---

① 叶帅奇,蔡玉俊. 应用技术大学师资培养研究 [J]. 职业技术教育,2019,40 (10):41-45.

(4) 创新意识强：应用型本科教育需要对新事物和新技术有敏锐的洞察力和创新意识，不断更新自己的教学方法和内容，以适应快速变化的社会和产业需求。

(5) 产业背景丰富：应用型本科教育需要与行业企业建立紧密的联系，因此，教师队伍中需要有具备产业背景的人士，以及能够为学生提供实习、就业和创业支持的专业指导师。

(6) 敬业精神强：应用型本科教育需要教师投入较多的时间和心力，需要对学生的个性化需求进行关注，了解他们的兴趣和职业规划，从而为他们提供更好的帮助和支持。

二、交叉学科的理论研究

（一）交叉学科定义

我国对交叉学科的研究起步较晚，1985年4月，我国在北京召开了首届交叉学科学术讨论会，它标志着交叉学科研究正式开始。李光和任定成在1987年编写的著作《交叉学科导论》分析了交叉学科与交叉科学，并论述了交叉科学的历史背景、形态、在科学体系中的地位和作用、社会功能、形成机制和发展模式、交叉科学研究的基本方法和发展趋势等七个方面，很好地指导了对交叉学科的应用[①]。《交叉科学学科辞典》指出了跨学科学的定义，总结为"科学研究学科交叉规律和方法的科学交叉学。其主要是探索各类交叉学科形成和发展的一般规律和方法"。总体来说，两门或两门以上学科渗透融合的活动及所形成的新学科群被叫作交叉学科或跨学科，而独立的学科-交叉科学或跨学科学不仅是所有交叉学科或跨学科的集合，而且还是专门研究交叉学科或跨学科整体规律的科学[②]；章成志（2017）侧重交叉学科的具体实践方面，他认为交叉科学的理论知识指导交叉学科，即新的交叉学科形成是通过一定方法和实践使交叉学科相关问题得以解决，这是交叉学科（跨学科）形成的方式和途径，因此，慢慢发展壮大了一些学科交叉（交叉科研、跨学科研究）活动，形成一个新的学科——交叉学科（跨学科）。然而，有的交叉学科并没有好的研究前景，以至于消亡。

（二）交叉学科人才培养

大学院系独立和学科分明的传统模式已逐渐显示出自身的弊端，在交叉学科潮流的不断冲击下，如今高校的关注点是如何培养复合型人才以适应社会所需。一方面国内外高校已开始逐渐建立学科交叉研究中心，以提供学科交叉研究平台；另一方面，不断增加文理和理工交叉的综合性课程，课程结构加快调整，如西班牙将经济学、社会学等新型科目与历史、地理等传统科目相结合形成"社会及自然科学"这一新的学科；麻省理工学院要求工科和文科学生必修一定数量的跨人文、自然科学、社会科学的课程资源[③]。国内外研究者也基于实践方面分析了学科交叉课程设置、培养模式、人才管理等，如陈其荣表示教育思想的转变和学科教育的整体化能够推进交叉学科教育。P. Hall等学者通过研究相关文献指出，比较交叉学科教育与传统方法是非常有必要的，明确教育何时开展、教育由谁来进行以及教育如何进行等问题。M. F. Orillion对某大学交叉学科课程、相关背景和学生成绩的关系进行了考察，得出结论：增加交叉学科课程有助于提高学生成绩。汪丁丁指出，具备交叉学科教育能力的师资是我国交叉学科教育中最缺乏的。郑腊香表示，更新的教育理

---

① 张梅俊. 交叉学科复合式教学体系的理论与实践研究 [D]. 武汉：武汉理工大学，2008.
② 张雪，张志强. 学科交叉研究系统综述 [J]. 图书情报工作，2020，64（14）：112-125.

念和改革的教学方式、调整的培养方案和课程体系，以及加强的教学和研究人员建设都有助于培养复合型人才。刘红（2022）提出重视协同创新是交叉学科教育所必需的，在应用知识的实践中发现问题，更能接近实践的真实需求①。英国学者迈克尔·吉本斯提出了一个多层次、多形态、多节点、多主体和多边互动的知识创新系统即知识生产模式，它是相互促进的创新网络和知识集群的融合；大学、产业和政府间的协同创新是它所强调的，它也以竞合、共同专属化和共同演进的逻辑机理驱动知识生产。

（三）师资方面

"双师型"教师概念是在我国职业教育领域中最早出现的，但目前，众多学者对"双师型"教师队伍建设的重视和研究不再局限于职业教育领域，而是涉及跨学科建设的广泛领域。首先，国内外学者阐述了交叉学科相关的教师队伍建设问题。黄蕊（2015）提出金融工程专业交叉性特别强，比如交叉编程设计、大数据分析与设计等，从而对金融工程专业教师的职业要求也较高，实践教学师资不足、教学团队人员松散、缺乏团队资源等是目前大部分高校教学团队存在的问题，并指出加快引进"双师型"教师，不断完善奖惩和激励机制是普通高校解决上述师资问题的关键。魏华飞和汪章（2020）提出实施人才强国战略需依靠创新的交叉学科人才培养模式，这种模式也加快推进了"双一流"的建设。此外，跨学科培养研究生和高质量复合型创新人才也都离不开师资队伍的建设②。

也有一些研究认为，高水平复合型人才的培养需要通过"双师型"教师的引进、跨学科教学团队的建立等方式来促进其实现，由此，相应的政策和改革机制建议也被提出。此外，部分学者把"双师型"教师队伍建设划分为"双师型"教师典型素养、适应能力、创新意识三个维度，并从这三个维度对其内涵进行分析，指出"双师型"教师队伍建设中存在的普遍问题，并有针对性地设计构建了"双师型"教师队伍建设，如通过多渠道引进"双师型"人才以补充师资数量短缺、补齐考评机制短板，以教师分层、分类、多元培养的统筹规划等来完善队伍结构，有效助力交叉学科专业"双师型"教师的队伍建设。应用型大学建设中至关重要的一个方面也是建设"双师型"教师队伍，这既与学校的建设水平息息相关，也与学校的可持续发展密不可分。目前学术界对"双师型"教师并没有统一的定义，但通常有两种理解：第一种是"双职称型"，基于职称的角度指教师不仅需要获得教师系列职称，还需要获得相关从业职称；第二种是"双素质型"，基于教师本身素质的角度指教师不仅应当具备理论教学的素质，亦应具备实践教学的素质③。王冬梅在《美国高校交叉学科教育历史发展与理论探讨》一文中指出，新时代背景下交叉学科师资培养面临的机遇和挑战并存，交叉学科教师也面临着应用型大学提出的更高要求。

通过对交叉学科相关理论进行研究分析，我们可以发现，目前交叉学科教学研究的重点是交叉学科师资队伍建设，大量研究指出，未来学科交叉的重要性及地位有待进一步确立，学科交叉研究人员本身的学科交叉教育有待加强，再加上及时调整培养方案和课程体系，能够为复合型人才培养提供更多平台，创造更多机会。

---

① 刘红，谢冉，任言. 交叉学科教育的现实困境和理想路径 [J]. 研究生教育研究，2022（2）：32-36.
② 魏华飞，汪章. 高校交叉学科人才培养模式共性与启示：基于美英德日的比较 [J]. 黑龙江教师发展学院学报，2020，39（10）：8-11.
③ 李雨青. 交叉学科中"双师型"教师队伍建设研究：以艺术经济学为例 [J]. 现代商贸工业，2021，42（9）：73-74.

第三节 应用型大学交叉学科建设及师资融合现状

近年来,教育部大力推动新工科、新农科、新医科、新文科建设,从教育思想、质量标准、技术方法等人才培养范式进行全方位改革。已有的学科建设难以有效回应当下和未来信息社会提出的新问题、新挑战,学科建设迫切需要重塑。在现有的学科群内、学科群之间进行交叉学科建设,按照"强基础、固特色、开新篇、创一流"的发展进行交叉学科建设。

交叉学科建设,要创新专业建设,优化课程结构,打造特色优势,在交叉融合中创新,在创新发展中育人①,并将不同专业背景的教师进行师资整合,建立一支开放、流动的交叉学科教师团队,让应用型大学成为培养应用型、技术型人才的重要阵地,已然显得迫在眉睫。

一、交叉学科建设的现状

(一)战略思想和整体规划相对滞后

首先,在我国尚未形成以交叉学科发展为主导的学科发展思想。高校的学科设置通常按照教育目标和学生需求,按照学科门类、一级学科和二级学科来设置。交叉学科的设立动因源于社会对复合型人才的迫切需求,但现有实践仍停留在机械拼凑多学科资源或依赖跨院系教师临时性协作的粗放模式。⑤这种仅仅用单一学科或专业技术加以融合的设置方式,不但不能充分考虑相关学科之间内在关系,导致交叉学科建设仅仅是流于表面,而且也不能反映不同学科之间的逻辑和互动关系,从而存在一定的局限性。在这种僵化的学术体系中,推动学科之间的交叉、渗透变得困难。如果学科交叉的跨度、融合度和深度不能够进一步加深,会使形成新兴学科的难度进一步加大。

长期以来人们对交叉学科的理解存在一定的局限性。目前的学科结构也并非十分合理,不仅不同学科之间的建设水平存在显著差异,导致不同水平的学科之间难以有效地进行交叉;而且,学者往往自我封闭,自成一派,缺乏开放与包容,使交叉性仅仅体现在学科内部相关学科之间,学科仍是封闭的。为改善当前状况,更加需要综合和系统地考虑不同学科之间的相互作用和相互影响,以便更好地推动多方主体共生共构。应该鼓励学者超越传统的学科边界,进行跨学科合作和研究,创造性地整合不同学科的理论和方法,从而孕育出新的知识和洞见。同时,高校需要建立相应的机制和平台,以促进不同学科之间的交流和合作,推动学科交叉研究的发展,并提供相应的支持和奖励措施,以激发教师和研究人员积极参与跨学科研究的热情。这样的改革努力将有助于促进学科之间的真正融合和交叉,推动学术界形成更加灵活和创新的知识体系,以更好地应对复杂的社会问题并促进学术进步。

其次,学科的建设源远流长,资源分配和保障体系则是按照单一学科建设和发展的逻辑逐步构建和完善的。在单一学科共同体的形成过程中需要学科平台的构建、科研经费的

---

① 庞海芍,陈彬. 交叉学科师资队伍建设仍面临制度迷茫 [N]. 中国科学报,2021-11-16 (007).

积累、研究成果的发布以及知识产权的归属，才能共同形成一个独立而完整的模式。而我国高等教育的整体格局也决定了单一学科共同体具有相对独立性与自主性，并以一定形式存在于高校内部，但又不完全等同于独立的学术机构。学科想要巩固其在系统内的优势，并进一步提升其内在的发展潜力，只有不断扩大组织边界，拓展研究领域，寻求多方合作，实现不同学科的交叉和渗透。但是在缺乏协调的研究和教育机制的情况下，学科交叉涉及的各种资源利用情况、利润可能会导致资源分配不均，从而导致相关主体之间的利益冲突。

（二）交叉学科研究和人才培养运行机制不完善

在实施交叉学科研究过程中，确实存在许多障碍和挑战，其中人才聘用模式的不完善是一个重要问题。在交叉学科研究中，由于科研人员的流动性较大，因此如何招聘和保留流动的科研人员成了一个具有挑战性的问题。另一个挑战在于，从事交叉学科研究的教师在考核、聘任和晋升机制中与相应的成果奖励评审机制不匹配[1]。交叉学科研究具有跨学科性，不同领域间科研成果的认可也有一定差别；然而，由于传统学科边界的限制，交叉学科研究成果往往难以得到充分的学术认可和奖励，这给从事交叉学科研究的教师带来了困扰。此外，教育资源的配置通常遵循被广泛认可的知识分类框架和学科体系，而由于交叉学科教育资源的不平衡配置，致使教师在基金课题申报、学术成果发表以及教育教学评价等方面面临一系列问题。为了保证交叉学科研究工作能够顺利开展，就必须打破原有学科壁垒，使其与其他学科建立起一种新的关系。解决这些问题需要采取综合措施：首先，为满足交叉学科建设的新需求，需要建立一种更具灵活性和适应性，符合交叉学科研究需求的人才聘用模式，以提供稳定和有吸引力的工作环境和薪酬待遇，吸引教师主动参与交叉学科研究；其次，为确保交叉学科研究成果能够得到公正的评价和认可，在保留交叉学科特点的前提下，需要对考核、聘任和晋升机制进行调整以保障交叉学科参与人员能够获得合理有效的激励；最后，需要加强对交叉学科教育资源的配置和支持，以确保教师能够在教学、科研和评价等方面获得同等待遇和支持。通过实施这些改革措施，可以推动交叉学科研究的蓬勃发展，营造更加有利于交叉学科的研究和教育环境，推动不同学科之间的真正融合和协作。但如果它的交叉只是不同程度地从各个学科中获得一定的资源，学科人员不能通过密切协作、相互配合而获得思路、经验甚至一套特定的研究方法，也会影响交叉学科人才的培养。

在交叉学科人才的招生和培养机制方面，目前还存在一些不完善之处，以下是一些常见的问题：

（1）复合培养和精密耦合不足：交叉学科人才的培养需要综合各个学科的知识和技能，但现行的培养模式往往还停留在传统学科的边界上，难以实现真正的复合培养。此外，培养计划和课程设置往往缺乏精密的耦合，无法将不同学科的内容有机地结合起来。

（2）问题导向不强：交叉学科人才培养应该注重解决实际问题和应用能力培养，但目前对培养模式中问题导向的教学和实践环节不够重视，使学生缺乏在真实问题中应用学科知识和技能的机会，难以培养出具有解决实际问题能力的交叉学科人才。

---

[1] 阚丽艳，贾美艳，谢长坤. 高校交叉学科的科研现状及管理提升策略探讨［J］. 中国管理信息化，2021，24（16）：204-205.

（3）个性化培养方案缺失：交叉学科人才往往具有不同的背景和兴趣，因此需要个性化的培养方案来满足其需求。然而，目前的培养模式往往采用通用的课程设置和培养方案，难以满足学生个体的特殊需求和发展方向。

二、交叉学科师资融合的现状

（一）师资队伍建设流于形式

在人才培养的视角下，教师和学生共同构成了涉及多个学科领域的行为主体，共同参与实施人才培养计划。因此，交叉学科的发展与人才的培养密不可分，人与人之间持续和密集的交流沟通则是交叉学科的核心要素；相反，缺乏对话将会直接影响学科之间的合作和融合，从而无法实现潜在的学科交叉，更无法产生有效的影响。所以，加强师资队伍中的师生互动尤为重要，而且这种关系也是促进交叉学科发展的关键所在。尽管学科交叉的建设在我国已经出现较长时间，但"交叉学科"并未真正融入政策话语体系之中。因此，无实质意义上的专门的交叉学科师资队伍[1]，许多高校都面临着师资队伍建设流于形式的问题。而且从目前的教师资源配置来看，让大量的传统单一学科教师转型并快速掌握多学科教学能力是不现实的，复合型教师数量少。因此，很多高校的交叉师资融合仅是简单地将不同学科的教师拼凑在一起，为申报项目而聚集，内容上并无实质的学科交叉融合，不是为了解决问题而交叉，而是为了申请项目而交叉[2]。这种形式下建设的师资队伍不仅无法保证人才的有效利用，也降低了高校整体的办学水平。

（二）师资队伍素质相对不容乐观

师资队伍是交叉学科学生培养的关键，也是培养高技能复合型人才的必备条件。从教育层面来看，学科能够顺利地开展，取决于其专业方向具有教授能力的教师。因而强化教师职业素质、教学技能和创新能力的培训，增加交叉学科交流学习渠道，以人才培养计划为基础，在人才培养目标下，采用有效的教育方法，才能推动交叉学科教育的开展。但从部分高校开展交叉学科教学现状来看，目前国内应用型本科师资队伍质量良莠不齐，每位教师的知识结构局限于自身的研究领域，对其他领域的涉猎较少，缺乏交叉学科教学的整合能力，也就很难满足企业对交叉复合型人才的需求。

同时部分教师针对交叉学科融合型教学形式认知不足，没有意识到深度融合型教学开展的重要性，使交叉学科教学停留在形式，没有发挥其根本性人才培育效度[3]。针对交叉学科对实践性的高需求，应用型大学交叉学科师资融合离不开企业深度参与。但是有意愿下企业学习的教师，在实践中也存在一定困难。首先，对于时间和精力有限的教师而言，他们在传统观念的束缚下，需要在课堂教学和学术科研上花费大量时间，就算抽时间去企业实践，短时间内也难以全身心投入企业实践锻炼中；其次，对于以营利为目的的企业而言，他们不愿分流出一批优秀的技术职工去指导教师在企业实践学习，因为他们认为这样做可能会对企业生产效率产生不利的影响。不仅如此，在校企合作中，高校专职教师与企业兼职教师之间也缺乏充分的深度沟通和及时的互相学习，这导致了双方之间的信息交流

---

[1] 王战军，常琅. 规训与超越：交叉学科建设的制度困境及其突破[J]. 高等教育研究，2022，43（5）：26-34.
[2] 齐芳. 摆脱简单叠加 交叉学科如何真正融合[N]. 光明日报，2021-10-29（008）.
[3] 吴娟娟. 深度融合型混合教学师资队伍建设问题及对策研究[J]. 佳木斯职业学院学报，2020，36（2）：158-159.

不够充分。而且，教师对企业的生产过程和技能普遍处于初步了解的阶段，即使在企业实践也因为缺乏指导，致使操作技能没有得到实质性的提高，这导致企业对于将关键技术问题交由教师解决持有一定的顾虑。同时，校方教师也未能深入了解企业的核心技能，而企业兼职教师也难以全身心地进行教学工作。

（三）人才聘用制度依旧还不完善

在传统的学科中，有既定的学科评价体系和标准。而交叉学科作为新兴学科，还没有建立类似标准，学校对交叉学科的评价、奖励政策尚不明确[⑧]。当前，我国尚未建立针对交叉学科教师联合聘任的制度，也缺乏明确、具体、针对性的政策规定，涉及岗位聘任、职称晋升和人才引进等方面。缺乏规范化的师资聘任制度，无法保障参与交叉学科师资融合的教师的权益，也使他们的教学和科研工作得不到充分认可。教师在学科中缺乏归属感，因此无法积极投入和发挥交叉学科教学和科研工作的积极性。一项关于浙江大学建设学科交叉平台的调研显示，从事交叉学科合作的教师和专职研究人员缺乏明确的职业预期，这使建立稳定的科研队伍变得困难[①]。

第四节 应用型大学交叉学科师资融合案例研究

一、广东省互联网金融交叉学科师资融合案例

互联网金融是将传统金融行业与互联网科技相结合开展金融活动的新兴领域，已经成为社会各界融资的重要渠道和社会大众获得金融服务的重要方式。互联网金融行业创新和发展极为迅猛，构建了一个充满生机与活力的新兴金融业态体系，催生了信息时代复合型金融专业人才的巨大需求。围绕粤港澳大湾区重大战略、湾区经济社会发展对人才的需求，依托办学优势和特色，广东省有8所应用型大学开设互联网金融专业，下面通过对5所大学互联网金融交叉学科师资融合的调研分析，研究交叉学科师资融合的发展路径。

（一）访谈设计

为了解目前广东省应用型大学互联网金融专业师资情况，作者调研了广东科技学院、东莞城市学院、广州新华学院、广州华立学院、广州商学院5所大学互联网金融专业的教研室主任或专业负责人，通过电话访谈、走访考察、线上研讨会等多形式调研，访谈提纲如下：

（1）互联网金融专业的教师结构（包括学历、年龄分布、师资来源、职称结构）。

（2）互联网金融专业教师队伍的管理（包括对网金专业教师的规划、培训举措、教师评价机制）。

（3）互联网金融专业中交叉学科课程教师资质如何（比如Python程序设计、大数据金融应用、区块链金融等这些课程的主讲教师资质）？

（4）教师的实践能力如何？

（5）教师的教研、科研情况如何？

---

① 吕黎江，陈平．高校跨学科团队合作的障碍及其对策研究［J］．中国高等教育，2019（18）：53-55．

（6）教师的激励方式有哪些？

（7）你们认为这个专业应该如何培养才有竞争力，开设什么样的课程最重要，你们建议挑选什么样的师资？

（二）访谈结果

通过调研5所应用型大学，发现在师资队伍结构方面：互联网金融交叉学科专业成立时间不长，大部分大学的教师数量都能符合师生比，学历以硕士研究生居多，博士偏少，教师主要是年轻教师和返聘教授，其中，女性教师占比较大；互联网金融交叉学科的师资主要由金融类专业集群师资或者是金融集群师资与计算机类师资构成，教师团队的职称大部分是讲师，不同大学根据教师发展及教学定位构成的师资力量差异性较大，极个别大学"双师型"教师较多，大部分大学师资是从学校到学校的教师。

在教师队伍管理方面，大部分交叉学科教师团队没有专门规划，目前调研的5所大学，仅广州华立学院的教师队伍中有复合型背景师资，其他大学均没有复合型背景师资。对于师资转型方面，5所大学统一的交叉学科培训力度较弱，需要花费费用进行培训的机会少，学校经费有限，仅有一两个名额；对于大部分交叉学科的培训都是通过邀请校企合作企业、协同育人企业和比赛软件的专家进校进行讲座，讲座次数少，内容较为分散，大部分教师对于讲座的交叉学科内容掌握的深度不够，通过讲座并没有激发教师对于交叉学科深入研究的兴趣；极个别教师开展交叉学科知识深入研究均是自学、自费、转型；并且，学习后基本上没有权威的交叉学科资格证书颁发证明；在教师评价机制方面，对于互联网金融交叉或者其他学科门类，没有单独的评价机制，均采取高校统一的评价标准。

在学科交叉课程授课安排方面，经过向广东省5所应用型大学互联网金融专业和一些应用型大学的其他相关交叉学科调研，互联网金融交叉学科师资主要来自专业集群加计算机学院教师，其中一类安排给有兴趣的教师或者直接安排给学习能力较强的新教师授课，在互联网金融专业课程的教学中会不由自主地倾向于金融类知识讲解，数据科学前沿技术课程和实务性课程相对较少，交叉课程讲解不明显；第二类是计算机学院教师，他们由于对金融感兴趣或学院直接委派，被安排到交叉学科的课程教学中。计算机教师在互联网知识方面具有扎实的专业优势，但也不可否认的是，他们对于互联网金融的业态及应用场景了解相对不足，因此在交叉学科授课时存在一定的挑战。主要原因是跨学科团队合作仅限于课程设置的谈论环节，在授课时零沟通，跨学科的独立授课难以产生"化学反应"，针对互联网金融专业课程，互联网金融的本质还是金融，还需要加强专业交叉学科课程教师团队力量。基于上述原因，部分高校在设计人才培养授课计划时，提前对师资摸底，对于一些交叉性的课程一方面提前两年给金融类教师备课时间，另一方面通过跨专业上课的方式让金融类教师学习转型；但是交叉师资的流动性不可控是目前存在的问题。

在教师的实践能力方面，调研的5所应用型大学中，仅有一所大学的互联网金融教研室的5位教师全部有金融证券行业背景，不过该教研室所在金融专业集群的教学团队中，具有行业背景的教师整体占比仍然偏低。据统计大部分高校教师中实践型教师占比在20%左右，大部分教师是从"高校"到"高校"的过渡，实践能力不足，不了解行业企业的用人需求，容易导致在教学过程中重理论、轻实践，很难将工作岗位能力培养通过案例或实践形式融入课程教学。在教师的教研、科研能力方面，获省级以上项目的教师不多，不好量化衡量；交叉学科教师的激励方式，均采取高校统一标准，对教师而言，目前各高校

第十章 应用型大学交叉学科师资融合培养机制

任课教师课时不多，创新性课程逐渐增多，对于部分想上课的教师而言，创新课程的安排可以成为交叉学科任课教师的激励方式之一。

在交叉学科专业建设方面，由于互联网金融交叉学科专业较新，各高校还在摸索中。不同高校的培养目标定位不一，对于人才培养有不一样的想法，但是统一的是对于专业学生培养首先需要做市场调查，其次要产教融合，只有确定市场的人才需求，才能知道培养什么样的人才，如何培养该类型人才；在课程设置方面，针对不同方向的人才需求设置不一样的课程体系；在师资方面，各教研室负责人认为挑选复合背景的师资及科研优长型教师队伍比较重要，但是复合型背景的师资难求，一般采取跨学科培养。

应用型大学的定位是立足地方经济培养实用型、技能型人才，满足地方经济对于技术技能和应用型人才的需求；结合应用型大学互联网金融新兴交叉学科专业，互联网金融专业的师资应具备高尚的师德与责任担当意识（职业道德），既懂金融又懂相关科技的基本理论知识，具备实践经验和创新能力。目前各大应用型大学在互联网金融交叉学科师资方面主要存在的问题有：师资结构"老、青"为主，缺少中坚力量；复合型交叉学科背景的人才缺乏；教师交叉学科培养培训力度不足；教师的实践导向不足；学校对于交叉学科师资的招聘难、留人难；课程学科交叉深度不够，交叉学科师资评价及激励机制不完善。

二、广东财经大学交叉学科师资培养案例

为顺应粤港澳大湾区国家重大发展战略，以及数字经济前沿学科发展布局，广东财经大学建立特色创新型学院——数字经济学院，并设有智能科学系、数字经济与管理系等两个教学单位，以及计算机科学与技术、大数据管理与应用、数据科学与大数据技术、数字经济等四个本科专业。形成以多学科协同创新为主体，以教学院部—实验室平台—校际协同为路径，以数据价值化、产业数字化研究为基础支撑，探索"商技法"学科专业交叉融合、"产教研学"深度融合、"校政行企"广泛合作的新模式，构建跨界融合的数字经济学学科师资队伍。

（一）柔性引进高层次人才，组建数字经济产学研项目团队

广东财经大学依托信息学院、统计与数学学院和经济学院，建立双跨的专任教师团队，团队成员约20人。从国内重点高校或科研机构引进在数字经济领域具有影响力且能起到学术带头人作用的人才；同时，聘任国内外知名高校或科研机构的教授、专家为特聘教授或兼职教授，借助他们在学科建设中的引领作用[1]。例如：柔性引进像国家统计局原副局长许宪春教授这样的数字经济领域专家，组建数字经济产学研项目团队，使学校的发展起点更高。通过研讨会、座谈会、交流活动等形式，可以全面了解优秀人才工作的现状、短板以及发展方向。在此基础上，可以进行系统规划，并制定可行性和创新性的措施，如按需设岗、科学编制等。

（二）以科研项目为载体，打造数字经济学院科研团队

通过重要项目、学科研究平台和课程专业建设，汇聚不同学科背景的教师。以知识交流、理论借鉴、模式整合和方法交叉的方式，突破学术领域的界限，全面探究某一现实重

---

[1] 邹新月，梁宏中，晏宗新. 新文科视域下数字经济学学科的建设逻辑与实践 [J]. 新文科理论与实践，2022 (4)：40-50.

大问题,激发新的思维、理念和方法。比如,广东财经大学于2021年成立中观经济学研究中心,设立了中观经济学教学科研基金,在中观经济学创始人、广东省原副省长陈云贤教授和广东财经大学党委郑贤操书记的支持和带领下,组建了一支包含6名核心骨干、共13名成员的中观经济学科研团队,相关专业背景包括国民经济学、区域经济学、产业经济学、数字经济学和公共管理等领域。以科研项目为依托,凝聚不同学科背景的教师,深度融合不同专业人才的优势,实现不同专业互联互通,为培养复合型创新性人才提供支持。

(三) 坚持"破五唯",深化职称评审改革

教师评价要求将教育教学职责置于核心位置,回归到"教书育人"的初心,提升教学质量成为主要标准,同时,增加教学业绩和研究在评审中的重要程度。推广代表作评价制度,包括社会服务项目、咨询报告、学术专著、教材、发明专利、文学艺术作品、报刊理论文章等作为职称评价的指标。这样的评价制度能够激励教师积极履行教学和科研职责。增设综合课程专业技术评审,为教师提供晋升和专业发展的机会,促使他们更专注于综合课程的教学和研究。

(四) 成立粤港澳高校数字经济联盟,共研数字经济

由广东财经大学牵头发起,香港大学、香港理工大学、澳门科技大学、澳门城市大学、华南理工大学、暨南大学共同参与建设粤港澳高校数字经济联盟。此外,广东财经大学、长安大学等共同主办了"数据社会与数字经济暨'一带一路'合作国际学术会议",粤港澳三地学者在会议现场就数字经济合作发展进行深入交流,主要围绕数据社会、数据法与数据流通、数字石油石化、数字贸易等专题共同研讨,激发数字经济发展新思潮。加强数字经济理论研究和实践高层次人才的教育培训,为高校培养更多交叉学科的师资力量。

(五) 聘任创新导师,校内外导师相互交流学习

广东财经大学人工智能与数字经济产业学院聘任9名企业高管、10名校内专家担任创新导师,探索"产教融合""科教融合"人才培养模式。推动校内与校外、业界和学界的紧密联系,不仅能充分借助社会智力资源、创新资源和场景资源,提升学生创新创业能力,提高学生创新创业质量,还能促进校内教师的不断学习,培养跨学科复合型教师。通过校企合作,在与企业的深度合作项目中,学生能够以实践为基础、以应用为导向、以实效为目标,在科技成果转化与推广过程中进行系统性思考和创新,实现学生、教师、学校、企业等不同创新主体之间的有效融合、互补。

三、其他类型院校交叉学科培养案例

(一) 浙江大学交叉学科师资培养案例

浙江大学作为研究型大学,建立了一个以学科交叉研究为核心的创新型师资培养体系,积累了经验。具体做法有:青年教师交叉学习培养计划;鼓励青年教师开展学科交叉研究课题;设立交叉预研基金管理办法(试行);搭建交叉研究创新平台(中心);创新团队建设;鼓励各类学科积极进行交叉研究。

学校设立的交叉课程由优秀的学者专家担任教师,旨在提供专业性交叉知识的学习机会。这些交叉课程可以作为独立的课程设置，也可以融入现有的研究生和本科生课程体系中。对于专业性交叉课程，青年教师可以在现有的交叉专业中选课和考试。此外，学校还不定期邀请著名学者举办交叉学习高级研修班，为师生提供更深入的学习和交流机会。学校也通过政策引导青年教师重视交叉课程学习及课题研究，在交叉课程学习过程中认识了一些其他专业的青年教师，从而促成了一些新的科研合作。把在学科沟通和融合中产生的交叉理念与创新思维、交叉灵感与研究兴趣得以发掘和提升，促进探索性合作研究的构思不断转化成为学术与技术成果，通过外引内育的方式，积极努力构建一批以学科领军人才为核心的高水平创新研究团队，同时积极培育基于多学科交叉研究的创新团队[①]。这些创新团队可以是校内团队，也可以是跨校或跨国合作团队。建立各种交叉学科论坛、联谊会等活动，为青年教师之间的相互交流与沟通提供平台。这样的举措有助于促进学科间的融合与互补，拓宽研究视野，促进创新思维和方法的交叉应用。同时，这些交流平台也为青年教师搭建了相互启发与合作的机会，加强了师资队伍的交流与合作，推动了整体的学术研究水平提升。

（二）密歇根大学交叉学科师资培养经验启示

密歇根大学交叉学科教师联合聘任制是一种富有创新性的教师管理方式，它的经验和启示如下：

1. 鼓励跨学科合作

密歇根大学交叉学科教师联合聘任制鼓励各个学科之间的合作，在教学和研究方面进行跨学科整合，以提高教师和学生的能力和素质。这种方式使不同学科领域的知识可以相互融合，促进了不同学科领域的创新和发展。

2. 提升教师素养

通过加强教师的跨学科培训和实践，密歇根大学交叉学科教师联合聘任制培养了一批具有多学科背景和能力的优秀教师，有利于提升教师的素养和整体能力。

3. 推动学校创新

密歇根大学交叉学科教师联合聘任制可以更好地推动学科间的整合和创新，为学生提供更加丰富和全面的教育资源，同时也为学校在学术界和产业界中的发展打下基础。

4. 加强学校管理

密歇根大学交叉学科教师联合聘任制对学校的管理提出了更高要求，需要配备专业的管理团队和机构，加强对教师的招募、评估、培训和监督等，以确保教师工作的顺畅进行和高效完成。

5. 有利于培养多元化人才

密歇根大学交叉学科教师联合聘任制有利于培养多元化人才，使教师在不同学科领域中具备专业技能和知识背景，更加适应社会发展的多元化需求，这也为学生提供了更加全面的人才培养环境和资源支持。

综上所述，密歇根大学交叉学科教师联合聘任制是一种有潜力的教师管理方式，可以

---

① 朱晓芸，蔡娥，徐晓忠. 学科交叉与创新型师资培养体系建设的实践与启示：以浙江大学为例 [J]. 浙江社会科学，2012（9）：123-127.

促进高校发展和学生成长,同时也需要高校在实践中积极探索和总结经验,不断进行完善和优化。

四、启示

学科交叉作为创新的要素之一,对于创新型师资队伍建设至关重要。以下是对创新型教师队伍建设的一些启示:

第一,建立多元化的学科互动学习平台,用于解决师生共享的需要,为他们提供多元的学科交流机会和平台。这样的学习平台可以推动不同学科之间师生的交流和灵感激发,还可以组建创新团队,一同解决教学和科研难题。

第二,制定合理的政策,鼓励教师将自己的研究方向与时俱进,与国家和社会的发展需求保持贴合。激励教师积极寻求多学科交叉合作伙伴,并形成创新的教学和科研团队。在团队协作中,教师能够提高自身和学生的创新能力,并解决重大的教学和科研问题。

第三,创新应用型大学的组织管理思路,建立以项目为核心的团队管理制度,促进创新团队的自发形成和发展。与传统以学科为核心的研究组织不同,以项目为核心的管理制度更适应学科交叉研究的需求,可以孕育新的创新团队的形成,尊重团队的自发性和自主性,激发团队成员的创造力。

第四,建立有效的弹性教师评价机制。对于从事基础性研究和创新方向的教师,采取包容的态度,新方向往往处于摸索期,项目研究周期长或者失败,成果的见效可能较慢,应给予一定的待遇保障和免考核期,正确对待科研项目的产出。

第五节 应用型大学交叉学科师资融合培养机制

一、师资结构方面

完善师资队伍梯队建设。据调研显示,应用型大学师资队伍年纪两极分化严重,缺少中坚力量,通过调整教师队伍的梯队建设,包括学科带头人、科研优长型、骨干教师、教书育人楷模、"双师"导师、外聘指导教师等,包括不同年龄层、不同职称、复合专业背景和工作背景的教师,将各自的特长相互结合。这样的安排有利于互相取长补短,促进专业知识和经验的交流,避免师资队伍中出现断层现象,形成合理而稳固的架构[①]。为了发挥传帮带的作用,为青年教师配备具有交叉学科教学研究经验的导师,实现专业知识、经验和教学资源的良性传承。最后,需要确保师资队伍的体量符合教育部《普通高等学校基本办学条件指标(试行)》中规定的师生比例要求。

在引进人才的过程中,可以制定"伯乐奖"政策,无论引进是否成功,都给予一定的奖励,以鼓励全体教师都积极参与人才引进工作,拓宽人才引进渠道,营造出"人人引才"的良好氛围。对于优秀的高层次人才,可以采用团队式引进方式,并为引进的团队制定倾斜政策,以加快完善师资队伍结构。

---

① 易明勇.论复合型商务英语师资团队建设的有效途径[J].湖北经济学院学报(人文社会科学版),2015,12(5):140-141.

二、交叉学科能力方面

(一) 启动实施教师交叉学习培养计划

一方面,"走出去",通过进修或读博,以达到教师的交叉学科专业知识能力的培养。可以借鉴法国的"合同制博士"培养模式,即法国为促进科研卓越发展,实施"合同制博士"培养方式,高校与校外科研机构、企业联合培养博士。法国鼓励"合同博士"积极与校外博士导师合作,利用项目合作方式,开展跨学科、交叉性的研究,进而为大学交叉学科的快速发展提供智力贡献。所以,高校可以通过加强与专业相关的企业共同联合培养高交叉性质的博士,以产促培、用培促教,真正构建一支专业的交叉学科师资队伍。另一方面,教师交叉学科学习培养计划,是交叉学科师资融合培养的基础机制,可参考浙江大学培养计划:让有志于跨学科学习研究的青年教师可随同本科生一起插班学习,每一门课程结束时都要和学生一样参加考试;为促进交叉学习计划持续、有效实施,将交叉学习经历作为专业技术职务评聘要求;学校通过相关政策引导青年教师重视交叉课程学习,并鼓励他们认真选择对自身课题研究有利的交叉专业课程;同时,学校还提供参加交叉学科高级研修班的机会,让青年教师能够继续深化学习。

青年教师在参与交叉课程学习的过程中,能够不断拓宽新的思路,并有机会结识其他专业的青年教师,一些新的教科研项目合作随之而来。比如加州大学伯克利分校加大信息开放力度,提供参与跨学科研究的所有教师资料,教师可了解感兴趣的项目和合作伙伴。康奈尔大学通过支持性项目,为教师申请交叉学科项目提供支持,以促进他们更好地理解交叉学科人才培养项目的需求和目的。青年教师通过参与交叉学科学习,能够改善知识结构、拓宽学术视野、提升学科思维,同时增强跨学科学习的自觉意识。这有助于建立跨学科交流的学术氛围,促进交叉学科之间的沟通和融合。此外,推动交叉学科间教师的教学和科研合作,能够提高协作攻关能力,推进新的研究领域和研究亮点的产生,进而促进学术创新和交叉性研究成果的生成。

(二) 激励教师团队开发交叉学科课程

交叉学科课程旨在培养创新型应用人才,以适应社会经济的发展需求。这些课程不仅注重传授交叉理论知识,还重视培养学生的实践能力。应用型大学与传统研究型大学的区别在于,前者更加注重培养学生的实践能力,课程内容与实际生产密切相关,并与行业企业保持紧密互动。课程开发过程中,吸纳课程专家和实践专家的参与,能够取得更好的培养效果。

交叉学科课程涉及的方面更加广泛。首先,需要进行市场需求调研,以了解目标群体的需求和行业的发展趋势。这有助于确定课程开发的方向和重点。其次,需要对工作岗位进行定位,并进行典型工作案例的分析。通过对不同工作岗位的深入了解和典型案例分析,可以确定课程内容和教学重点,提高与实际工作需求的契合度。

在课程目标的确立方面,应当确立以思政教育和实践能力培养为导向的课程目标。这些目标不仅要适应学生个人的发展需求,也要符合社会的发展需求。在课程内容组织方面,应注重理论与实践的结合,使学生在掌握相关理论知识的同时具备实践能力。课程的组织和安排应围绕相应的职业发展和工作任务展开,充分考虑学生的职业发展和社会需求。

在课程实施方面，要坚持实践育人的原则，通过实践活动解决具体问题，这有助于学生知识的建构和能力的培养。在课程评价方面，除了内部评价（学校、学生、教师之间的评价），还应考虑外部评价，如来自企业、行业等的评价。课程评价的内容应与具体的生活和生产实践相联系，以真正检验学生的学习实践能力[1]。

目前市面上能符合各大应用型大学的教材不多，交叉学科课程教材更是供不应求，编制难度大。激励青年教师突破现有的课程体系，结合市场和社会需求开发综合性、交叉学科课程是师资融合培养的终极目标。为激励教师结合市场和社会需求开发综合性、创新性的交叉学科课程，学校的考核激励制度应覆盖到课程开发的全流程。

三、实践导向方面

首先，借助各类产教融合平台，共同培养"双师型"教师。鼓励教师到相关企业"顶岗"锻炼，深化校企合作，转变培养思路，可以同时培养专任教师成为"双师型"教师，以及将企业员工培养为"兼职型"教师。通过深化校企合作，建立教师培养平台，使教师能够参与企业调研或挂职锻炼，并允许其参与企业技术产品开发，为企业提供人才和智力支持，这样可以增强教师的社会服务能力和技术研发能力[2]。其次，以交叉学科建设为契机，通过"引进来"的方式，在校校或院院方面，可以进行"院院"教师互聘，即以师资的共享形式保持优秀师资的流动性，教师能够以联合聘任形式参与到其他院校交叉学科学生教育中。具体也可以通过虚拟教研室平台组建跨学校跨学科虚拟教学团队，以便促进不同专业、不同院校的教师进行更多的交叉学科课程内容的交流、探讨。在校企合作方面，充分挖掘一线业界资源，以多种形式聘请业界专家，通过外聘校外专家，促进不同学科的教师和行业专家在日常的交流中相互学习，从而不断提高他们跨领域的专业素养和能力[3]。经过行业专家的交流切磋，中青年教师成长迅速，对教师的交叉学科持续发展、提升专业技能水平、行业素养有着积极促进作用。

提倡校企双方教师共同参与专业建设，并联合教师前往企业培训员工，这一举措不仅可以激发教师在企业育人方面的积极性，还能够提升他们的实践技能。

四、师资协同平台建设方面

通过建设协同平台（如虚拟教研室建设）集合来自多专业、多学院的教师和行业专家，通过资源和优势共享，可以实现合作利益最大化，在高校交叉学科教育实践中才具有可持续性[4]。如充分利用虚拟教研室跨时空的平台优势，构建院校师资协同平台及校企师资协同平台。首先，构建高校交叉学科师资的协同共生平台；不同学科背景的教师共同参与教学可以提高教学质量；他们可以互相借鉴经验、分享教学方法，并通过合作开发创新的教学模式；在交叉学科师资组建的过程中，涉及不同院系教师，处理好跨院系师资的人

---

[1] 翟陆陆，王盼丽，张晓军. 应用型本科课程开发现状、问题与对策：以河北省10所转型高校为例 [J]. 河南科技学院学报，2016，36（12）：72-75.
[2] 金向红. 地方应用型高校产教融合型师资队伍培养机制研究 [J]. 江苏大学学报（社会科学版），2021，23（1）：118-124.
[3] 贾君怡，于明哲. 金融科技专业建设与人才培养的实践探索研究 [J]. 科学决策，2021（12）：145-150.
[4] 冯英，张卓. 高校交叉学科的发展机理与教育实践逻辑：基于混沌理论的分析视角 [J]. 北京师范大学学报（社会科学版），2022（3）：120-127.

事问题，是顺利开展教学、科研的前提。其次，通过师资协同平台可以促进不同高校之间的交叉学科的交流，相互吸取经验的同时，促进交叉专业的建设。同时，构建校企协同共生平台，充分发挥社会资本优势，利用协同平台，选拔具有良好的职业道德和协作意识、责任心强、技术技能水平高，稳定且有一定教学或管理经验的企业人员，为交叉学科平台选聘兼职导师提供人力支持，并通过校企资源，申请实践教学基地或开展横纵向课题研究等合作，着力培育教师交叉学科教学与科研能力。

五、师资评价方面

首先，构建具有连续性和实操性的高校交叉学科师资评价制度，完善交叉学科环境下教师工作业绩具体评价标准。高校应基于交叉学科培养项目在课堂教学、学生指导、学术研究等方面更加复杂的事实，制定科学合理的分类分层评价标准。在资源配置和绩效评定方面，增加教师交叉学科业绩比重，充分保障交叉学科导师的相关利益，以确保交叉学科导师组的相对稳定和指导连贯性。比如，普渡大学通过表彰杰出导师和开展导师工作坊等活动，引导教师参与交叉学科学生培养，每年专门向优秀教师颁发毕业生指导奖。鉴于高校交叉学科与现实联系紧密的属性，教师在教学过程中比传统课程的学习及备课所花费的时间更长，所以在评价教师时，不应仅限于考虑论文和著作，还应重视他们的教研成果以及实操过程中的科技成果转化率，这样可以更全面地评估教师的综合贡献和实践能力。

其次，针对交叉学科成果产出时间较长的问题，建议弱化短期考核指标，并建立弹性考核机制以及科学量化师资水平的一系列连续性指标，从而鼓励科研人员持续投身其中。比如，新加坡国立大学在教师聘期和晋升方面建立可持续发展机制，帮助教师确定并达成未来发展目标，同时充分利用学校内部资源，如各类种子基金等优先为愿意进行交叉学科工作的团体提供促进和激励措施。

最后，明确交叉学科研究成果的知识产权归属非常重要。研究成果是研究过程的结晶，是学者研究能力的重要体现方式，通过师资协同，比如校与校之间、院系之间、校企合作间取得的成果，成果归属问题就显得尤其重要。因此在教师评价中，需要统一考虑学术性贡献与实践性贡献、个人贡献与团队贡献、长期贡献与短期贡献、显性贡献与隐性贡献的要求，以充分发挥评价标准的导向和激励作用。

第十一章　专业师资队伍课程思政教学能力提升路径及成效研究

在高水平应用型大学师资队伍建设系列研究中，专业教师课程思政教学能力是不可或缺的一环，本章从当前应用型大学专业师资队伍思政教学能力及存在问题入手，探讨如何有效提升专业师资队伍的课程思政教学能力。

一、课程思政的概念、内涵及必要性

《教育部关于深化本科教育教学改革全面提高人才培养质量的意见》指出，应坚持把立德树人成效作为检验高校一切工作的根本标准，用习近平新时代中国特色社会主义思想铸魂育人，加快构建高校思想政治工作体系，推动形成"三全育人"工作格局[①]。把思想政治理论课作为落实立德树人根本任务的关键课程，推动思想政治理论课改革创新，建设一批具有示范效应的思想政治理论课，不断增强思想政治理论课的思想性、理论性和亲和力、针对性。把课程思政建设作为落实立德树人根本任务的关键环节，坚持知识传授与价值引领相统一、显性教育与隐性教育相统一，充分发掘各类课程和教学方式中蕴含的思想政治教育资源，建成一批课程思政示范高校，推出一批课程思政示范课程，选树一批课程思政优秀教师，建设一批课程思政教学研究示范中心，引领带动全员全过程全方位育人。

根据刘建军教授的观点，在高等学校思想政治工作体系中，课程育人或课程思政排在首位，它是大学生思想政治教育的"主渠道"[②]。因为学校的主要工作是教育，而教育的主要平台和途径是课程。通过课程建设和课堂教学引导大学生塑造正确的世界观、人生观和价值观，这不仅是高等学校思想政治工作的首要任务，同时也是高等学校办学和育人工作的首要任务。课程思政之外的其他工作渠道尽管也都是重要的，但它们应该与课程思政相配合，起到协同育人的作用。

目前，国内专家学者普遍认同"课程思政"是指依托、借助专业课、通识课而进行的思想政治教育实践活动，或者是将思想政治教育寓于、融入专业课和通识课的教育实践活动。课程思政是学科德育（大德育理念）的发展，是非思政课程（相对于显性思政课程）里的思政教育。"课程思政"也是"大思政"理念、"隐性思想政治教育"理念的具体体

[①] 高宁，王喜忠. 全面把握《高等学校课程思政建设指导纲要》的理论性、整体性和系统性 [J]. 中国大学教学，2020（9）：17-22.
[②] 胡靖，马星宇，王俊荣. 从高校"思政课程"到"课程思政" [J]. 思想政治工作研究，2020（4）：41-43.

现和呈现，是构建"三全育人"大格局的重要举措①。

总体而言，"课程思政"不是一门或一类特定的课程，而是一种教育教学理念。其基本含义是：大学所有课程都具有传授知识培养能力及思想政治教育双重功能，承载着培养大学生世界观、人生观、价值观的作用。"课程思政"也是一种思维方式，要求教师在教学过程中要有意、有机、有效地对学生进行思想政治教育；体现在教学的顶层设计上，要把人的思想政治培养作为课程教学的目标放在首位，并与专业发展教育相结合，充分发挥课程的德育功能，运用德育的学科思维，提炼专业课程中蕴含的文化基因和价值范式，将其转化为社会主义核心价值观具体化、生动化的有效教学载体，在"润物细无声"的知识学习中融入理想信念层面的精神指引②。

二、当前我国应用型专业师资队伍课程思政教学能力存在的问题

在当前高校推进教育教学综合改革过程中，往往将教师考核评价作为一项重要内容。考核评价结果是高校教师选用聘任、薪酬、奖惩等的重要依据。在考核评价中，对教师的教学、科研成果和育人成效相比，前者更为容易，更具可操作性。无论是教师年度考核，还是目标完成情况考核，或是职称晋升、评奖评优等考核，教学工作量、教学成果奖项、科研项目、科研获奖以及论文专利等的数量、等级均可进行量化考核。而对教师的立德树人情况的考核则很难量化，育人工作往往成为一个"软任务"、考核上的"软指标"。在这种考核机制的影响下，教师在繁重的教学、科研任务之下，很难做到"不忘初心"，既教书又育人面临巨大挑战。

同时，当前少数高校教师在社会变革中出现不适的情况，教师自身在理想信念、道德情操、学术修养等方面也面临挑战，具体表现为：理想缺失，信念模糊，急功近利，心态浮躁，从而导致在教学上敷衍，在育人上失职，在学术上失范，甚至在道德上败坏。这些教师与习近平总书记提出的"四有"好老师标准相差甚远，不可能站在学生的角度去考虑"满足学生成长发展需求和期待"等问题，更不可能"守好一段渠、种好责任田"，这种状况亟须得到改变。

为进一步了解粤港澳大湾区背景下，应用型大学课程思政的融合与建设情况，本研究团队面向应用型大学，如广东金融学院、广东石油化工学院、广东财经大学、惠州学院、岭南师范学院、广东技术师范学院、肇庆学院、五邑大学、吉林大学珠海学院、北京师范大学珠海分校、电子科技大学中山学院、北京理工大学珠海学院、中山大学南方学院、广东白云学院、广东科技学院等发送了《应用型专业师资队伍课程思政教学情况调查问卷》，从教授课程类型、目前课程思政开展情况等方面入手，了解各校当前应用型专业师资队伍课程思政教学能力存在的具体问题。

问卷共设问14题，覆盖教学背景、课程思政能力现状及期许等方面：

第1题　您的工作单位是?

第2题　您任教的学院是?

---

① 李忠军．"铸魂育人"是思想政治教育本质核心内涵的探讨[J]．思想理论教育导刊，2015（10）：104-108.
② 邱伟光．课程思政的价值意蕴与生成路径[J]．思想政治教育，2017（7）：10-14.

第 3 题　您所教的课程属于哪种类型？
第 4 题　您目前的课程思政建设开展得如何？
第 5 题　您认为课程思政应该包括哪些内容？
第 6 题　您目前在教学过程中开展课程思政的方式是？
第 7 题　您认为思政元素融入课堂有效的教学方式有哪些？
第 8 题　您觉得课程中的德育目标以什么样的方式进行考核比较合适？
第 9 题　您觉得实施"课程思政"重点在哪？
第 10 题　您认为实施课程思政对教师提出了哪些要求？
第 11 题　您在推进课程思政建设方面，采取过哪些措施？
第 12 题　您在课程思政实施中遇到的困难有哪些？
第 13 题　在课程思政建设过程中，您最需要获得哪些帮助？
第 14 题　您认为学院或学校可以为推进课程思政工作做哪些支撑和服务？

从回收的问卷结果来看，整体而言，当前我国应用型专业师资队伍课程思政教学能力存在的问题主要有：

（一）应用型本科院校专任教师实施课程思政的路径不一、概念模糊

问卷第 3 题的设置聚焦于公共基础课程和专业教育课程，针对不同学科专业的特色和优势、不同专业的育人目标，调查课程思政教学体系的建设情况。从问卷结果来看，专业课教师提供了主要的思政教学信息，必修课教师提供的有效问卷居多，为专业课程和必修课程的思政教学方向提供了有效参考，以体育、美育类课程为主的公共选修课教师参与度不高，对提升学生综合素质、思想道德修养、人文素质、科学精神、宪法法治意识、国家安全意识和认知能力等方面的思政指导在本次问卷中显示不够充分。63.64% 的受访教师教授专业必修课，27.27% 教授专业选修课，少数教授公共必修课（如图 11-1 所示），此类课型中对于课程思政的要求与思政课类别的相关要求有所区别，更加注重润物细无声的思想浸润，对于专任教师思政能力考察的侧重点是如何将专业知识与课程思政自然融合起来，通过每一堂课的细节达到立德树人的目标。

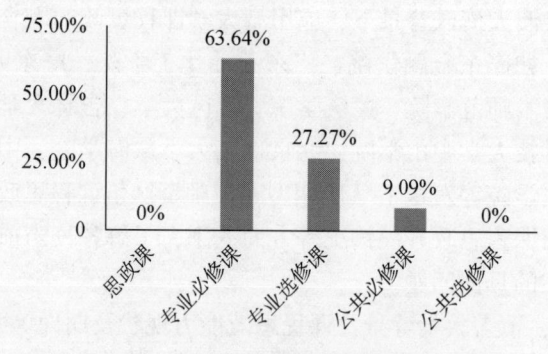

图 11-1　受访教师所教课程类型

（二）应用型师资队伍课程思政教学能力培养路径有待明确

问卷第 6 题的设置，着眼于课程思政的开展方式，调查应用型大学教师的课堂教学过程管理，以期帮助他们提高课程思政内涵融入课堂教学的水平。从问卷结果来看，教

师普遍能够结合不同课程特点、思维方法和价值理念，深入挖掘课程思政元素，有机融入课程教学，达到润物无声的育人效果，但依旧有近两成的教师感到难以自然地将课程思政元素传达给学生，专业教育和思政教育存在"两张皮"的问题，教和学的主体缺乏主动性和积极性（如图 11-2 所示）。由此看来，设置更为科学有效的课程思政教学能力培养路径，不仅对教师的职业能力发展，而且对学生的课程学习体验和学习效果大有裨益。

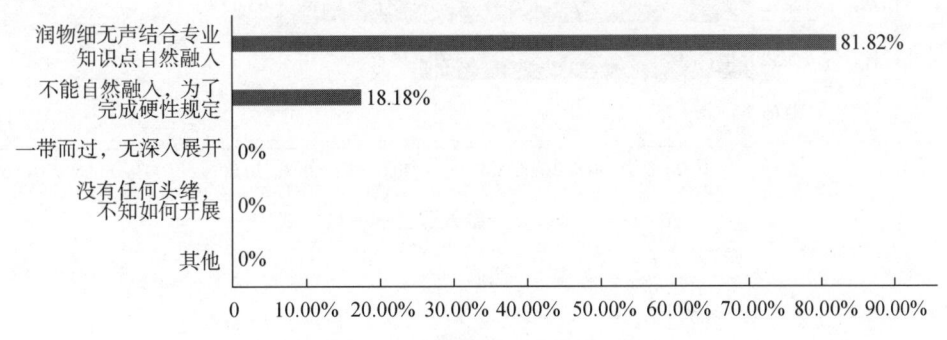

方式	比例
润物细无声结合专业知识点自然融入	81.82%
不能自然融入，为了完成硬性规定	18.18%
一带而过，无深入展开	0%
没有任何头绪，不知如何开展	0%
其他	0%

图 11-2　开展课程思政的方式

（三）应用型教师实施课程思政的实际困难未能得到足够关注

诚然，课程思政教学并非易事，亦不能一蹴而就，高校教师往往遇到教学时间限制、课程内容专业性强、思政经验和能力不足、教学过程中难以找到切入口等困难，问卷第 12 题关注教师个人对课程思政实施过程中遇到的各种实际困难，如：教学时间有限、教学过程中难以找到切入点和课程本身难以挖掘思政元素，各占 54.55%；教师精力有限、不太能把握课程思政的核心要义，各占 27.27%（如图 11-3 所示）。

困难	比例
其他	0%
教学过程中难以找到切入点	54.55%
教学时间有限	54.55%
不太能把握课程思政的核心要义	27.27%
教师精力有限	27.27%
思政教育的经验和能力不足	45.45%
课程本身难以挖掘思政元素	54.55%

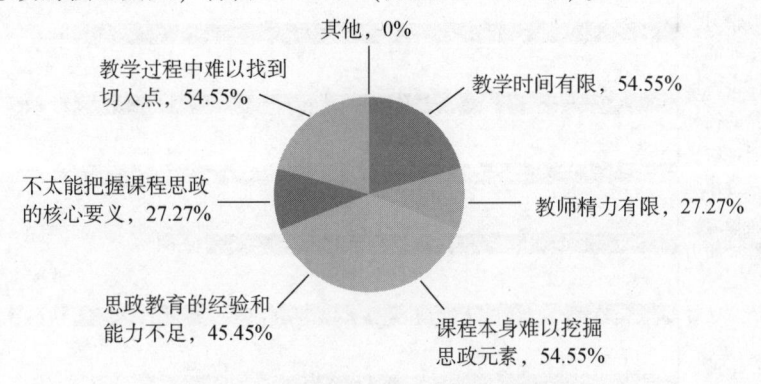

图 11-3　课程思政实施中遇到的困难

针对上述教师在思政授课中遇到的问题，问卷后半部分尝试了解受访教师目前在教学实践过程中采用的主要解决手段。如第 7 题了解关于思政元素融入课堂的有效方式（如图 11-4 所示），第 9 题了解教师眼中的课程思政实施重点（如图 11-5 所示），第 10 题了解教师眼中实施课程思政对自己能力方面的要求（如图 11-6 所示），第 14 题探讨各高校目前对课程思政推进工作的支撑和支持服务（如图 11-7 所示）。

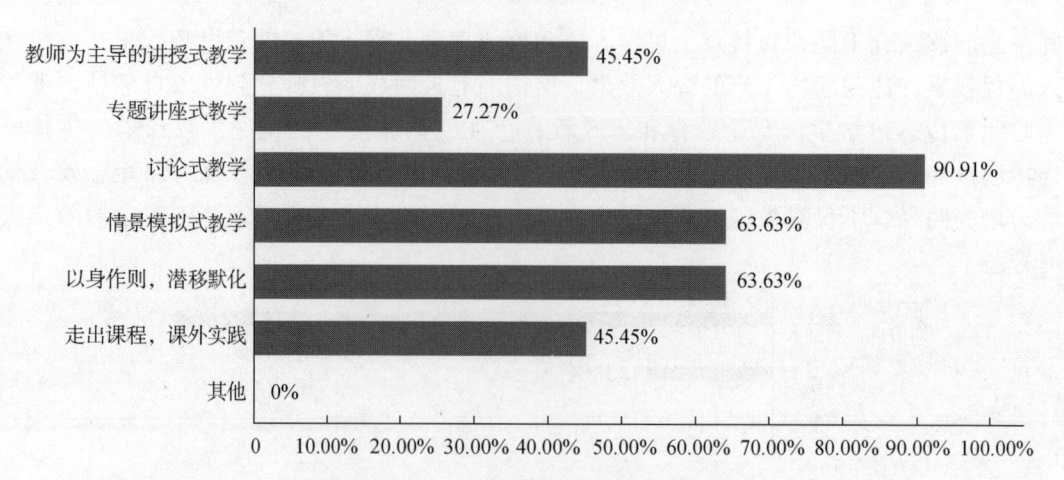

选项	比例
教师为主导的讲授式教学	45.45%
专题讲座式教学	27.27%
讨论式教学	90.91%
情景模拟式教学	63.63%
以身作则，潜移默化	63.63%
走出课程，课外实践	45.45%
其他	0%

图 11-4　思政元素融入课堂的有效方式

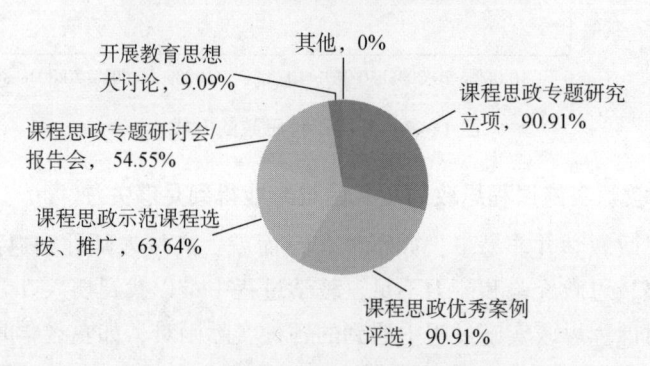

选项	比例
开展教育思想大讨论	9.09%
其他	0%
课程思政专题研究立项	90.91%
课程思政专题研讨会/报告会	54.55%
课程思政示范课程选拔、推广	63.64%
课程思政优秀案例评选	90.91%

图 11-5　教师眼中的课程思政实施重点

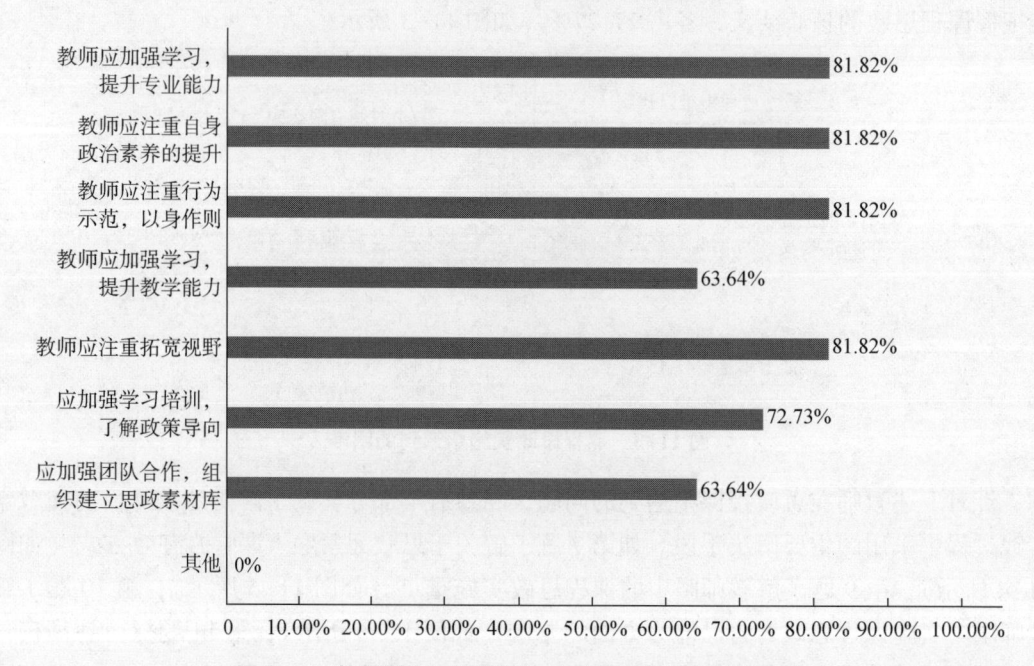

选项	比例
教师应加强学习，提升专业能力	81.82%
教师应注重自身政治素养的提升	81.82%
教师应注重行为示范，以身作则	81.82%
教师应加强学习，提升教学能力	63.64%
教师应注重拓宽视野	81.82%
应加强学习培训，了解政策导向	72.73%
应加强团队合作，组织建立思政素材库	63.64%
其他	0%

图 11-6　教师眼中实施课程思政对自己能力方面的要求

第十一章 专业师资队伍课程思政教学能力提升路径及成效研究

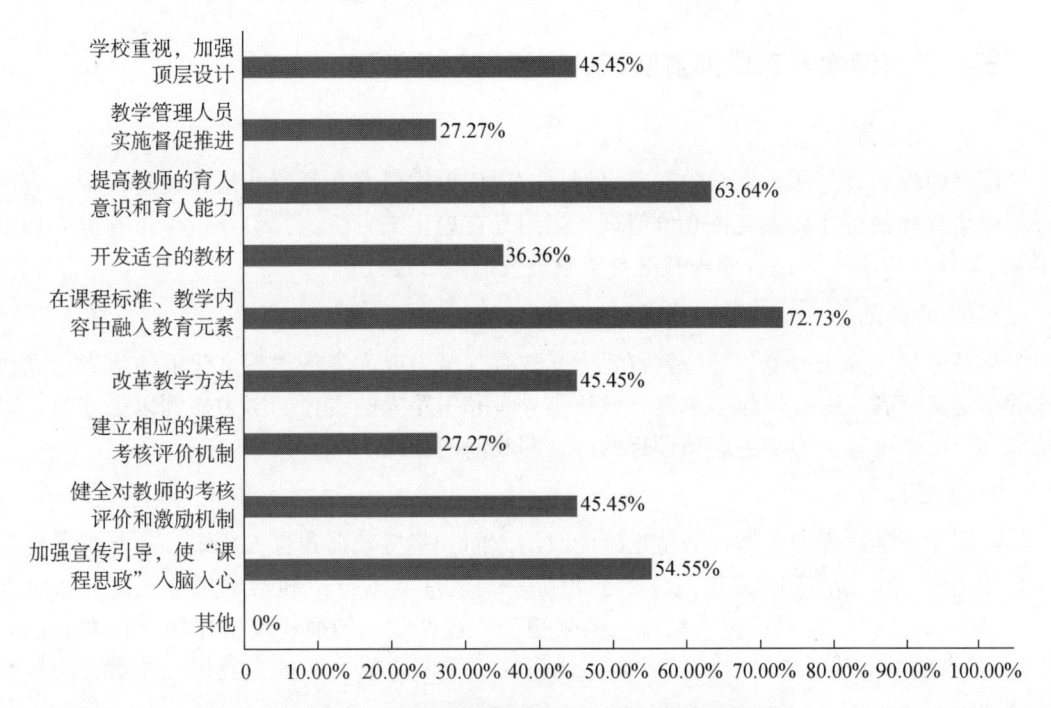

项目	百分比
学校重视，加强顶层设计	45.45%
教学管理人员实施督促推进	27.27%
提高教师的育人意识和育人能力	63.64%
开发适合的教材	36.36%
在课程标准、教学内容中融入教育元素	72.73%
改革教学方法	45.45%
建立相应的课程考核评价机制	27.27%
健全对教师的考核评价和激励机制	45.45%
加强宣传引导，使"课程思政"入脑入心	54.55%
其他	0%

图 11-7　学校对课程思政推进工作的支撑和服务

而在第 13 题中，试图了解教师首选的解决方案，站在教师自身的角度，思考思政融合难度，旨在提供相应的帮助。从问卷结果来看，教师愿意自发开展思政元素的挖掘与探讨，现场观摩优秀示范课的教学过程，积极参与相关会议或培训，聆听专家指导等（如图 11-8 所示）。

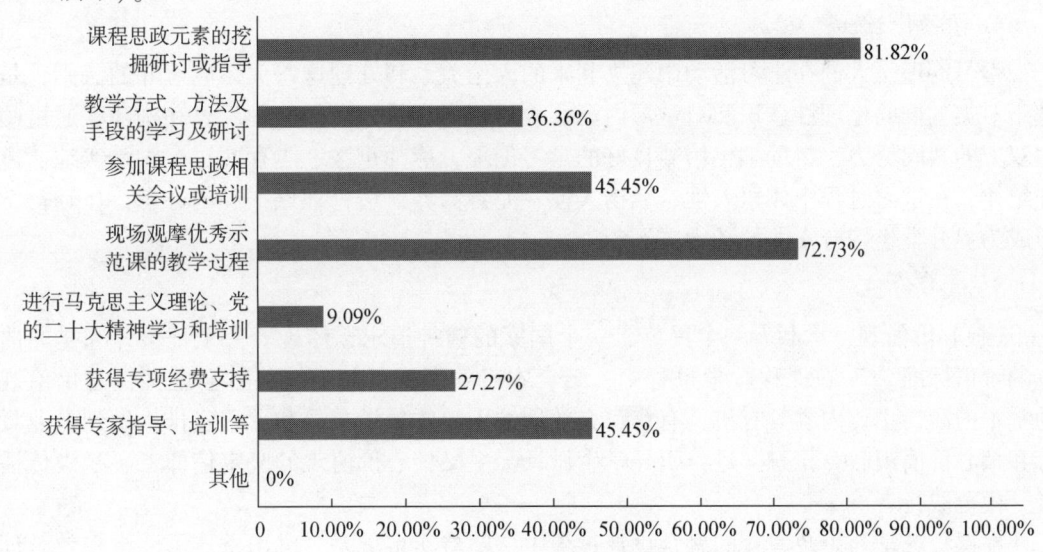

项目	百分比
课程思政元素的挖掘研讨或指导	81.82%
教学方式、方法及手段的学习及研讨	36.36%
参加课程思政相关会议或培训	45.45%
现场观摩优秀示范课的教学过程	72.73%
进行马克思主义理论、党的二十大精神学习和培训	9.09%
获得专项经费支持	27.27%
获得专家指导、培训等	45.45%
其他	0%

图 11-8　教师需要的帮助

三、应用型本科专业师资队伍的课程思政教学能力培养

(一) 培养原则

围绕课程思政与课堂教学的双重目标,在应用型本科专业师资队伍建设过程中,应通过积极培育和践行社会主义核心价值观,运用马克思主义方法论,引导学生正确做人和做事[①],具体从以下方面进行课程教学与思政教育的融合设计:

1. 师德风范

学高为师,身正为范。坚持教育者先受教育,努力成为先进思想文化的传播者、党执政的坚定支持者,更好担起学生健康成长指导者和引路人的责任。努力做到以德立身、以德立学、以德施教,为学生点亮理想的灯、照亮前行的路。

2. 政治导向

在课堂教学过程中,做到坚持正确的政治方向,坚持教书和育人相统一,坚持言传和身教相统一,坚持潜心问道和关注社会相统一,坚持学术自由和学术规范相统一,坚守"学术研究无禁区,课堂讲授有纪律"的规矩,不在课堂上传播违反《中华人民共和国宪法》,违背党的路线、方针、政策的内容或言论,使课堂成为弘扬主旋律、传播正能量的主阵地。

3. 专业伦理

专业伦理教育是对未来从业人员掌握并遵守的人与人之间的道德准则和职业行为规范的教育活动。教师在传授专业知识的过程中,明确将专业性职业伦理操守和职业道德教育融为一体,给予正确的价值取向引导,以此提升学生的思想道德素质及情商能力。

4. 学习伦理

学习伦理是人们在学习活动中建立起来的人伦关系和处理这些关系应遵守的法则,是基于对类、群的伦理性认识和对学习内涵、价值、内容等方面的伦理反思和构建。通过师生双方的共同努力,帮助学生培养良好的学习伦理,尊师重教、志存高远、脚踏实地、遵守纪律,在学习过程中体悟人性、弘扬人性、完善修养,培育理性平和的心态,让勤奋学习成为提升学生综合素养的动力。

5. 核心价值

"核心价值观,承载着一个民族、一个国家的精神追求,体现着一个社会评判是非曲直的价值标准。[②]"在课程教学过程中,结合本专业门类的特点,将社会主义核心价值观的基本内涵、主要内容等有机、有意、有效地纳入整体教学布局和课程安排,做到专业教育和核心价值观教育相融共进,引导学生做社会主义核心价值观的坚定信仰者、积极传播者、模范践行者。

在课程教学与思政教育的融合设计过程中,坚持实事求是、突出重点、注重实效、创新思维等原则,遵循共性与个性相结合的原则,既注重教学内容的价值取向,也遵循学生

---

① 周亚楠. 思想政治教育专业师范生技能提升路径探微 [J]. 人才资源开发, 2016 (8): 250-251.
② 肖少北, 赖秀龙. 构建现代教师教育课程体系全面提高教师培养质量:《教育部关于大力推进教师教育课程改革的意见》之解读 [J]. 教育发展研究, 2012 (10): 7-11.

在学习过程中的独特体验；同时，坚持以正面引导、说服教育为主，积极疏导、启发教育，辅之以必要的纪律约束，引导学生品德向正确、健康方向发展。

（二）培养路径

1. 教师个人层面

办好思想政治理论课关键在于发挥教师的主动性、创造性。思政课教师，要给学生心灵埋下真善美的种子，引导学生扣好人生第一粒扣子。教师的思想政治素养、人文素养、知识涵养等因素直接关系着思想政治教育的效果。第7题的调查结果显示：讨论式教学对于课堂思政渗透效果最好，最值得提倡。另外，教师可采取多种教学方法，比如情景模拟式、潜移默化式、讲授式、课外实践法以及专题讲座的形式将思政元素融入课堂。第10题调查结果显示，为保障课程思政顺利高效实施，教师除了应加强学习，注重自身政治素养的提升，还应积极拓宽视野、了解国家政策导向。

2. 课程团队层面

第9题和第10题调查结果显示，教师团队应加强合作，建立各类课程协同育人机制、育人要素间的互通互联机制等。可通过组织建立思政素材库以共享优秀课程资源，共同开发适合的教材，探索改革教学方法，创新课程思政建设的方法与路径。整合党、群、辅导员、班主任等思政教育力量及相关教育资源，构建"三全育人"格局，统筹、协调、引领和指导课程思政建设，使专业课教师明确角色定位，发挥自身引领示范作用。

3. 学院学校层面

结合第9题和第14题的数据，学院和学校层面应加强顶层设计，提高教师育人意识和育人能力。学院和学校可以通过课程思政优秀案例评选、专题研究立项、示范课程选拔以及举办专题研讨会等方式为课程思政工作提供支撑和服务。选拔要强化正确政治方向，有明确的课程思政教学目标，突出价值引领，具有较强的针对性、时效性、创新性、示范性和可推广性。此外，学校可通过会议、报告、教研活动、网络平台、"线上+线下"等形式提升对课程思政的宣传引导，健全多部门协同工作机制。实施督促推进，建立相应的课程考核评价机制，健全对教师的考核评价和激励机制，全面推进课程思政高质量建设，提高办学水平和人才培养质量。

四、应用型本科专业师资队伍的思政教学能力评价标准

课程思政能力不同于其他教学能力，考察的是教师的综合能力，涵盖了教师本身的思政素质因素、专业课教学技巧、思政元素融合技能等多方面。相比传统的教学能力评价体系，课程思政能力评价体系涵盖面更广。必须将思政教育和职业道德教育渗透于专业学习过程中，单独建立一套有效、动态、全方位、有针对性的评价体系来提升应用型本科专业教师的德育能力，以激励学生提高思想政治素养、职业素养以及专业技能。

南京医科大学秦邦辉等教授基于扎根理论于2021年提出了药学类专业课教师课程思政能力评价指标体系，通过开放式编码、关联式编码与核心式编码得出包含5个一级指标、15个二级指标、53个三级指标在内的评价指标体系。同时在构建指标体系的基础上，针对当前药学类专业课推进课程思政建设过程中存在的问题，提出了提升药学类专业课教

师课程思政能力的建议与对策（如表 11-1 所示）[①]。

表 11-1　药学类专业课教师课程思政能力评价指标体系

一级指标 [次（%）]	二级指标 [次（%）]	三级指标	一级指标 [次（%）]	二级指标 [次（%）]	三级指标
A1 教师素养 101（15.63）	B1 个人素养 51（50.50）	C1 教师价值观 C2 家国情怀 C3 师德师风 C4 自我学习意识 C5 教学责任心 C6 医药人文素养 C7 表达能力 C8 政治素质	A4 课程传授 298（46.13）	B8 课外内容思政融合 11（14.10）	C28 课外实践思政元素融合 C29 课外内容导向性 C30 课外师生互动
	B2 专业素养 50（49.50）	C9 "药德"素养 C10 职业态度 C11 学科责任心 C12 从教经验 C13 创新精神 C14 科研能力		B9 药学职业精神 69（23.15）	C31 职业追求 C32 职业热情 C33 职业认同感 C34 职业道德
A2 教学技能 81（12.54）	B3 教学方法 35（43.21）	C15 教师团队意识 C16 教学设计创新 C17 与药学专业内容合理交叉		B10 药学生个人素养 78（26.17）	C35 哲学思维 C36 身心素质 C37 利他行为 C38 思想品行 C39 自我管理
	B4 授课技巧 36（44.44）	C18 "讲故事"能力 C19 师生共同思考		B11 医药专业素养 80（26.85）	C40 医学人文素养 C41 公共卫生思维 C42 医药专业能力 C43 科研思维
	B5 教学载体 10（12.35）	C20 实践教学 C21 新媒体技术		B12 政治素养 71（23.83）	C44 社会责任感教育 C45 社会主义核心价值观教育 C46 医药法规教育 C47 中华优秀传统文化教育
A3 教学内容 78（12.07）	B6 备课内容思政融合 19（24.36）	C22 教案时政内容 C23 课程思政意识 C24 课程思政指导纲要把握 C25 思政元素挖掘	A5 教学效果 88（13.62）	B13 课堂效果 47（53.41）	C48 专业目标达成 C49 师生互动频率
	B7 授课内容思政融合 48（61.54）	C26 课堂时政内容 C27 课堂思政元素贯穿		B14 效果评价 21（23.86）	C50 评价反思意识 C51 学生感受
				B15 对学生的深远影响 20（22.73）	C52 终身学习动力 C53 社会认同

参考相关思政文献，并结合本团队的调研结果，笔者认为应用型本科专业师资队伍的思政教学能力评价与考核应重点关注以下内容：

[①] 秦邦辉，崖芷晴，陈立娜，等. 教师课程思政能力评价指标体系的构建 [J]. 南京医科大学学报（社会科学版），2021，21（4）：388-393.

（一）评价目标

以习近平新时代中国特色社会主义思想和党的二十大精神为指导，根据教育部《关于深化新时代学校思想政治理论课改革创新的若干意见》《高等学校课程思政建设指导纲要》等文件要求，师生对课程思政重要性认识是否到位、课堂教学效果是否有所提升、思政内容是否鲜活、教师选配和培养工作是否存在短板、评价和支持体系是否健全、各类课程与思政建设的协同效应是否有所增强等，均可纳入评价范围，对上述情况的贯彻落实，有助于提高思政教学的质量和水平。

（二）评价主体

1. 教师

习近平总书记对思政课教师提出"六要"要求，即政治要强、情怀要深、思维要新、视野要广、自律要严、人格要正，可相应地纳入政治素质、家国情怀、创新思维、终身学习、知行合一、师风师德等评价指标，多方位考察教师的个人素养和专业素养，打造一支"立德修业、铸魂育人、守正创新"的思政课教师团队[1]。

2. 学生

学生既是教育的对象，又是教育的主体。作为教育的对象，学生需要获得知识、技能和价值观等方面的指导和支持，德智体美劳全面发展。作为教育的主体，学生则需要积极主动地参与教育过程，发挥主观能动性，激发思政学习的热情和兴趣，并结合自身的经验、能力和思维方式对所学内容进行探究和应用，从而实现自我教育和自我完善的目标。因此，学生作为学习效果的体现者，他们的建议和评价十分重要，可大致分为以下两个方面进行考评：一是内部评价，即考察学生自身的政治认同、家国情怀、道德修养、法治意识、文化素养等指标；二是外部评价，包括但不限于他们对家庭、学校、社会的认同感、责任心和价值观等。

（三）评价内容

《关于深化新时代学校思想政治理论课改革创新的若干意见》要求，各地各部门要完善思政课课程教材体系，整体规划思政课课程目标。这就要求在教材选用时注重其政治性、时代性、科学性、可读性，组织成立教材管理小组，专门指导、监督、审查和评价教材的内容，使之贴近学生专业知识需求，确保科学性和准确性，还应该关注教材中意识形态和素养的体现，坚持正确的政治方向和价值取向。同时，建立有效的反馈机制，了解教材使用主体的感受和使用效果，从师生视角评价教材内容的合理性和适用性，发现问题并及时调整。

结合问卷第5题的调研结果，教师普遍认为思政教育包括但不限于以下内容：中国特色社会主义和中国梦教育、社会主义核心价值观教育、法治教育、劳动教育、心理健康教育、中华优秀传统文化教育、职业素养、人文素养、行为习惯。因此在进行教学设计时，需要根据课程标准的要求和教学对象的特点，结合上述指标作出教学方案的设想和规划，对教学内容重新编排，如：更新教案内容，使之与时俱进，除课程目标和情感目标外，纳入思政目标，深入发掘和提炼各类课程所蕴含的思政元素和德育功能；提高授课技巧，培

---

[1] 曾旭升. "课程思政"路径下高校教育教学和教师价值回归研究［J］. 运动精品, 2021, 40（2）: 47-48.

养"讲故事"的能力，提高师生的参与度和互动率，提倡群言堂，共同思考，互相勉励；扩展教学载体，充分发挥新媒体新技术的作用，利用超星学习通平台、青年大学习、在线思政课程资源等媒介，丰富思政教学形式，增强思政教育感染力，寓教于乐；开展课外实践、参观红色教育基地、主题教育展、团委党组织活动等，理论教育与实践养成相结合，潜移默化地影响学生的思想意识和行为举止。

（四）评价过程

不同专业的课程设置和教学方法虽然有所不同，但透过纷繁复杂的课堂规划和实操，也能发现所存在的一些共同课堂因子，考核评价可大致分为以下三个阶段进行：

一是生成性评价。即在课程思政实施前，教师对学生情况进行摸底了解，考虑其知识背景、学习能力、职业规划、身心素质等因素，因材施教，有的放矢，兼顾学生的整体性和个体差异性，在思政指导纲要的大方向下，结合所学内容，挖掘"与时俱进"的思政素材，"润物细无声"地贯穿整个课堂，循序渐进、螺旋上升地引导和启发学生①。

二是过程性评价。在学习过程中，通过学生自评、同学互评和教师点评等多样化评价模式，主观评价与客观评价相结合，综合性地考察学生的学习兴趣、学习态度、学习动力、学习习惯和学习目标等，师生共同思考，团队协作，更多维度、更加全面地开展思政教学工作，在学中思、在思中悟、在悟中行。

三是总结性评价。在每个学习阶段的末尾，如某一学期或某一学科教学结束时，针对学生的思政学习效果展开科学、系统的考评，增强反思总结意识，全面提升学生思想政治素养，实现知、情、意、行的统一。

（五）评价方法

结合应用型本科院校学生实际情况，笔者梳理出以下几种互动式思政融合教学模式，更有助于自然融入思政元素：

方法一：讨论式教学。师生作为学习共同体，围绕思政主题，平等发表观点，在讨论中共同学习进步，可以较好地避免教师单线教学"一言堂"的模式，鼓励学生积极主动发挥主体能动性。

方法二：情景模拟式教学。即制定情景模拟实施方案，设计情景模拟的主题，选择情景模拟的形式，在合适的时间和地点，让学生身临其境，畅谈收获，表达遗憾，在评价与反思中共勉。

方法三：教师以身作则、潜移默化地带动学生，言传身教，立德树人，成为塑造学生品格、品行、品位的"大先生"。这就要求专业课教师首先要提升自我对课程思政理念的认知，克服"不懂思政""不会思政""不愿开展思政"的难题，在讲授专业课知识和技能的同时，有意识有目地把专业知识与思政内容相衔接，充分发挥课堂教学优势，将思想政治教育贯穿教书育人的全过程。

方法四：走出课程，课外实践。即教师带领学生，在课外活动中亲身参与和感知，学思结合，知行统一，将"读万卷书"与"行万里路"相结合，在实践中增长智慧才干，在艰苦奋斗中锤炼意志品质。

---

① 王英慧. "课程思政"理念融入高职英语课程的生成路径研究 [J]. 湖北开放职业学院学报，2020, 33 (24): 66-67.

（六）评价效果

在结果的效果评价上，需根据评价目标的设置，逐项核对效果，及时反馈总结，针对不同的评价主体，展开调查分析。就本次调研而言，一是评估教师对课程思政的认识程度，现阶段思政素材库建设情况，思政培训、会议、研讨和项目参与情况，地方和学校支持和评价体系的完善程度等；二是评估学生的学习兴趣、对思政内容的理解和认同，以及总结反思意识等。

当前形势下，讨论式、情景模拟、潜移默化和课外实践的思政教学方式更受推崇，心得、日志、报告形式、学生互评以及课堂观察记录的考核方式呼声最高，结合"广科"已建立的思政模式框架，课前 5 分钟演讲展示，"五育并举"育人模式均可应用推广，辅以课堂提问、问卷调查、项目设计、作业评阅、日志记录、调研报告等多样化评价方式，可动态化地追踪学生思政学习成果，营造思政学习氛围。针对教师主体，考察其备课、授课、课外辅导、科研学术等多个环节，检查教学设计中课程内容和课本内容的思政融合度，在听评课环节纳入思政评价，考量课后作业和考核中思政元素的体现，发挥高校科研活动的思政功能，以达到"思政"促进"课程"发展，"课程"因"思政"而获益的效果。

总之，全面推进课程思政建设是落实立德树人根本任务的战略举措，是全面提高人才培养质量的重要任务。习近平总书记在全国高校思想政治工作会议上强调，"做好高校思想政治工作，要用好课堂教学这个主渠道，思想政治理论课要坚持在改进中加强，提升思想政治教育亲和力和针对性，满足学生成长的发展需求和期待，其他各门课都要守好一段渠、种好责任田，使各类课程与思想政治理论课同向同行，形成协同效应。"

高校专业课教师作为课程思政建设的实施者和推动者，在课程思政育人方面具有独特优势，针对现实中课程思政育人优势体现不充分等问题，需采取针对性的措施来提升其课程思政育人能力。教师只有不断加强学习、提升教学能力、创新教学模式，才能不断提升教学水平。此外，教师要精心设计教学内容，充分挖掘课程中蕴含的思政元素，找准时机和切入点，从学生关心的问题入手，创新教学方式及风格，通过探究式、案例式、体验式等教学方法，把思政元素融入课堂教学，激发学生情感共鸣，实现知识传授与价值引领。应用型大学只有不断着眼于专业师资队伍课程思政教学能力提升路径的探索与创新实践，并引导教师队伍注重课程思政融入教学的实效，才能真正发挥专业课程思政"润物细无声"的作用。

后　记

《应用型大学师资队伍建设研究》是广东科技学院与广东南博教育研究院联合开展的应用型大学系列研究的第六项成果。习近平总书记始终心系教师队伍建设，对广大教师提出殷切期望，从"四心从教"到"四有"好老师，从"四个引路人"到"四个相统一"，从"六要"到"成为大先生"，站在党和国家事业发展薪火相传、后继有人的战略高度，为新时代教师队伍建设指明前进方向，对教师工作提出明确要求。

广东科技学院作为一所应用型大学，认真贯彻落实党中央关于教师队伍建设的有关精神，展开了对应用型大学师资队伍建设的积极探索和深入研究。本书从应用型大学师资队伍建设研究概述、应用型大学师资队伍建设现状与发展思路、应用型大学教师的培养路径、应用型大学师资队伍建设理念与评价变革、应用型大学教师数字素养培育路径、应用型大学教师核心素养提升研究、"党建+专业"师资队伍建设路径、项目团队式师资队伍建设路径、校企深度融合"双师双能型"师资队伍建设路径、应用型大学交叉学科师资融合培养机制、专业师资队伍课程思政教学能力提升路径及成效研究等十一个方面，深入分析和探讨了应用型大学师资队伍建设的有关问题，这里既有"广科模式"的师资队伍建设的经验总结，也有应用型大学师资队伍建设的实践分析与阐释，以期为应用型大学师资队伍的打造和应用型大学教师的培养提供参考和借鉴。

从2018年至今，应用型大学"广科模式"系列研究已开展九个项目，系列研究成果凝结了广东科技学院与广东南博教育研究院广大教师和科研工作者的心血和汗水，也正在逐步建立"广科模式"品牌。更重要的是，这些研究与探索，对应用型大学高质量发展将起到积极的推动作用。在本书的编撰过程中，要特别感谢学术顾问魏中林教授的悉心指导，还要感谢广东科技学院邱林润、曾祥辉、段颖逸、肖捷、姜大柱、陈晶晶、彭运香、张牧歌、刘志晶、刘维、袁丹、余亮、钟珑菲、汪淑丽等老师对本书所作出的贡献。我作为项目研究的宏观组织和统筹者，深深地被他们的敬业态度、探索精神和奉献品质所感动，借此书出版之际，一并致谢。

周二勇